CHARLES BAUDELAIRE

Les Fleurs du mal
&
other poems

Charles Baudelaire (1821 – 1867)
Photograph by Nadar, 1855

CHARLES BAUDELAIRE

LES
FLEURS DU MAL
&
OTHER POEMS

Rendered into English verse by John E. Tidball

Bilingual Edition

Vignettes by Georges Rochegrosse

BISHOPSTON EDITIONS

Copyright © 2025 by John E. Tidball

Bishopston Editions, Bristol, England

All rights reserved

ISBN 978-1-9191772-5-0

Dedicated to the Memory
of
Valerie Mary Tidball
&
Christine Elizabeth Cartwright

CONTENTS

Introduction 13

Les Fleurs du mal, *The Flowers of Evil*, 1861

Au Lecteur, *To the Reader* 22, 23

Spleen et Idéal, *Spleen And The Ideal*
I. Bénédiction, *Benediction* 28, 29
II. L'Albatros, *The Albatross* 34, 35
III. Élévation / *Elevation* 36, 37
IV. Correspondances, *Correspondences* 38, 39
V. J'aime le souvenir…, *I love the memory…* 40, 41
VI. Les Phares, *The Beacons* 44, 45
VII. La Muse Malade, *The Sick Muse* 48, 49
VIII. La Muse Vénale, *The Venal Muse* 50, 51
IX. Le Mauvis Moine, *The Bad Monk* 52, 53
X. L'Ennemi, *The Enemy* 54, 55
XI. Le Guignon, *The Jinx* 56, 57
XII. La Vie antérieure, *The Former Life* 58, 59
XIII. Bohémiens en voyage, *Travelling Gypsies* 60, 61
XIV. L'Homme et la mer, *Man and the Sea* , 62, 63
XV. Don Juan aux enfers, *Don Juan in Hell* 64, 65
XVI. Châtiment de l'orgueil, *Hubris Chastised* 66, 67
XVII. La Beauté, *Beauty* 68, 69
XVIII. L'Idéal, *The Ideal* 70, 71
XIX. La Géante, *The Giantess* 72, 73
XX. Le Masque, *The Mask* 74, 75
XXI. Hymne à la Beauté, *Hymn to Beauty* 78, 79
XXII. Parfum Exotique, *Exotic Fragrance* 80, 81
XXIII. La Chevelure, *The Head of Hair* 82, 83
XXIV. Je t'adore à l'égal…, *I love you as I love…* 86, 87
XXV. Tu mettrais l'univers…, *You'd take the entire universe…* 88, 89
XXVI. Sed non satiata, *Sed Non Satiaita* 90, 91
XXVII,. Avec ses vêtements…, *To see her undulating…* 92, 93
XXVIII. Le Serpent qui danse, *The Dancing Serpent* 94, 95
XXIX. Une Charogne, *A Carrion* 98, 99
XXX. De profundis clamavi 102, 103
XXXI. Le Vampire, *The Vampire* 104, 105
XXXII. Une nuit que j'étais.., *One night as I lay…* 106, 107
XXXIII. Remords posthume, *Posthumous Remorse* 108, 109
XXXIV. Le Chat, *The Cat* 110, 111
XXXV. Duellum, *Duellum* 112, 113

CONTENTS

XXXVI. Le Balcon, *The Balcony*	114, *115*
XXXVII. Le Possédé, *The Possessed One*	116, *117*
XXXVIII. Un Fantôme, *A Phantom*	118, *119*
XXXIX. Je te donne ces vers..., *I offer you these verses...*	122, *123*
XL. Semper eadem, *Semper Eadem*	124, *125*
XLI. Tout entière, *All of Her*	126, *127*
XLII. Que diras-tu ce soir... *What will you say tonight...*	128, *129*
XLIII. Le Flambeau vivant, *The Living Flame*	130, *131*
XLIV. Réversibilité, *Reversibility*	132, *133*
XLV. Confession, *Confession*	134, *135*
XLVI. L'Aube spirituelle, *Spiritual Dawn*	138, *139*
XLVII. Harmonie du soir, *Evening Harmony*	140, *141*
XLVIII. Le Flacon, *The Flask*	142, *143*
XLIX. Le Poison, *The Poison*	144, *145*
L. Ciel brouillé, *A Cloudy Sky*	146, *147*
LI. Le Chat, *The Cat*	148, *149*
LII. Le beau navire, *The Beautiful Ship*	152, *153*
LIII. L'Invitation au voyage, *Invitation to a Journey*	156, *157*
LIV. L'Irréparable, *The Irreparable*	160, *161*
LV. Causerie, *Causerie*	164, *165*
LVI. Chant d'automne, *Autumn Song*	166, *167*
LVII. À une Madone, *To a Madonna*	168, *169*
LVIII. Chanson d'après-midi, *Afternoon Song*	172, *173*
LIX. Sisina, *Sisina*	176, *177*
LX. Franciscae meae laudes, *In Praise of my Francesca*	178, *179*
LXI. À une dame créole, *To a Creole Lady*	182, *183*
LXII. Moesta et errabunda, *Moesta et Errabunda*	184, *185*
LXIII. Le Revenant, *The Ghost*	186, *187*
LXIV. Sonnet d'automne, *Autumn Sonnet*	188, *189*
LXV. Tristesses de la lune, *Sorrows of the Moon*	190, *191*
LXVI. Les Chats, *Cats*	192, *193*
LXVII. Les Hiboux, *The Owls*	194, *195*
LXVIII. La Pipe, *The Pipe*	196, *197*
LXIX. La Musique, *Music*	198, *199*
LXX. Sépulture, *Sepulchre*	200, *201*
LXXI. Une Gravure fantastique, *A Fantastic Engraving*	202, *203*
LXXII. Le Mort joyeux, *The Happy Corpse*	204, *205*
LXXIII. Le Tonneau de la haine, *The Cask of Hatred*	206, *207*
LXXIV. La Cloche fêlée, *The Cracked Bell*	208, *209*
LXXV. Spleen, *Spleen*	210, *211*
LXXVI. Spleen, *Spleen*	212, *213*

CONTENTS

LXXVII. Spleen, *Spleen* — 214, 215
LXXVIII. Spleen, *Spleen* — 216, 217
LXXIX. Obsession, *Obsession* — 218, 219
LXXX. Le Goût du néant, *A Taste for the Void* — 220, 221
LXXXI. Alchimie de la douleur, *Alchemy of Sorrow* — 222, 223
LXXXII. Horreur sympathique, *Congenial Horror* — 224, 225
LXXXIII. L'Héautontimorouménos, *The Self-Tormentor* — 226, 227
LXXXIV. L'Irrémédiable, *The Irremediable* — 228, 229
LXXXV. L'Horloge, *The Clock* — 232, 233

Tableaux parisiens, *Parisian Scenes*

LXXXVI. Paysage, *Landscape* — 236, 237
LXXXVII. Le Soleil, *The Sun* — 238, 239
LXXXVIII. À une mendiante rousse, *To a Red-Haired Beggar-Girl* — 240, 241
LXXXIX. Le Cygne, *The Swan* — 244, 245
XC. Les Sept Vieillards, *The Seven Old Men* — 248, 249
XCI. Les Petites Vieilles, *The Little Old Women* — 252, 253
XCII. Les Aveugles, *The Blind* — 258, 259
XCIII. À une passante, *To a Passer-by* — 260, 261
XCIV. Le Squelette laboureur, *Skeletons Digging* — 262, 263
XCV. Le Crépuscule du soir, *Evening Twilight* — 266, 267
XCVI. Le Jeu, *Gaming* — 270, 271
XCVII. Danse Macabre, *Danse Macabre* — 272, 273
XCVIII. L'Amour du mensonge, *The Love of Falsehood* — 276, 277
XCIX. Je n'ai pas oublié, *I never have forgot* — 278, 279
C. La servante au grand cœur, *The servant with a heart of gold* — 280, 281
CI. Brumes et pluies, *Mist and Rain* — 282, 283
CII.: Rêve parisien, *A Parisian Dream* — 284, 285
CIII. Le Crépuscule du matin, *Morning Twilight* — 288, 289

Le Vin, *Wine*

CIV. L'Âme du vin, *The Soul of Wine* — 292, 293
CV. Le Vin des chiffonniers, *The Rag Pickers' Wine* — 294, 295
CVI. Le Vin de l'assassin, *The Murderer's Wine* — 296, 297
CVII. Le Vin du solitaire, *The Lonely Man's Wine* — 300, 301
CVIII. Le Vin des amants, *The Lovers' Wine* — 302, 303

Fleurs du mal, *Flowers of Evil*

CIX. La Destruction, *Destruction* — 306, 307
CX. Une Martyre, *A Martyr* — 308, 309
CXI. Femmes damnées, *Damned Women* — 312, 313
CXII. Les Deux Bonnes Sœurs, *The Two Good Sisters* — 314, 315

CONTENTS

CXIII. La Fontaine de sang, *The Fountain of Blood*   316, 317
CXIV. Allégorie, *Allegory*   318, 319
CXV. La Béatrice, *The Beatrice*   320, 321
CXVI. Un Voyage à Cythère, *A Voyage to Cythera*   322, 323
CXVII. L'Amour et le crane, *Love and the Skull*   326, 327

Révolte, *Revolt*

CXVIII. Le Reniement de Saint Pierre, *Saint Peter's Denial*   330, 331
CXIX. Abel et Caïn, *Abel and Cain*   332, 333
CXX. Les Litanies de Satan, *The Litanies of Satan*   336, 337

La Mort, *Death*

CXXI. La Mort des amants, *The Lovers' Death*   344, 345
CXXII. La Mort des pauvres, *The Death of the Poor*   346, 347
CXXIII. La Mort des artistes, *The Death of Artists*   348, 349
CXXIV. La Fin de la journée, *The End of the Day*   350, 351
CXXV. Le Rêve d'un curieux, *The Dream of a Curious Man*   352, 353
CXXVI. Le Voyage, *The Voyage*   354, 355

Les Épaves, *Wreckage* (1866)

I. Le Coucher du soleil romantique, *The Sunset of Romanticism*   368, 369

Pièces condamnées, *Condemned Poems*

II. Lesbos, *Lesbos*   372, 373
III. Femmes damnées, *Damned Women*   378, 379
IV. Le Léthé, *The Lethe*   386, 387
V. À celle qui est trop gaie, *To Her Who Is Too Gay*   388, 389
VI. Les Bijoux, *The Jewels*   392, 393
VII. Les Métamorphoses du Vampire, *The Metamorphoses of the Vampire*   396, 397

Galanteries, *Gallantries*

VIII. Le Jet d'eau, *The Fountain*   400, 401
IX. Les Yeux de Berthe, *Bertha's Eyes*   404, 405
X. Hymne, *Hymn*   406, 407
XI. Les Promesses d'un visage, *The Promises of a Face*   408, 409
XII. Le Monstre, *The Monster*   410, 411

Épigraphes, *Epigraphs*

XIV. Vers pour le portrait de M. Honoré Daumier   418
    Verses for the Portrait of Mr. Honoré Daumier   419
XV. Lola de Valence, *Lola of Valencia*   420, 421
XVI. Sur Le Tasse en prison, *On Tasso in Prison*   422, 423

CONTENTS

Pièces diverses, *Miscellaneous Poems*

XVII. La Voix, *The Voice*	426, 427
XVIII. L'Imprévu, *The Unforeseen*	428, 429
XIX. La Rançon, *The Ransom*	432, 433
XX. À une Malabaraise, *To a Woman of Malabar*	434, 435

Bouffonneries, *Buffooneries*

XXI. Sur les débuts d'Amina Boschetti, *On the Debuts of Amina Boschetti*	438, 439
XXII. À M. Eugène Fromentin, *To Mr Eugène Fromentin*	440, 441
XXIII. Un Cabaret folâtre, *A Lively Tavern*	444, 445

Poèmes divers, *Other Poems*

Épigraphe pour un livre condamné, *Epigraph for a Condemned Book*	448, 449
Recueillement, *Contemplation*	450, 451
À Théodore de Banville, *To Théodore de Banville*	452, 453
Le Calumet de paix, *The Peace Pipe*	454, 455
La Prière d'un païen, *A Pagan's Prayer*	462, 463
Le Couvercle, *The Lid*	464, 465
L'Examen de minuit, *The Midnight Review*	466, 467
Madrigal triste, *A Sad Madrigal*	468, 469
L'Avertisseur, *The Portender*	472, 473
Le Rebelle, *The Rebel*	474, 475
Bien loin d'ici, *Very Far From Here*	476, 477
Le Gouffre, *The Abyss*	478, 479
Les Plaintes d'un Icare, *The Lamentations of Icarus*	480, 481
La Lune offensée, *The Offended Moon*	482, 483
Il aimait à la voir…, *He loved to see her run…*	484, 485
N'est-ce pas qu'il est doux…, *Is it not bittersweet*	484, 485
Incompatibilité, *Incompatibility*	486, 487
À Ivonne Pen-Moore, *To Ivonne Pen-Moore*	488, 489
Avril, *April*	490, 491
Épilogue, *Epilogue*	492, 493

INTRODUCTION

The first edition of *Les Fleurs du mal* (*The Flowers of Evil*) was published in 1857. Soon after its publication Baudelaire and his editor were prosecuted for violating public morality, and six of the poems were condemned and banned from further publication. In 1861 and 1868, the work was reissued in two further versions, each enriched with new poems. The banned poems, along with seventeen new pieces, were published in Belgium in 1866 under the title *Les Épaves* (*Wreckage*). Their eventual rehabilitation in France did not take place until almost a century later, in May 1949.

The Flowers of Evil is now considered to be a major work of modern poetry, breaking with a romanticism which, for half a century, had praised nature to the point of trivializing it. Baudelaire's vision aspired to an ideal world, the path to which is paved with suffering and misfortune, a vision that exercised a considerable influence on later poets such as Paul Verlaine, Arthur Rimbaud and Stéphane Mallarmé.

As early as 1845, Baudelaire had in mind a collection of some twenty-six poems with the title "Les Lesbiennes". Baudelaire later changed the title to "Les Limbes", and it was not until 1855 that he chose "Les Fleurs du Mal" as a title for eighteen poems that appeared in the *Revue des deux Mondes*. The title suggests that the paths of Beauty and Goodness do not necessarily converge ("Did you descend from heaven, or rise from the abyss, O Beauty? Your demeanour, infernal and divine, mingles confusedly iniquity and bliss..." (*Hymn to Beauty*), and that the artist can claim complete freedom of creative investigation. What at first seems to be an oxymoron in fact reveals the close link between Evil and the search for ideal Beauty through poetry. This alliance of contrary terms appears several times in the collection with such titles as *The*

INTRODUCTION

Sick Muse, The Venal Muse, The Happy Corpse, Congenial Horror, or *The Litanies of Satan.*

On February 4, 1857, Baudelaire gave his publisher a manuscript containing one hundred poems. With a print run of one thousand one hundred copies, this first edition of *Les Fleurs du mal* went on sale on June 25. On July 5, in *Le Figaro*, Gustave Bourdin sharply criticized the "immorality" of the collection: "This book is a hospital open to all the insanities of the mind, to all the putridities of the heart." However, on July 14, *Le Moniteur Universel*, an official journal which reported to the Minister of the Emperor's household, published a laudatory article by Édouard Thierry, who was the first to describe the collection as a "masterpiece".

On July 7, the public security department initiated a prosecution for "offending against public morality" and "insulting religion". Prosecutor Ernest Pinard, who five months earlier had brought a similar action against Gustave Flaubert for his novel *Madame Bovary*, delivered his indictment before the Sixth Correctional Chamber. The defence was conducted by Gustave Gaspard Chaix d'Est-Ange, who maintained that Baudelaire portrayed vice only to condemn it. Baudelaire and his publisher were sentenced, for the offence of insulting public morals, to fines of three hundred and one hundred francs respectively, and to the removal of six items from the collection, namely *The Jewels, The Lethe, To Her who is Too Gay, Lesbos, Damned Women (Delphine and Hippolyta),* and *The Metamorphoses of the Vampire*. These poems were condemned for "a crude realism and an offence to modesty", and for "obscene and immoral passages or expressions". They remained banned from publication in France until the Court of Cassation delivered, on May 31, 1949, a judgment annulling the condemnation of 1857. On November 6, Baudelaire wrote to the Empress Eugenie, a well-known patron of the arts, requesting that she intervene on his behalf with a view to reducing his fine, which as a poor poet he could not afford. His petition was

INTRODUCTION

heeded, and by order of the Keeper of the Seals his fine was reduced from three hundred francs to just fifty.

On May 24, 1861, Baudelaire ceded to his publisher Auguste Poulet-Malassis and the latter's brother-in-law, Eugène de Broise, the exclusive rights to the reproduction of his literary works, published or still to appear, as well as his translations of Edgar Allan Poe. The 1861 edition of *The Flowers of Evil*, printed in one thousand five hundred copies, lacked the six prohibited pieces but added thirty-two new ones, for a total of one hundred and twenty-six poems (or arguably one hundred and twenty-nine, since *A Phantom* consists of four sonnets), plus the prologue *To the Reader*, which is present in all editions, but is not numbered.

Baudelaire divided his collection into six sections. The first section, entitled *Spleen and the Ideal*, the longest in the collection, provides an uncompromising observation of the real world: it is a source of affliction (*spleen*), which arouses in Baudelaire a withdrawal into himself but also the desire to mentally rebuild a universe which seems viable to him. The real world inspires in Baudelaire such a feeling of melancholy (*spleen*) that he envies "the lot of the beasts of the fold" (*De Profundis clamavi*). The relentless passage of time (*The Enemy, A Taste for the Void*) and the certainty of death (*Autumn Song*) resonate like an obsessive leitmotif. Born of a desire for transcendence (*Elevation*), attempts to overcome this crushing burden of *spleen* are almost always disappointing. Serenity only seems accessible by reviving past memories (*Exotic Fragrance*), or through *synaesthesia*, the fusion of two or more senses such as that of smell, sight, or hearing, a phenomenon that is perfectly illustrated in the celebrated sonnet *Correspondences* and which can also be found in several other poems of *Spleen and the Ideal*, including *The Head of Hair, All of Her,* and *Music*.

The next three sections are all attempts to achieve this *Ideal*. The poet drowns in the anonymous crowd of a teeming Paris where he has always lived (*Parisian Scenes*), ventures

INTRODUCTION

into artificial paradises (*Wine*), and seeks carnal pleasures which prove to be a source of enchantment that is followed by remorse (*Flowers of Evil*). This triple failure leads to the rejection of a decidedly vain existence (*Revolt*), which is resolved by *Death*. In a letter addressed in 1861 to the poet Alfred de Vigny, Baudelaire wrote: "the only praise that I ask for this book is that we recognise that it is not simply a collection, and that it has both a beginning and an end".

Absent from the original version, the second section, *Parisian Scenes*, first appears in the 1861 edition. Baudelaire takes refuge in the daily life of an "enormous Paris" where he explores "the sinuous folds" of the capital. Walking in the "swarming city, full of dreams"(*The Seven Old Men*), he laments that Baron Haussmann's ambitious plans have transformed it into a permanent building site ("Old Paris is no more"- *The Swan*). But despite the "noise and clamour of the town" (*To a Passer-by*) and the "clanking of the omnibus" (*The Little Old Women*), the city can still inspire the poet when, "my chin cupped in my hands, there in my attic room, I'll see the workshops, hear their banter and their tune, the chimney pipes, the belfries, those masts of the city, and the great skies that inspire dreams of eternity." (*Landscape*).

The third section, entitled *Wine*, results from an attempt to flee, through artificial paradises, "the old quarter's muddy, labyrinthine maze, where in a seething ferment swarms the human race" (*The Rag-Pickers' Wine*). It contains only five poems, all dedicated to wine, this "ambrosia of the earth, a precious seed that's sown by the eternal sower, so that out of our love a poem shall have birth, ascending heavenward to God like a rare flower!" (*The Soul of Wine*). Wine also flows in other poems, for example: "Or else pour me the deep repose of an amorphous, mystic wine, elastic phantom, Joy divine!" (*A Pagan's Prayer*) or "Wine knows how to embellish the most sordid room with a luxurious disguise" (*The Poison*).

Though much shorter than *Spleen and the Ideal*, the fourth section, *Flowers of Evil*, gives its name to the whole collection.

INTRODUCTION

Baudelaire seeks escape from the "plains of Ennui" where Satan leads him (*Destruction*). He sees nobility in the misery suffered by women: "Poor sisters, whom my soul has followed in your hell, I love you and I pity you in equal parts, for all your dark despair, your thirsts life cannot quell, and those great urns of love that fill your bounteous hearts!" (*Damned Women*). He sees beauty even in debauchery and death: "The alcove and the bier, both rich in blasphemy, offer us each in turn, like sisters good and true, sweet lusts and dreadful pleasures to enchant anew" (*The Two Good Sisters*).

The brief section titled *Revolt* consists of just three poems: *Saint Peter's Denial*, *Abel and Cain*, and *The Litanies of Satan*. Although purely poetic, the revolt against the Divinity, virulent to the point of wanting to replace it with Satan, was violently attacked by the prosecution during the obscenity trial of 1857. Napoleon III had made the Roman Catholic Church a political ally (Empress Eugénie was a fervent and influential Catholic). The moral code of the Second Empire perceived an attack on religion in the desire, taken literally, to cast out God and replace him in Heaven, as expressed in *Abel and Cain*: "Tribe of Cain, now stake your claim to heaven, and cast out the Lord!" Nevertheless, despite the efforts of the prosecution, the charge of offending against religious morals was ultimately not retained.

The collection ends with the section titled *Death*: "It's Death that comforts us, alas! and makes us live; It is our lifetime's aim, our only hope and friend" (*The Death of the Poor*). In a process similar to the previous section Le *Vin*, a limited number of poems (here six) evoke the way in which human beings of differing social condition or temperament conceive of the passage into the afterlife. The final poem, dedicated to Maxime Du Camp, is *The Voyage*. Written in 1859 in Honfleur, it is the longest poem in the entire collection. Thirty-six quatrains are spread over eight stanzas. The eighth and final stanza provides a fitting and poignant conclusion to the edition of 1861:

INTRODUCTION

O Death, old captain, let's cast off! The time has come!
This country holds no joy for us. Come! Let's depart!
Although both sea and sky are bathed in inky gloom,
You know that your bright flame still burns in every heart!

Pour us your poisoned draught, and let its comfort dwell
Within us! let your ardent fire our hearts imbue;
We'll plunge into the gulf, what matter Heaven or Hell?
Of the immense Unknown, in search of something *new*!

Baudelaire had several love affairs during his literary career. His long-time mistress was Jeanne Duval, an actress of mixed-race. He also had liaisons with Apollonie Sabatier, a salon hostess known for her beauty and intellect, and Marie Daubrun, an actress described as having striking green eyes. The women in Baudelaire's life were not simply romantic interests; they served as archetypes, representing different aspects of the beauty, desire, and societal anxieties that consumed him. Through them, he explored the complex relationship between the ideal and the real, the spiritual and the carnal, the beautiful and the grotesque. Baudelaire's poetry showcases a persistent fascination with the duality of beauty - its capacity for both spiritual elevation and sensual degradation. The women in his life embodied this duality, reflecting the poet's internal struggle to reconcile his longing for the ideal with the realities of human imperfection.

Charles Baudelaire died in 1867. In 1868, a posthumous edition of *The Flowers of Evil* was published in Paris. With a preface by the poet Théophile Gautier and edited by two friends of Baudelaire, Théodore de Banville and Charles Asselineau, this new edition contained all the poems of the 1861 edition, eleven poems taken from *Wreckage*, plus several others. As it was published in France, the six censored poems from the first edition could not be included.

INTRODUCTION

The final section of the present edition includes twenty poems that were published either in the posthumous edition of 1868, or in various books and periodicals after the poet's death, except for the sonnets *To Ivonne Pen-Moore* and *April*, which were published in 1845 in the journal *L'Artiste* under the name of Privat d'Anglemont, possibly with Baudelaire's approval. Several similar pieces were also published at the time, some signed by Privat d'Anglemont and others by Ernest Prarond. Although these pieces have later been attributed to the young Baudelaire, opinions still differ as to their true authorship.

Many of the poems that were published in *Les Fleurs du mal* had previously been published by the poet himself in various literary journals and magazines, of which there were many in 19th-century France. Wherever possible, I have noted the date of first publication and the name of the journal in which it was first published, notwithstanding the possibility that there may be other instances that have not been documented.

John E. Tidball, September 2025

LES FLEURS DU MAL
THE FLOWERS OF EVIL
1861

TO THE IMPECCABLE POET

TO THE PERFECT MAGICIAN OF FRENCH LETTERS

TO MY MOST DEAR AND MOST REVERED

MASTER AND FRIEND

THÉOPHILE GAUTIER

WITH SENTIMENTS

OF THE MOST PROFOUND HUMILITY

I DEDICATE

THESE SICKLY FLOWERS

C.B.

AU LECTEUR

La sottise, l'erreur, le péché, la lésine
Occupent nos esprits et travaillent nos corps,
Et nous alimentons nos aimables remords,
Comme les mendiants nourrissent leur vermine.

Nos péchés sont têtus, nos repentirs sont lâches ;
Nous nous faisons payer grassement nos aveux,
Et nous rentrons gaîment dans le chemin bourbeux,
Croyant par de vils pleurs laver toutes nos taches.

Sur l'oreiller du mal c'est Satan Trismégiste
Qui berce longuement notre esprit enchanté,
Et le riche métal de notre volonté
Est tout vaporisé par ce savant chimiste.

C'est le Diable qui tient les fils qui nous remuent !
Aux objets répugnants nous trouvons des appas ;
Chaque jour vers l'Enfer nous descendons d'un pas,
Sans horreur, à travers des ténèbres qui puent.

Ainsi qu'un débauché pauvre qui baise et mange
Le sein martyrisé d'une antique catin,
Nous volons au passage un plaisir clandestin
Que nous pressons bien fort comme une vieille orange.

Serré, fourmillant, comme un million d'helminthes,
Dans nos cerveaux ribote un peuple de Démons,
Et, quand nous respirons, la Mort dans nos poumons
Descend, fleuve invisible, avec de sourdes plaintes.

TO THE READER

Stupidity, error, parsimony, and vice
Consume our consciousness, and waste our body's force,
And we are wont to feed our affable remorse,
Like beggars who provide nutrition for their lice.

Our sins are obstinate, and our repentance faint,
And when we do confess, we want a hefty fee,
And gaily we return to our debauchery,
Believing by false tears to wash away our taint.

Upon his evil pillow, Satan Trismegist
Lulls us and casts his spell on our enchanted mind,
And the rich metal of our will is thus resigned
To being vaporised by this skilled alchemist.

The Devil pulls the strings by which our deeds are swayed,
And things that are repugnant hold us in their spell.
Each day we take a further step down into Hell,
Serenely passing through the putrid, stinking shade.

Just as an impecunious rake will bite and kiss
The old, tormented breast of some senescent whore,
We steal, along the way, forbidden fruits, before
Squeezing their dried-up flesh in search of hidden bliss.

Like maggots tightly packed and swarming in our brain,
A horde of Demons feast and belch their fetid breath,
And, when we breathe, an unperceived river of Death
Flows silently through every artery and vein.

AU LECTEUR

Si le viol, le poison, le poignard, l'incendie,
N'ont pas encor brodé de leurs plaisants dessins
Le canevas banal de nos piteux destins,
C'est que notre âme, hélas ! n'est pas assez hardie.

Mais parmi les chacals, les panthères, les lices,
Les singes, les scorpions, les vautours, les serpents,
Les monstres glapissants, hurlants, grognants, rampants
Dans la ménagerie infâme de nos vices,

Il en est un plus laid, plus méchant, plus immonde !
Quoiqu'il ne pousse ni grands gestes ni grands cris,
Il ferait volontiers de la terre un débris,
Et dans un bâillement avalerait le monde :

C'est l'Ennui ! — L'œil chargé d'un pleur involontaire,
Il rêve d'échafauds en fumant son houka.
Tu le connais, lecteur, ce monstre délicat,
Hypocrite lecteur ! mon semblable, mon frère !

— Publié en juin 1855 dans la *Revue des deux-mondes,* dans le cadre d'un recueil de dix-huit poèmes sous le titre *Les Fleurs du mal.*

TO THE READER

If rape, malignancy, inferno, or the blade,
Have not embroidered yet, with their designs ornate,
The banal canvas of our pitiable fate,
It is, alas! because our soul is too afraid.

But in among the jackals, panthers, apes, and hounds,
The scorpions, the vultures, reptiles, snakes, and all
The yelping, growling beasts that leap and creep and crawl
Around the zoo of vice with which our life abounds,

There's one that is more hideous, more loathsome still!
He does not make grand gestures, nor shout noisily,
Yet he would gladly turn the earth into debris,
And in a yawn would swallow up the world at will:

He is Ennui! He dreams of rack and guillotine,
Smoking his hookah pipe, his eye moist with a tear.
You know him, reader, this delicate monster here,
— Duplicitous reader! — my fellow man, — my kin!

— First published in 1855 in *Revue des deux-mondes,* as part of a collection of eighteen poems with the title *Les Fleurs du mal.*

SPLEEN ET IDÉAL

SPLEEN AND THE IDEAL

I. BÉNÉDICTION

Lorsque, par un décret des puissances suprêmes,
Le Poète apparaît en ce monde ennuyé,
Sa mère épouvantée et pleine de blasphèmes
Crispe ses poings vers Dieu, qui la prend en pitié :

« Ah ! que n'ai-je mis bas tout un nœud de vipères,
Plutôt que de nourrir cette dérision !
Maudite soit la nuit aux plaisirs éphémères
Où mon ventre a conçu mon expiation !

« Puisque tu m'as choisie entre toutes les femmes
Pour être le dégoût de mon triste mari,
Et que je ne puis pas rejeter dans les flammes,
Comme un billet d'amour, ce monstre rabougri,

Je ferai rejaillir ta haine qui m'accable
Sur l'instrument maudit de tes méchancetés,
Et je tordrai si bien cet arbre misérable,
Qu'il ne pourra pousser ses boutons empestés ! »

Elle ravale ainsi l'écume de sa haine,
Et, ne comprenant pas les desseins éternels,
Elle-même prépare au fond de la Géhenne
Les bûchers consacrés aux crimes maternels.

Pourtant, sous la tutelle invisible d'un Ange,
L'Enfant déshérité s'enivre de soleil,
Et dans tout ce qu'il boit et dans tout ce qu'il mange
Retrouve l'ambroisie et le nectar vermeil.

I. BENEDICTION

When, by decree of the supreme authority,
The Poet is brought forth into this dismal sphere,
His mother, in her dread, and full of blasphemy,
Raises her fists to God, who takes pity on her:

— "Ah! would that I had spawned a writhing viper's nest,
Instead of giving suck to this absurd vexation!
Accursèd be the night when at delight's behest
My womb conceived the dawning of my expiation.

Since of all women on this earth you've chosen me
To be my wretched husband's odium and shame,
And since I cannot cast this dire monstrosity
Like an unwelcome billet-doux into the flame,

I shall inflict your hatred, which has taken root,
Upon the instrument of your malignity,
And it shall not give forth one single fetid shoot,
So tightly shall I twist this miserable tree!"

Thus does she swallow down the vile froth of her ire,
And being ignorant of plans that are sublime,
In the depths of Gehenna starts to build the pyre
On which is consummated all maternal crime.

However, through an unseen Angel's ministry,
The outcast Child grows strong, and thrives beneath the sun,
And everything he eats and drinks appears to be
As nectar and ambrosia blended into one.

BÉNÉDICTION

Il joue avec le vent, cause avec le nuage,
Et s'enivre en chantant du chemin de la croix ;
Et l'Esprit qui le suit dans son pèlerinage
Pleure de le voir gai comme un oiseau des bois.

Tous ceux qu'il veut aimer l'observent avec crainte,
Ou bien, s'enhardissant de sa tranquillité,
Cherchent à qui saura lui tirer une plainte,
Et font sur lui l'essai de leur férocité.

Dans le pain et le vin destinés à sa bouche
Ils mêlent de la cendre avec d'impurs crachats ;
Avec hypocrisie ils jettent ce qu'il touche,
Et s'accusent d'avoir mis leurs pieds dans ses pas.

Sa femme va criant sur les places publiques :
« Puisqu'il me trouve assez belle pour m'adorer,
Je ferai le métier des idoles antiques,
Et comme elles je veux me faire redorer ;

Et je me soûlerai de nard, d'encens, de myrrhe,
De génuflexions, de viande et de vins,
Pour savoir si je puis dans un cœur qui m'admire
Usurper en riant les hommages divins !

Et, quand je m'ennuierai de ces farces impies,
Je poserai sur lui ma frêle et forte main ;
Et mes ongles, pareils aux ongles des harpies,
Sauront jusqu'à son cœur se frayer un chemin.

Comme un tout jeune oiseau qui tremble et qui palpite,
J'arracherai ce cœur tout rouge de son sein,
Et, pour rassasier ma bête favorite,
Je le lui jetterai par terre avec dédain ! »

BENEDICTION

He frolics with the wind, he talks with clouds, and keeps
Himself inspired by singing of the Pilgrim's Way.
And the kind Spirit, following his progress, weeps
To see him happy as a woodland bird at play.

All those whom he would love observe him with unease,
Or, being emboldened by his serenity,
Compete to see who best can make him ill at ease,
And test him with their spite and animosity.

Into the bread and wine prepared for him to sup
They add a filthy mix of saliva and ash.
In their hypocrisy, they shun all he might touch,
Accusing one another of treading in his tracks.

His wife goes out in public, crying vulgarly:
"Since he finds me so fair and worthy to adore,
I'll cast myself as some Hellenic deity,
And be adorned with gold made from the finest ore.

And I'll indulge myself with incense, nard, and myrrh,
With genuflexions, tender meats, and heady wine,
To see if, in a heart that loves me, I can stir
The homage due to God, obeisance divine!

And then, when I grow tired of this impious play,
My hands, dainty yet strong, will exercise their art.
And my nails, like a harpy's nails, will carve a way
Into the very confines of his foolish heart.

And, like a fledgling bird that quivers in the nest,
To satisfy the hunger of my favourite hound,
I'll tear that bleeding heart, still beating, from his breast,
And cast it with disdain before him on the ground!"

BÉNÉDICTION

Vers le Ciel, où son œil voit un trône splendide,
Le Poète serein lève ses bras pieux,
Et les vastes éclairs de son esprit lucide
Lui dérobent l'aspect des peuples furieux :

« Soyez béni, mon Dieu, qui donnez la souffrance
Comme un divin remède à nos impuretés
Et comme la meilleure et la plus pure essence
Qui prépare les forts aux saintes voluptés !

Je sais que vous gardez une place au Poète
Dans les rangs bienheureux des saintes Légions,
Et que vous l'invitez à l'éternelle fête
Des Trônes, des Vertus, des Dominations.

Je sais que la douleur est la noblesse unique
Où ne mordront jamais la terre et les enfers,
Et qu'il faut pour tresser ma couronne mystique
Imposer tous les temps et tous les univers.

Mais les bijoux perdus de l'antique Palmyre,
Les métaux inconnus, les perles de la mer,
Par votre main montés, ne pourraient pas suffire
A ce beau diadème éblouissant et clair ;

Car il ne sera fait que de pure lumière,
Puisée au foyer saint des rayons primitifs,
Et dont les yeux mortels, dans leur splendeur entière,
Ne sont que des miroirs obscurcis et plaintifs ! »

—Publié dans *Les Fleurs du mal*, juin 1857

BENEDICTION

Upward to Heaven, where he sees a splendid throne,
Serene, the Poet lifts his arms in piety,
And the bright beacon, from his lucid spirit flown,
Obscures from him the sight of man's ferocity:

"Praise be to you, O God, who grant us suffering
As remedy divine for our impurity,
The best and purest essence that will surely bring
Your succour to the strong, your holy ecstasy!

I know that for the Poet you have kept a place
Among the happy ranks of holy Seraphim,
And that unto the heavenly eternal feast
Of Thrones, Dominions and Virtues summoned him.

I know that pain has a nobility unique,
That neither earth nor hell can ever undermine,
And that to fashion me a crown of pure mystique,
You must impose the laws of universe and time.

But neither the lost gems of ancient Palmyra,
Nor metals rare, nor pearls from the depths of the sea,
Assembled by your hand, can be one iota
Of this pure diadem, this crown you offer me.

For it shall be made only of the purest light,
Drawn from the sacred source of Heaven's primal rays,
And of which mortal eyes, however keen their sight,
Are only mirrors, clouded by a mournful haze!"

— First published in *Les Fleurs du mal*, June 1857

II. L'ALBATROS

Souvent, pour s'amuser, les hommes d'équipage
Prennent des albatros, vastes oiseaux des mers,
Qui suivent, indolents compagnons de voyage,
Le navire glissant sur les gouffres amers.

A peine les ont-ils déposés sur les planches
Que ces rois de l'azur, maladroits et honteux,
Laissent piteusement leurs grandes ailes blanches
Comme des avirons traîner à côté d'eux.

Ce voyageur ailé, comme il est gauche et veule !
Lui, naguère si beau, qu'il est comique et laid !
L'un agace son bec avec un brûle-gueule,
L'autre mime en boitant l'infirme qui volait !

Le poète est semblable au prince des nuées,
Qui hante la tempête et se rit de l'archer ;
Exilé sur le sol au milieu des huées,
Ses ailes de géant l'empêchent de marcher.

—Publié dans *Revue française,* avril 1859

II. THE ALBATROSS

Often, to pass the time, seafarers will ensnare
An albatross, that giant bird whose great wings sweep
In carefree indolence a passage through the air,
Behind the ship that glides upon the bitter deep.

No sooner have they been set down upon the boards
Than these kings of the blue, now clumsy and forlorn,
Let their enormous wings, like useless trailing oars,
Pathetically drag beside their graceless form.

This once proud voyager has now become a freak!
Erstwhile so elegant, now mocked and travestied!
One of them, with a pipe, callously prods its beak,
Another stoops to ape the limping invalid!

The poet is akin to this prince of the clouds,
Who scorns the bowman's shaft and braves the stormy day;
In exile on the earth amid the baying crowds,
He cannot walk: his giant's wings are in the way.

— First published in *Revue française*, April 1859

III. ÉLÉVATION

Au-dessus des étangs, au-dessus des vallées,
Des montagnes, des bois, des nuages, des mers,
Par delà le soleil, par delà les éthers,
Par delà les confins des sphères étoilées,

Mon esprit, tu te meus avec agilité,
Et, comme un bon nageur qui se pâme dans l'onde,
Tu sillonnes gaîment l'immensité profonde
Avec une indicible et mâle volupté.

Envole-toi bien loin de ces miasmes morbides,
Va te purifier dans l'air supérieur,
Et bois, comme une pure et divine liqueur,
Le feu clair qui remplit les espaces limpides.

Derrière les ennuis et les vastes chagrins
Qui chargent de leur poids l'existence brumeuse,
Heureux celui qui peut d'une aile vigoureuse
S'élancer vers les champs lumineux et sereins ;

Celui dont les pensers, comme des alouettes,
Vers les cieux le matin prennent un libre essor,
— Qui plane sur la vie, et comprend sans effort
Le langage des fleurs et des choses muettes !

—Publié dans *Journal d'Alençon,* mai 1857

III. ELEVATION

Above the mountains, valleys, forests, lakes and meres,
Above the louring clouds, beyond the sun's bright face,
Beyond the compass of the far-flung realms of space,
Beyond the confines of the distant starry spheres,

My spirit, you go forth with great agility
And, like an able swimmer gliding through the sea,
You joyfully traverse the deep immensity
With an ineffable male sensuality.

Far from these fetid vapours you must soar and fly,
To seek purification in the higher air,
Imbibing, like a pure, ethereal liqueur,
The clear flame that inhabits the transparent sky.

Beyond the wearisome and all-consuming spleen
That weighs us down and clouds our lives with suffering,
Happy is he who can, upon a sturdy wing,
Take flight toward new pastures filled with light serene;

Whose lofty, noble thoughts, like skylarks on the wing,
Soar up into the sky upon a gentle breeze,
— Who hovers over life, and understands with ease
The language of the flowers and every silent thing!

— First published in *Journal d'Alençon*, May 1857

IV. CORRESPONDANCES

La Nature est un temple où de vivants piliers
Laissent parfois sortir de confuses paroles ;
L'homme y passe à travers des forêts de symboles
Qui l'observent avec des regards familiers.

Comme de longs échos qui de loin se confondent
Dans une ténébreuse et profonde unité,
Vaste comme la nuit et comme la clarté,
Les parfums, les couleurs et les sons se répondent.

Il est des parfums frais comme des chairs d'enfants,
Doux comme les hautbois, verts comme les prairies,
— Et d'autres, corrompus, riches et triomphants,

Ayant l'expansion des choses infinies,
Comme l'ambre, le musc, le benjoin et l'encens,
Qui chantent les transports de l'esprit et des sens.

—Publié dans *Les Fleurs du mal*, juin 1857

IV. CORRESPONDENCES

Nature is a temple, where living colonnades
May sometimes utter words in which confusion lies.
Man wanders through its forests, where symbolic eyes
Observe him knowingly with their familiar gaze.

Like long, resounding echoes from the far beyond
That merge into a deep, tenebrous unity,
Immense as night and vast as daylight's clarity,
All colours, fragrances and accents correspond.

Some perfumes are as pure and cool as infants' flesh,
Soft as the oboe's sound, as meadows green and fresh,
— And others, rich, corrupt, triumphant, dissolute,

With the expansive range of all things infinite,
Like amber resin, musk, benzoin, and frankincense,
That sing euphoric hymns to spirit, mind, and sense.

— First published in *Les Fleurs du mal*, June 1857

V.

J'aime le souvenir de ces époques nues
Dont Phœbus se plaisait à dorer les statues.
Alors l'homme et la femme en leur agilité
Jouissaient sans mensonge et sans anxiété,
Et, le ciel amoureux leur caressant l'échine,
Exerçaient la santé de leur noble machine.
Cybèle alors, fertile en produits généreux,
Ne trouvait point ses fils un poids trop onéreux,
Mais, louve au cœur gonflé de tendresses communes,
Abreuvait l'univers à ses tétines brunes.
L'homme, élégant, robuste et fort, avait le droit
D'être fier des beautés qui le nommaient leur roi ;
Fruits purs de tout outrage et vierges de gerçures,
Dont la chair lisse et ferme appelait les morsures !

Le Poète aujourd'hui, quand il veut concevoir
Ces natives grandeurs, aux lieux où se font voir
La nudité de l'homme et celle de la femme,
Sent un froid ténébreux envelopper son âme
Devant ce noir tableau plein d'épouvantement.
Ô monstruosités pleurant leur vêtement !
Ô ridicules troncs ! torses dignes des masques !
Ô pauvres corps tordus, maigres, ventrus ou flasques,
Que le dieu de l'Utile, implacable et serein,
Enfants, emmaillota dans ses langes d'airain !
Et vous, femmes, hélas ! pâles comme des cierges,
Que ronge et que nourrit la débauche, et vous, vierges,
Du vice maternel traînant l'hérédité
Et toutes les hideurs de la fécondité !
Nous avons, il est vrai, nations corrompues,
Aux peuples anciens des beautés inconnues :
Des visages rongés par les chancres du cœur,
Et comme qui dirait des beautés de langueur ;
Mais ces inventions de nos muses tardives
N'empêcheront jamais les races maladives

V.

I love the memory of those naked days of old,
When Phoebus would adorn his statues with fine gold.
When men and women, vigorous and indiscreet,
Enjoyed the fruits of love without fear or deceit,
And as the sun caressed their bodies, firm and sleek,
Took pleasure in the health of their noble physique.
And Cybele, fertile in gifts most generous,
In no way saw her progeny as onerous,
But, like a she-wolf with a bosom full of love,
Gave suckle to mankind with nectar from above.
Man, elegant, robust, and strong, was proud to sing
The praises of the beauties who proclaimed him king,
Unblemished fruits, devoid of taint, free to invite,
With flesh so smooth and firm, the ardent lover's bite!

The Poet of today, when he would contemplate
Those native splendours all arrayed in natural state,
The nakedness of men, and that of women, will,
Enveloping his soul, discern a sombre chill
Before this dreadful tableau, which he truly loathes,
Of monstrous apparitions crying out for clothes!
O piteous twisted forms! ridiculous physiques!
Torsos worthy of masks! skinny, pot-bellied, weak,
That some expedient god, implacable, alas,
As infants had wrapped up in swaddling clothes of brass!
And you, women, alas! of wan and sallow hue,
On whom indulgence feeds, and younger women too,
Who of maternal vice bear the heredity
And all the dreadful horrors of fecundity!
We have, in our corrupted nations, it is true,
Some beauties that the ancient peoples never knew:
Sad faces, gnawed and gnarled by ulcers of the heart,
And beauty, one might say, that languor can impart;
But those inventions of our poor retarded muse
Will never cause these ailing cultures to refuse

V.

De rendre à la jeunesse un hommage profond,
A la sainte jeunesse, à l'air simple, au doux front,
A l'œil limpide et clair ainsi qu'une eau courante,
Et qui va répandant sur tout, insouciante
Comme l'azur du ciel, les oiseaux et les fleurs,
Ses parfums, ses chansons et ses douces chaleurs !

—Publié dans *Les Fleurs du mal*, juin 1857

V.

To their most noble youth their homage to avow,
Exalted youth, of simple air and gentle brow,
Of limpid eye like water flowing pure and clear,
Dispersing far and wide, serene, without a care,
Like skies of azure blue, the flowers and the birds,
Its perfume and its warmth, its music and its words.

— First published in *Les Fleurs du mal,* June 1857

VI. LES PHARES

Rubens, fleuve d'oubli, jardin de la paresse,
Oreiller de chair fraîche où l'on ne peut aimer,
Mais où la vie afflue et s'agite sans cesse,
Comme l'air dans le ciel et la mer dans la mer ;

Léonard de Vinci, miroir profond et sombre,
Où des anges charmants, avec un doux souris
Tout chargé de mystère, apparaissent à l'ombre
Des glaciers et des pins qui ferment leur pays ;

Rembrandt, triste hôpital tout rempli de murmures
Et d'un grand crucifix décoré seulement,
Où la prière en pleurs s'exhale des ordures,
Et d'un rayon d'hiver traversé brusquement ;

Michel-Ange, lieu vague où l'on voit des Hercules
Se mêler à des Christs, et se lever tout droits
Des fantômes puissants qui dans les crépuscules
Déchirent leur suaire en étirant leurs doigts ;

Colères de boxeurs, impudences de faune,
Toi qui sus ramasser la beauté des goujats,
Grand cœur gonflé d'orgueil, homme débile et jaune,
Puget, mélancolique empereur des forçats ;

Watteau, ce carnaval où bien des cœurs illustres,
Comme des papillons, errent en flamboyant,
Décors frais et légers éclairés par des lustres
Qui versent la folie à ce bal tournoyant ;

Goya, cauchemar plein de choses inconnues,
De fœtus qu'on fait cuire au milieu des sabbats,
De vieilles au miroir, et d'enfants toutes nues,
Pour tenter les démons ajustant bien leurs bas ;

VI. THE BEACONS

Rubens, oblivion's stream, garden of lethargy,
Pillow of youthful flesh where there can be no love,
But where life rushes in with such activity,
Like wave on ocean wave, and wind on wind above;

Da Vinci, mirror dark, tenebrous and profound,
Where charming angels wear a subtle, gentle smile,
Beneath the lofty pines and glaciers that surround
The enigmatic confines of their pleasant isle;

Rembrandt, sad hospital replete with murmurings,
Whose sole adornment is a massive crucifix,
Where tearful prayers arise out of putrescent things,
A shaft of winter light sharply traversing it;

And Michelangelo, where we see Hercules
Intermingled with Christs, surrounded by white clouds,
With powerful phantoms rising up out of Hades,
Their outstretched talons tearing at their winding shrouds;

The boxer's angry stance, the ostentatious faun,
You who could even see some beauty in a brute,
Great heart puffed up with pride, man feeble and forlorn,
Puget, the brooding emperor of the dissolute;

Watteau, bright carnival where many famous hearts,
Like flaming butterflies, flit gaily here and there,
Cool decors, chandeliers, which their soft light impart
Upon the dancers swirling to a charming air;

Goya, nightmarish scenes of things unspeakable,
Where foetuses are cooked in diabolic rites,
Hags with their looking-glass, nude girls, adorable,
Adjusting silken hose to tempt demonic sprites;

LES PHARES

Delacroix, lac de sang hanté des mauvais anges,
Ombragé par un bois de sapins toujours vert,
Où, sous un ciel chagrin, des fanfares étranges
Passent, comme un soupir étouffé de Weber ;

Ces malédictions, ces blasphèmes, ces plaintes,
Ces extases, ces cris, ces pleurs, ces Te Deum,
Sont un écho redit par mille labyrinthes ;
C'est pour les cœurs mortels un divin opium !

C'est un cri répété par mille sentinelles,
Un ordre renvoyé par mille porte-voix ;
C'est un phare allumé sur mille citadelles,
Un appel de chasseurs perdus dans les grands bois !

Car c'est vraiment, Seigneur, le meilleur témoignage
Que nous puissions donner de notre dignité
Que cet ardent sanglot qui roule d'âge en âge
Et vient mourir au bord de votre éternité !

—Publié dans *Les Fleurs du mal*, juin 1857

THE BEACONS

Delacroix, lake of blood where evil angels dwell,
Shaded by verdant pines in forests evergreen,
Where under brooding skies strange fanfares softly swell,
Like stifled sighs of Weber, gentle and serene;

These maledictions, blasphemies, and loud laments,
These ecstasies, these cries, these tears, these *Te Deum*,
Are like an echo from a thousand labyrinths.
It is, for mortal hearts, a heavenly opium!

It is a cry sent by a thousand sentinels,
An order broadcast by a thousand megaphones;
It is a beacon on a thousand citadels,
A hunting-horn that that calls for help in plaintive tones!

For truly, Lord, it is the homage most sublime
That we could ever pay to human dignity,
This ardent sob that rolls across the sands of time,
Expiring at the edge of your eternity!

— First published in *Les Fleurs du mal*, June 1857

VII. LA MUSE MALADE

Ma pauvre Muse, hélas ! qu'as-tu donc ce matin ?
Tes yeux creux sont peuplés de visions nocturnes,
Et je vois tour à tour s'étaler sur ton teint
La folie et l'horreur, froides et taciturnes.

Le succube verdâtre et le rose lutin
T'ont-ils versé la peur et l'amour de leurs urnes ?
Le cauchemar, d'un poing despotique et mutin,
T'a-t-il noyée au fond d'un fabuleux Minturnes ?

Je voudrais qu'exhalant l'odeur de la santé
Ton sein de pensers forts fût toujours fréquenté,
Et que ton sang chrétien coulât à flots rythmiques,

Comme les sons nombreux des syllabes antiques,
Où règnent tour à tour le père des chansons,
Phœbus, et le grand Pan, le seigneur des moissons.

— Publié dans *Les Fleurs du mal*, juin 1857

VII. THE SICK MUSE

O my poor muse, alas! what ails you so today?
Your hollow eyes betray dark thoughts and, each in turn,
I see reflected in your aspect the dismay
Of horror and delusion, cold and taciturn.

The green-hued succubus and the pink-tinted troll,
Did they pour you both fear and longing from their urns?
And did the nightmare grasp you in a vicious hold
And drown you deep inside a fabulous Minturnes?

I would that, redolent with odours of good health,
Your breast might ever be frequented by a wealth
Of noble thoughts, and that your blood might ever flow

With rhythmic sounds of songs and lays from long ago,
Where each in turn reign Phoebus, sire of melody,
And Pan, the lord of harvests in antiquity.

— First published in *Les Fleurs du mal*, June 1857

VIII. LA MUSE VÉNALE

O Muse de mon cœur, amante des palais,
Auras-tu, quand Janvier lâchera ses Borées,
Durant les noirs ennuis des neigeuses soirées,
Un tison pour chauffer tes deux pieds violets ?

Ranimeras-tu donc tes épaules marbrées
Aux nocturnes rayons qui percent les volets ?
Sentant ta bourse à sec autant que ton palais,
Récolteras-tu l'or des voûtes azurées ?

Il te faut, pour gagner ton pain de chaque soir,
Comme un enfant de chœur, jouer de l'encensoir,
Chanter des Te Deum auxquels tu ne crois guère,

Ou, saltimbanque à jeun, étaler tes appas
Et ton rire trempé de pleurs qu'on ne voit pas,
Pour faire épanouir la rate du vulgaire.

—Publié dans *Les Fleurs du mal*, juin 1857

VIII. THE VENAL MUSE

Muse of my heart, of ornate palaces so fond,
Will you, when January brings the rain and sleet,
The dreary snowbound days, the nights of dark despond,
Still have some embers that can warm your purple feet?

Will you be able to revive your marbled skin
With the nocturnal rays that penetrate your room?
Your palate dry, your purse with not a penny in,
Will you still reap some gold out of the vaults of gloom?

You'll need, for daily bread, to earn some recompense
And, like an altar boy, to swing the frankincense,
And sing some *Te Deum* in which you don't believe,

Or, like a starving dancer, let your charms appear
With laughter that is mingled with an unseen tear,
The boredom of the common rabble to relieve.

— First published in *Les Fleurs du mal*, June 1857

IX. LE MAUVAIS MOINE

Les cloîtres anciens sur leurs grandes murailles
Étalaient en tableaux la sainte Vérité,
Dont l'effet, réchauffant les pieuses entrailles,
Tempérait la froideur de leur austérité.

En ces temps où du Christ florissaient les semailles,
Plus d'un illustre moine, aujourd'hui peu cité,
Prenant pour atelier le champ des funérailles,
Glorifiait la Mort avec simplicité.

— Mon âme est un tombeau que, mauvais cénobite,
Depuis l'éternité je parcours et j'habite ;
Rien n'embellit les murs de ce cloître odieux.

Ô moine fainéant ! quand saurai-je donc faire
Du spectacle vivant de ma triste misère
Le travail de mes mains et l'amour de mes yeux ?

—Publié dans *Le Messager de l'Assemblée,* avril 1851

IX. THE BAD MONK

Cloisters, in former times, displayed on their high walls
Scenes from the Sacred Truth of which the Scriptures told,
That lent an air of warmth to those exalted halls,
Which otherwise would be too austere and too cold.

In times when Christian faith grew stronger every day,
More than one famous monk, now lost to memory,
Would make the burial ground his artist's atelier,
Where he would honour Death with great simplicity.

— My soul's a vaulted tomb which I, bad cenobite,
Inhabit as I wander in eternal night.
Nothing adorns this cloister that I so despise.

O good-for-nothing monk! When shall I ever find,
Within the living drama of my wretched mind,
The labour of my hands and the love of my eyes?

— First published in *Le Messager de l'Assemblée,* April 1851

X. L'ENNEMI

Ma jeunesse ne fut qu'un ténébreux orage,
Traversé çà et là par de brillants soleils ;
Le tonnerre et la pluie ont fait un tel ravage,
Qu'il reste en mon jardin bien peu de fruits vermeils.

Voilà que j'ai touché l'automne des idées,
Et qu'il faut employer la pelle et les râteaux
Pour rassembler à neuf les terres inondées,
Où l'eau creuse des trous grands comme des tombeaux.

Et qui sait si les fleurs nouvelles que je rêve
Trouveront dans ce sol lavé comme une grève
Le mystique aliment qui ferait leur vigueur ?

— Ô douleur ! ô douleur ! Le Temps mange la vie,
Et l'obscur Ennemi qui nous ronge le cœur
Du sang que nous perdons croît et se fortifie !

—Publié en juin 1855 dans *Revue des deux-mondes,* dans le cadre d'un recueil de dix-huit poèmes sous le titre *Les Fleurs du mal.*

X. THE ENEMY

My youth was filled with days of dark and stormy skies,
Occasionally lit by shafts of brilliant sun.
So violent were the storms, that now my garden lies
Devoid of all its fruits of ripe vermilion.

And now that I have touched the autumn of my thoughts,
I must employ the hoe, the rake, the fork and spade,
So that the flooded land is rid of all its faults,
Where torrents gouged great holes as deep as any grave.

But who knows if the flowers my dreams now see in bud
Will find within this soil, diluted by the flood,
The mystic nourishment that they will need to thrive?

— O Torment! Anguish! Pain! Cruel Time devours our life,
And this dark Enemy that gnaws us deep inside
With the blood that we lose grows and is fortified!

— First published in June 1855 in *Revue des deux-mondes,* as part of a collection of eighteen poems with the title *Les Fleurs du mal.*

XI. LE GUIGNON

Pour soulever un poids si lourd,
Sisyphe, il faudrait ton courage !
Bien qu'on ait du cœur à l'ouvrage,
L'Art est long et le Temps est court.

Loin des sépultures célèbres,
Vers un cimetière isolé,
Mon cœur, comme un tambour voilé,
Va battant des marches funèbres.

— Maint joyau dort enseveli
Dans les ténèbres et l'oubli,
Bien loin des pioches et des sondes ;

Mainte fleur épanche à regret
Son parfum doux comme un secret
Dans les solitudes profondes.

—Publié en juin 1855 dans *Revue des deux-mondes,* dans le cadre d'un recueil de dix-huit poèmes sous le titre *Les Fleurs du mal.*

XI. THE JINX

Such a great burden to support
Would, Sisyphus, require your grit!
One's heart may well be up to it,
But Art is long, and Time is short.

Far from the famous cemeteries,
Toward a lonely catacomb,
My sad heart, like a muffled drum,
Goes beating plaintive monodies.

— Many a gem lies buried still,
Far from the pickaxe and the drill,
In darkness, far beneath the ground.

Many a flower gives with regret
Its sweet perfume, like a secret,
In solitude vast and profound.

— First published in June 1855 in *Revue des deux-mondes,* as part of a collection of eighteen poems with the title *Les Fleurs du mal.*

XII. LA VIE ANTÉRIEURE

J'ai longtemps habité sous de vastes portiques
Que les soleils marins teignaient de mille feux,
Et que leurs grands piliers, droits et majestueux,
Rendaient pareils, le soir, aux grottes basaltiques.

Les houles, en roulant les images des cieux,
Mêlaient d'une façon solennelle et mystique
Les tout-puissants accords de leur riche musique
Aux couleurs du couchant reflété par mes yeux.

C'est là que j'ai vécu dans les voluptés calmes,
Au milieu de l'azur, des vagues, des splendeurs
Et des esclaves nus, tout imprégnés d'odeurs,

Qui me rafraîchissaient le front avec des palmes,
Et dont l'unique soin était d'approfondir
Le secret douloureux qui me faisait languir.

— Publié en juin 1855 dans *Revue des deux-mondes,* dans le cadre d'un recueil de dix-huit poèmes sous le titre *Les Fleurs du mal.*

XII. THE FORMER LIFE

Long did I dwell beneath enormous colonnades
Upon which ocean suns cast myriad shafts of light,
And whose great pillars stood majestic in the night,
Resembling the huge columns of basaltic caves.

The billows, surging with reflections of the skies,
With echoes of a solemn, mystic harmony,
Mingled the powerful chords of their rich symphony
With colours of the sunset, mirrored in my eyes.

And there I spent my days in hedonistic calm,
Beneath the splendour of the azure firmament,
And there were naked slaves, with odours redolent,

Who would refresh my brow with fronds of waving palm,
Whose one and only duty was to penetrate
The dolorous enigma of my languid state.

— First published in June 1855 in *Revue des deux-mondes,* as part of a collection of eighteen poems with the title *Les Fleurs du mal.*

XIII. BOHÉMIENS EN VOYAGE

La tribu prophétique aux prunelles ardentes
Hier s'est mise en route, emportant ses petits
Sur son dos, ou livrant à leurs fiers appétits
Le trésor toujours prêt des mamelles pendantes.

Les hommes vont à pied sous leurs armes luisantes
Le long des chariots où les leurs sont blottis,
Promenant sur le ciel des yeux appesantis
Par le morne regret des chimères absentes.

Du fond de son réduit sablonneux, le grillon,
Les regardant passer, redouble sa chanson ;
Cybèle, qui les aime, augmente ses verdures,

Fait couler le rocher et fleurir le désert
Devant ces voyageurs, pour lesquels est ouvert
L'empire familier des ténèbres futures.

—Publié dans *Les Fleurs du mal*, juin 1857

XIII. TRAVELLING GYPSIES

The prophet tribe, those seers of incandescent eye,
Bearing their progeny, took to the road last night,
The women satisfying eager appetites
From hanging breasts, wherein their ample treasures lie.

The menfolk are on foot, with weaponry that gleams,
Walking beside the wagons sheltering their kin,
Their eyes scanning the sky, hoping to find therein
The inspiration to rekindle absent dreams.

The cricket, in the recess of his sandy lair,
Sees them pass by and greets them with a cheerful air,
While Cybele, who loves them, makes the landscape green,

And cleaves the desert rock to make a flowing tide
For those tired travellers, to whom is opened wide
The gateway to a future life as yet unseen.

— First published in *Les Fleurs du mal*, June 1857

XIV. L'HOMME ET LA MER

Homme libre, toujours tu chériras la mer !
La mer est ton miroir ; tu contemples ton âme
Dans le déroulement infini de sa lame,
Et ton esprit n'est pas un gouffre moins amer.

Tu te plais à plonger au sein de ton image ;
Tu l'embrasses des yeux et des bras, et ton cœur
Se distrait quelquefois de sa propre rumeur
Au bruit de cette plainte indomptable et sauvage.

Vous êtes tous les deux ténébreux et discrets :
Homme, nul n'a sondé le fond de tes abîmes ;
Ô mer, nul ne connaît tes richesses intimes,
Tant vous êtes jaloux de garder vos secrets !

Et cependant voilà des siècles innombrables
Que vous vous combattez sans pitié ni remord,
Tellement vous aimez le carnage et la mort,
Ô lutteurs éternels, ô frères implacables !

—Publié dans *Revue de Paris*, octobre 1852

XIV. MAN AND THE SEA

Free man, you will forever venerate the sea!
The sea, your looking glass; you contemplate your soul
In its depths, as its never-ending billows roll,
And the tide of your thoughts flows no less bitterly.

For solace you are wont on your image to gaze.
You embrace it with eyes and arms, and your sad heart
Is oftentimes assuaged of its own aching smart
By the plaintive lament of the unfurling waves.

The two of you are both tenebrous and discreet:
Man, you have yet your deepest secrets to reveal.
O Sea, nobody knows the riches you conceal,
So jealous are you of the secrets you both keep!

Yet since the dawn of time you have fought bitterly,
Relentlessly and without pity or regret,
So strong is your desire for carnage and for death,
O unrelenting foes, brothers in enmity!

—First published in *Revue de Paris*, October 1852

XV. DON JUAN AUX ENFERS

Quand Don Juan descendit vers l'onde souterraine
Et lorsqu'il eut donné son obole à Charon,
Un sombre mendiant, l'œil fier comme Antisthène,
D'un bras vengeur et fort saisit chaque aviron.

Montrant leurs seins pendants et leurs robes ouvertes,
Des femmes se tordaient sous le noir firmament,
Et, comme un grand troupeau de victimes offertes,
Derrière lui traînaient un long mugissement.

Sganarelle en riant lui réclamait ses gages,
Tandis que Don Luis avec un doigt tremblant
Montrait à tous les morts errant sur les rivages
Le fils audacieux qui railla son front blanc.

Frissonnant sous son deuil, la chaste et maigre Elvire,
Près de l'époux perfide et qui fut son amant,
Semblait lui réclamer un suprême sourire
Où brillât la douceur de son premier serment.

Tout droit dans son armure, un grand homme de pierre
Se tenait à la barre et coupait le flot noir ;
Mais le calme héros, courbé sur sa rapière,
Regardait le sillage et ne daignait rien voir.

—Publié dans *L'Artiste, Revue de Paris,* septembre 1846

XV. DON JUAN IN HELL

When Don Juan had descended to the subterranean sea,
And paid the ferryman the halfpenny he owed,
A swarthy mendicant, proud as Antisthenes,
Seizing both oars, made vengeful gestures as he rowed.

And through unfastened robes displaying hanging breasts,
Women twisted and writhed beneath a stygian sky,
And like a lowing herd of sacrificial beasts,
Followed behind him with a long and plaintive cry.

A laughing Sganarelle was asking for his wage,
While Don Luis, with all the dead assembled there,
Pointed a trembling finger, with barely hidden rage,
At the audacious son who had mocked his white hair.

Elvira, chaste and gaunt, shuddered in sorrow, while,
Beside the faithless spouse who'd once her lover been,
She seemed to ask of him, for one last time, a smile
Wherein to find the warmth that her eyes once had seen.

Erect, in armour clad, a man, hewn out of stone,
Stood at the helm and cut a passage through the haze.
But the calm hero, leaning on his sword, alone,
His eyes fixed on the wake, did not avert his gaze.

— First published in *L'Artiste, Revue de Paris,* September 1846

XVI. CHÂTIMENT DE L'ORGUEIL

En ces temps merveilleux où la Théologie
Fleurit avec le plus de sève et d'énergie,
On raconte qu'un jour un docteur des plus grands,
— Après avoir forcé les cœurs indifférents ;
Les avoir remués dans leurs profondeurs noires ;
Après avoir franchi vers les célestes gloires
Des chemins singuliers à lui-même inconnus,
Où les purs Esprits seuls peut-être étaient venus, —
Comme un homme monté trop haut, pris de panique,
S'écria, transporté d'un orgueil satanique :
« Jésus, petit Jésus ! je t'ai poussé bien haut !
Mais, si j'avais voulu t'attaquer au défaut
De l'armure, ta honte égalerait ta gloire,
Et tu ne serais plus qu'un fœtus dérisoire ! »

Immédiatement sa raison s'en alla.
L'éclat de ce soleil d'un crêpe se voila ;
Tout le chaos roula dans cette intelligence,
Temple autrefois vivant, plein d'ordre et d'opulence,
Sous les plafonds duquel tant de pompe avait lui.
Le silence et la nuit s'installèrent en lui,
Comme dans un caveau dont la clef est perdue.
Dès lors il fut semblable aux bêtes de la rue,
Et, quand il s'en allait sans rien voir, à travers
Les champs, sans distinguer les étés des hivers,
Sale, inutile et laid comme une chose usée,
Il faisait des enfants la joie et la risée.

—Publié dans *Le Magasin des familles*, juin 1850

XVI. HUBRIS CHASTISED

In those exalted times in which Theology
Flourished with ardent zeal and fervent energy,
A great and learned doctor, so the tale imparts,
— Having forced learned doctrines on indifferent hearts,
And stirred within them thoughts tenebrous and profound,
And having traversed strange and unfamiliar ground
In search of heavenly glories yet to him unknown,
To which only pure Spirits ever could have flown, —
Having aspired too high, in panic and distress
Cried out, with arrogant, satanic bitterness:
"Jesus, my little Jesus, I brought you great renown!
But, had I wished, I could have brought you crashing down,
Through chinks in your defence your glory brought to shame,
And you'd be just an embryo without a name!"

And even as he spoke his reason took its leave.
The brightness of his sun was veiled in a naïve,
Chaotic cloud of doubt; and his intelligence,
Erstwhile a living temple, full of opulence,
Beneath whose dome had shone such majesty and pride,
Became a place where only darkness could reside,
A silent sepulchre to which there was no key.
Thenceforth, like a stray dog, wandering aimlessly
Across the countryside, traversing vale and hill,
Unable to tell summer's heat from winter's chill,
Dishevelled and unwashed, his aspect was so grim
That laughing children would delight in mocking him.

— First published in *Le Magasin des familles,* June 1850

XVII. LA BEAUTÉ

Je suis belle, ô mortels ! comme un rêve de pierre,
Et mon sein, où chacun s'est meurtri tour à tour,
Est fait pour inspirer au poëte un amour
Éternel et muet ainsi que la matière.

Je trône dans l'azur comme un sphinx incompris ;
J'unis un cœur de neige à la blancheur des cygnes ;
Je hais le mouvement qui déplace les lignes,
Et jamais je ne pleure et jamais je ne ris.

Les poëtes, devant mes grandes attitudes,
Que j'ai l'air d'emprunter aux plus fiers monuments,
Consumeront leurs jours en d'austères études ;

Car j'ai, pour fasciner ces dociles amants,
De purs miroirs qui font toutes choses plus belles :
Mes yeux, mes larges yeux aux clartés éternelles !

— Publié dans *Revue française,* avril 1857

XVII. BEAUTY

I'm beautiful, O mortals, like a dream in stone!
My breast, where men have suffered, each one in his turn,
Inspires within the poet love that's taciturn,
Eternal as the substance from which it is hewn.

Like a mysterious sphinx I rule the azure sky;
A heart of snow with swanlike whiteness I combine;
I shun all movement that mars purity of line,
And never do I laugh and never do I cry.

Poets, entranced by my demeanour, will revere
A bearing borrowed from the finest monuments,
And spend their days engrossed in study most austere,

For I possess, to charm those docile supplicants,
Pure mirrors that make all things fairer to their sight:
My eyes, wide eyes that radiate eternal light!

— First published in *Revue française,* April 1857

XVIII. L'IDÉAL

Ce ne seront jamais ces beautés de vignettes,
Produits avariés, nés d'un siècle vaurien,
Ces pieds à brodequins, ces doigts à castagnettes,
Qui sauront satisfaire un cœur comme le mien.

Je laisse à Gavarni, poëte des chloroses,
Son troupeau gazouillant de beautés d'hôpital,
Car je ne puis trouver parmi ces pâles roses
Une fleur qui ressemble à mon rouge idéal.

Ce qu'il faut à ce cœur profond comme un abîme,
C'est vous, Lady Macbeth, âme puissante au crime,
Rêve d'Eschyle éclos au climat des autans ;

Ou bien toi, grande Nuit, fille de Michel-Ange,
Qui tors paisiblement dans une pose étrange
Tes appas façonnés aux bouches des Titans !

—Publié dans *Le Messager de l'Assemblée,* avril 1851

XVIII. THE IDEAL

It never will be those false beauties of vignettes,
Those products of a worthless era's poor design,
Those feet in ankle-boots, fingers in castanets,
That will know how to satisfy a heart like mine.

I leave to Gavarni, the poet of chlorosis,
His prattling herd of so-called beauties, sick and weak,
For I shall never find among those pale roses
A flower that reveals the ideal red I seek.

What's needed for this heart, profound as endless time,
Is you, Lady Macbeth, a soul potent in crime,
A dream of Aeschylus born in storm-winds from the south,

Or you, great Night, daughter of Michelangelo,
Who twist so peacefully into a curious show
Your charms that were engendered in the Titan's mouth!

— First published in *Le Messager de l'Assemblée,* April 1851

XIX. LA GÉANTE

Du temps que la Nature en sa verve puissante
Concevait chaque jour des enfants monstrueux,
J'eusse aimé vivre auprès d'une jeune géante,
Comme aux pieds d'une reine un chat voluptueux.

J'eusse aimé voir son corps fleurir avec son âme
Et grandir librement dans ses terribles jeux ;
Deviner si son cœur couve une sombre flamme
Aux humides brouillards qui nagent dans ses yeux ;

Parcourir à loisir ses magnifiques formes ;
Ramper sur le versant de ses genoux énormes,
Et parfois en été, quand les soleils malsains,

Lasse, la font s'étendre à travers la campagne,
Dormir nonchalamment à l'ombre de ses seins,
Comme un hameau paisible au pied d'une montagne.

—Publié dans *Revue française,* avril 1857

XIX. THE GIANTESS

In times when Nature's zeal was given to excess,
And every day brought forth infants of monstrous mien,
I should like to have lived with a young giantess,
Like a voluptuous cat at the feet of a queen.

I would have loved to watch her body grow in size
And flourish with her spirit in fantastic games,
And in the humid mists that hovered in her eyes
Divine if in her heart there smouldered darker flames.

About her wondrous form to wander as I please,
To clamber on the slopes of her enormous knees,
And when, wearied by summer's heat, she takes her rest,

Recumbent o'er the land in slumber calm and still,
To sleep without a care in the shade of her breast,
Like a small hamlet nestling underneath a hill.

—Published in *Revue française,* April 1857

XX. LE MASQUE
Statue allégorique dans le goût de la Renaissance
À Ernest Christophe, statuaire

Contemplons ce trésor de grâces florentines ;
Dans l'ondulation de ce corps musculeux
L'Élégance et la Force abondent, sœurs divines.
Cette femme, morceau vraiment miraculeux,
Divinement robuste, adorablement mince,
Est faite pour trôner sur des lits somptueux,
Et charmer les loisirs d'un pontife ou d'un prince.

— Aussi, vois ce souris fin et voluptueux
Où la Fatuité promène son extase ;
Ce long regard sournois, langoureux et moqueur ;
Ce visage mignard, tout encadré de gaze,
Dont chaque trait nous dit avec un air vainqueur :
« La Volupté m'appelle et l'amour me couronne ! »
À cet être doué de tant de majesté
Vois quel charme excitant la gentillesse donne !
Approchons, et tournons autour de sa beauté.

Ô blasphème de l'art ! ô surprise fatale !
La femme au corps divin, promettant le bonheur,
Par le haut se termine en monstre bicéphale !

— Mais non ! ce n'est qu'un masque, un décor suborneur,
Ce visage éclairé d'une exquise grimace,
Et, regarde, voici, crispée atrocement,
La véritable tête, et la sincère face
Renversée à l'abri de la face qui ment.
Pauvre grande beauté ! le magnifique fleuve
De tes pleurs aboutit dans mon cœur soucieux ;
Ton mensonge m'enivre, et mon âme s'abreuve
Aux flots que la Douleur fait jaillir de tes yeux !

XX. THE MASK

Allegorical statue in the Renaissance style

To Ernest Christophe, sculptor

Let's contemplate this gem of Florentine design.
In the curves of this form, so lithe and powerful,
Abound both Elegance and Strength, sisters divine.
This woman, art in stone, creative miracle,
Divinely slender and adorably robust,
Would grace a pontiff's couch, or merit pride of place
Upon a sumptuous bed, to charm a prince's lust.

— And see the subtle smile that lights her lovely face,
Where proud Conceit displays its noble ecstasy;
That sly, lingering look, mocking and languorous;
That charming countenance, gauze-framed so daintily,
Whose every feature says, proud and victorious:
"Indulgence beckons me, and Love ennobles me!"
To such a being, favoured with such stateliness,
See what exciting charm is lent by sympathy!
Let us approach, and marvel at her loveliness.

O blasphemy of art! Fatal epiphany!
This body so divine, that promised such delight,
Is topped by a bicephalous monstrosity!

— But no! It's just a mask, a fantasy of sight,
That face illumined by an exquisite grimace;
For look: here we can see, convulsed atrociously,
The bona fide head, with the authentic face
Reversed, concealed behind the face of perfidy.
— O beauty so defiled! your flowing tears awake
Such turmoil in my heart; bewildered by these lies,
My soul must drink its fill, its ardent thirst to slake,
From that great flood of Sorrow streaming from your eyes!

LE MASQUE

— Mais pourquoi pleure-t-elle ? Elle, beauté parfaite
Qui mettrait à ses pieds le genre humain vaincu,
Quel mal mystérieux ronge son flanc d'athlète ?

— Elle pleure, insensé, parce qu'elle a vécu !
Et parce qu'elle vit ! Mais ce qu'elle déplore
Surtout, ce qui la fait frémir jusqu'aux genoux,
C'est que demain, hélas ! il faudra vivre encore !
Demain, après-demain et toujours ! — comme nous !

—Publié dans *Revue contemporaine,* novembre 1859

THE MASK

— But wherefore does she weep? She who, so wondrous fair,
Could prostrate at her feet the conquered human race,
What enigmatic torment brings her such despair?

— She weeps, you fool, because life has gone on apace!
And she still lives today! But what gives her most pain,
What makes her body tremble to its very core
Is that, alas, tomorrow she must live again!
Tomorrow and tomorrow! Like us — for evermore!

— First published in *Revue contemporaine,* November 1859

XXI. . HYMNE À LA BEAUTÉ

Viens-tu du ciel profond ou sors-tu de l'abîme,
Ô Beauté ? ton regard, infernal et divin,
Verse confusément le bienfait et le crime,
Et l'on peut pour cela te comparer au vin.

Tu contiens dans ton œil le couchant et l'aurore ;
Tu répands des parfums comme un soir orageux ;
Tes baisers sont un philtre et ta bouche une amphore
Qui font le héros lâche et l'enfant courageux.

Sors-tu du gouffre noir ou descends-tu des astres ?
Le Destin charmé suit tes jupons comme un chien ;
Tu sèmes au hasard la joie et les désastres,
Et tu gouvernes tout et ne réponds de rien.

Tu marches sur des morts, Beauté, dont tu te moques ;
De tes bijoux l'Horreur n'est pas le moins charmant,
Et le Meurtre, parmi tes plus chères breloques,
Sur ton ventre orgueilleux danse amoureusement.

L'éphémère ébloui vole vers toi, chandelle,
Crépite, flambe et dit : Bénissons ce flambeau !
L'amoureux pantelant incliné sur sa belle
A l'air d'un moribond caressant son tombeau.

Que tu viennes du ciel ou de l'enfer, qu'importe,
Ô Beauté ! monstre énorme, effrayant, ingénu !
Si ton œil, ton souris, ton pied, m'ouvrent la porte
D'un Infini que j'aime et n'ai jamais connu ?

De Satan ou de Dieu, qu'importe ? Ange ou Sirène,
Qu'importe, si tu rends, — fée aux yeux de velours,
Rythme, parfum, lueur, ô mon unique reine ! —
L'univers moins hideux et les instants moins lourds ?

—Publié dans *Les Fleurs du mal*, mai 1861

XXI. HYMN TO BEAUTY

Did you descend from heaven, or rise from the abyss,
O Beauty? Your demeanour, infernal and divine,
Mingles confusedly iniquity and bliss,
Wherefore you surely may be likened unto wine.

Your eyes are home to both the sunset and aurora.
You scatter wide your perfumes like a stormy night.
Your kisses are a philtre and your mouth an amphora,
Which rouse a child yet cause a hero to take flight.

Are you from the black depths or from the stars of light?
Charmed Destiny pursues you like a faithful hound.
You scatter as you please both sorrow and delight,
Commanding everything and yet by nothing bound.

You trample on the dead, and show disdain for them.
Among your baubles Dread reserves a special place,
And Murder, of your charms perhaps the finest gem,
On your proud belly dances with erotic grace.

The dazzled moth flies blindly to the candle's light,
Crackles and burns and says: Bless this torch of my doom!
The panting lover, lying with his bride at night,
Is like a dying man caressing his own tomb.

What matter that you come from heaven or from hell,
O Beauty! dreadful, huge, naïve monstrosity!
If your eyes or your smile my spirit can propel
Into an Infinite as yet unknown to me?

From Satan or from God, who cares? Angel or Sprite,
What does it matter, if you make, — silken-eyed fay,
Unique and glorious queen, rhythm, aroma, light! —
The world less hideous and the moments less grey?

— First published in *Les Fleurs du mal*, May 1861

XXII. PARFUM EXOTIQUE

Quand, les deux yeux fermés, en un soir chaud d'automne,
Je respire l'odeur de ton sein chaleureux,
Je vois se dérouler des rivages heureux
Qu'éblouissent les feux d'un soleil monotone ;

Une île paresseuse où la nature donne
Des arbres singuliers et des fruits savoureux ;
Des hommes dont le corps est mince et vigoureux,
Et des femmes dont l'œil par sa franchise étonne.

Guidé par ton odeur vers de charmants climats,
Je vois un port rempli de voiles et de mâts
Encor tout fatigués par la vague marine,

Pendant que le parfum des verts tamariniers,
Qui circule dans l'air et m'enfle la narine,
Se mêle dans mon âme au chant des mariniers.

—Publié dans *Journal dAlençon*, mai 1857

XXII. EXOTIC FRAGRANCE

When I, with shuttered eyes, on a warm autumn night,
Inhale the stunning fragrance of your fond embrace,
I see the blissful shores of an exotic place,
Illumined by an ardent sun's unchanging light.

An isle of indolence where nature's panoply
Reveals fantastic trees, with luscious fruits weighed down;
Men that are vigorous, with bodies lithe and brown;
Women whose eyes astound by their sincerity.

Guided by your aromas to such charming climes,
I see a port with sails and masts in its confines,
Still weary from their labours in the ocean's swell,

While the sweet fragrance of the verdant tamarind,
That fills my nostrils with its aromatic smell,
Drifts with the boatman's song upon a zephyr wind.

— First published in *Journal dAlençon*, May 1857

XXIII. LA CHEVELURE

Ô toison, moutonnant jusque sur l'encolure !
Ô boucles ! Ô parfum chargé de nonchaloir !
Extase ! Pour peupler ce soir l'alcôve obscure
Des souvenirs dormant dans cette chevelure,
Je la veux agiter dans l'air comme un mouchoir !

La langoureuse Asie et la brûlante Afrique,
Tout un monde lointain, absent, presque défunt,
Vit dans tes profondeurs, forêt aromatique !
Comme d'autres esprits voguent sur la musique,
Le mien, ô mon amour ! nage sur ton parfum.

J'irai là-bas où l'arbre et l'homme, pleins de sève,
Se pâment longuement sous l'ardeur des climats ;
Fortes tresses, soyez la houle qui m'enlève !
Tu contiens, mer d'ébène, un éblouissant rêve
De voiles, de rameurs, de flammes et de mâts :

Un port retentissant où mon âme peut boire
À grands flots le parfum, le son et la couleur ;
Où les vaisseaux, glissant dans l'or et dans la moire,
Ouvrent leurs vastes bras pour embrasser la gloire
D'un ciel pur où frémit l'éternelle chaleur.

Je plongerai ma tête amoureuse d'ivresse
Dans ce noir océan où l'autre est enfermé ; Et mon esprit
subtil que le roulis caresse
Saura vous retrouver, ô féconde paresse,
Infinis bercements du loisir embaumé !

Cheveux bleus, pavillon de ténèbres tendues,
Vous me rendez l'azur du ciel immense et rond ;
Sur les bords duvetés de vos mèches tordues
Je m'enivre ardemment des senteurs confondues
De l'huile de coco, du musc et du goudron.

XXIII. THE HEAD OF HAIR

O tresses that enfold your shoulders with such grace!
O curls! O fragrance wafting nonchalantly there!
What rapture! And to fill the boudoir's sombre space
With memories that sleep in this luxuriant place,
I want to shake it like a kerchief in the air!

Asia, where languor dwells, Africa's scorching heat,
Those distant worlds, whose absent wonders are so rare,
Live in the depths of this ambrosial retreat!
While other spirits float on sounds of music sweet,
Mine, O my love! bathes in the perfume of your hair.

I'll go where trees and men live in serenity,
Beneath an ardent sun taking their languid ease.
Thick tresses, be the swell that lifts and carries me!
You hold, ebony sea, a dazzling reverie
Of masts and sails afloat upon a zephyr breeze:

A busy haven where my spirit can inhale
A flood of sound and colour, fragrance, purity,
Where vessels glide on seas of amber in full sail,
Unfolding wide their arms to greet the majesty
Of a pure sky where warmth resides eternally.

And I shall plunge my head in eager drunkenness
Into this black sea where the other is enclosed,
And my keen spirit, that the gentle waves caress,
Will know where you reside, O fecund idleness,
Eternal lullaby of sweet-scented repose!

Blue tresses, darkly flowing like a banner, where
I revel in the azure blue of skies afar;
Upon the downy fringes of your tangled hair
I ardently imbibe the mingled perfumes there,
The oil of coconut, the heady musk and tar.

LA CHEVELURE

Longtemps ! toujours ! ma main dans ta crinière lourde
Sèmera le rubis, la perle et le saphir,
Afin qu'à mon désir tu ne sois jamais sourde !
N'es-tu pas l'oasis où je rêve, et la gourde
Où je hume à longs traits le vin du souvenir ?

—Publié dans *Revue française,* mai 1859

THE HEAD OF HAIR

Always! forever! in your flowing locks entwined,
My hand will sow pearls, rubies, sapphires crystalline,
So that to my desire you never will be blind!
Are you not the oasis where I dream, the vine
From which I take long draughts of your nostalgic wine?

— First published in *Revue française,* May 1859

XXIV.

Je t'adore à l'égal de la voûte nocturne,
Ô vase de tristesse, ô grande taciturne,
Et t'aime d'autant plus, belle, que tu me fuis,
Et que tu me parais, ornement de mes nuits,
Plus ironiquement accumuler les lieues
Qui séparent mes bras des immensités bleues.

Je m'avance à l'attaque, et je grimpe aux assauts,
Comme après un cadavre un chœur de vermisseaux,
Et je chéris, ô bête implacable et cruelle !
Jusqu'à cette froideur par où tu m'es plus belle !

—Publié dans *Les Fleurs du mal*, juin 1857

XXIV.

I love you as I love the starlit firmament,
O distant, silent one, O vase of discontent,
And I love you the more because you flee from me,
Because it seems, adornment of my nights, that you
Accumulate the leagues, O cruel irony,
That separate my arms from the eternal blue.

And I mount an assault, advancing to attack,
Like a platoon of maggots on a corpse's back,
And I hold dear, O beast cruel and implacable!
Even that chill which renders you more beautiful!

— First published in *Les Fleurs du mal*, June 1857

XXV.

Tu mettrais l'univers entier dans ta ruelle,
Femme impure ! L'ennui rend ton âme cruelle.
Pour exercer tes dents à ce jeu singulier,
Il te faut chaque jour un cœur au râtelier.
Tes yeux, illuminés ainsi que des boutiques
Et des ifs flamboyants dans les fêtes publiques,
Usent insolemment d'un pouvoir emprunté,
Sans connaître jamais la loi de leur beauté.

Machine aveugle et sourde, en cruautés féconde !
Salutaire instrument, buveur du sang du monde,
Comment n'as-tu pas honte et comment n'as-tu pas
Devant tous les miroirs vu pâlir tes appas ?
La grandeur de ce mal où tu te crois savante
Ne t'a donc jamais fait reculer d'épouvante,
Quand la nature, grande en ses desseins cachés,
De toi se sert, ô femme, ô reine des péchés,
— De toi, vil animal, — pour pétrir un génie ?

Ô fangeuse grandeur ! sublime ignominie !

—Publié dans *Les Fleurs du mal*, juin 1857

XXV.

You'd take the entire universe into your shrine,
Lewd woman! Boredom makes your spirit so malign.
To exercise your teeth in this singular play,
You need a new heart in your manger every day.
Your eyes, afire like a shop window filled with light,
Or like a blazing yew tree on a festive night,
Abuse their borrowed power with such impunity,
Oblivious to the laws that govern their beauty.

O blind and deaf machine, with cruelty aflood!
Vigorous instrument, imbiber of man's blood,
How can you have no shame, and why do they conceal,
Those mirrors where you gaze, your withering appeal?
Has this great evil, you who think you are so wise,
Not caused you once to flinch before its very size,
When nature, so immense in its arcane design,
Makes use of you, O queen of all that is malign,
— Of you, vile animal, — to mould a prodigy?

Contemptible grandeur! Sublime ignominy!

— First published in *Les Fleurs du mal*, June 1857

XXVI. SED NON SATIATA

Bizarre déité, brune comme les nuits,
Au parfum mélangé de musc et de havane,
Œuvre de quelque obi, le Faust de la savane,
Sorcière au flanc d'ébène, enfant des noirs minuits,

Je préfère au constance, à l'opium, au nuits,
L'élixir de ta bouche où l'amour se pavane ;
Quand vers toi mes désirs partent en caravane,
Tes yeux sont la citerne où boivent mes ennuis.

Par ces deux grands yeux noirs, soupiraux de ton âme,
Ô démon sans pitié ! verse-moi moins de flamme ;
Je ne suis pas le Styx pour t'embrasser neuf fois,

Hélas ! et je ne puis, Mégère libertine,
Pour briser ton courage et te mettre aux abois,
Dans l'enfer de ton lit devenir Proserpine !

— Publié dans *Les Fleurs du mal*, juin 1857

XXVI. SED NON SATIATA

Bizarre goddess, whose hair is black as darkest night,
With mingled fragrances of musk and havana,
The work of some obi, Faust of the savannah,
Ebony sorceress, child of the black midnight,

I love, more than constantia, opium, côte-de-nuits,
The liquor of your lips where love's conceits parade.
When my desires toward you move in cavalcade,
Your eyes become the spring that quenches my ennui.

From those dark eyes, those windows of your soul's desire,
O demon without grace, pour me less ardent fire!
I'm not the River Styx, nine times to circle you,

Alas! and I cannot, Megaera libertine,
To weaken your defence and triumph over you,
In your infernal bed become a Proserpine!

— First published in *Les Fleurs du mal*, June 1857

XXVII.

Avec ses vêtements ondoyants et nacrés,
Même quand elle marche on croirait qu'elle danse,
Comme ces longs serpents que les jongleurs sacrés
Au bout de leurs bâtons agitent en cadence.

Comme le sable morne et l'azur des déserts,
Insensibles tous deux à l'humaine souffrance,
Comme les longs réseaux de la houle des mers,
Elle se développe avec indifférence.

Ses yeux polis sont faits de minéraux charmants,
Et dans cette nature étrange et symbolique
Où l'ange inviolé se mêle au sphinx antique,

Où tout n'est qu'or, acier, lumière et diamants,
Resplendit à jamais, comme un astre inutile,
La froide majesté de la femme stérile.

—Publié dans *Revue française,* avril 1857

XXVII.

To see her undulating, opalescent dress,
You'd think, as she walks by, that she's about to dance,
Like snakes that street performers show off to impress,
Adroitly waving sticks to put them in a trance.

Like endless azure skies above bleak desert sand,
Both unaware of human suffering and despair,
Like wave on endless wave breaking far from the land,
She goes about her life, it seems, without a care.

Her shining eyes are made of crystals pure and bright,
And in that strange, symbolic temperament that links
The inviolate angel and the fabled sphinx,

Where all is gold, and steel, and diamonds, and light,
There shines, like a vain star, for all eternity,
The sterile woman's regal, frigid majesty.

— First published in *Revue française*, April 1857

XXVIII. LE SERPENT QUI DANSE

Que j'aime voir, chère indolente,
De ton corps si beau,
Comme une étoffe vacillante,
Miroiter la peau !

Sur ta chevelure profonde
Aux âcres parfums,
Mer odorante et vagabonde
Aux flots bleus et bruns,

Comme un navire qui s'éveille
Au vent du matin,
Mon âme rêveuse appareille
Pour un ciel lointain.

Tes yeux, où rien ne se révèle
De doux ni d'amer,
Sont deux bijoux froids où se mêle
L'or avec le fer.

À te voir marcher en cadence,
Belle d'abandon,
On dirait un serpent qui danse
Au bout d'un bâton.

Sous le fardeau de ta paresse
Ta tête d'enfant
Se balance avec la mollesse
D'un jeune éléphant.

Et ton corps se penche et s'allonge
Comme un fin vaisseau
Qui roule bord sur bord et plonge
Ses vergues dans l'eau.

XXVIII. THE DANCING SERPENT

My languid love, how I admire
Your form so lithe and slim,
And, like a mesh of golden wire,
The shimmer of your skin!

Upon your deep, abundant hair,
With its pungent scent,
Fragrant flowing ocean where
Azure waves augment,

Like a vessel that awakes
To the morning breeze,
My quixotic spirit takes
Off on distant seas.

Your eyes, which neither gentleness
Nor bitterness reveal,
Are like two precious gems that blend
Gold with icy steel.

The carefree rhythm in your gait
Would seem to correspond
To that of a dancing snake
Enchanted by a wand.

Beneath the weight of idleness,
Your head, my sweet infant,
Moves freely, with the suppleness
Of a young elephant.

Your body leans and stretches forth
Like a ship on the lee,
Rolling from side to side to dip
Its yardarm in the sea.

LE SERPENT QUI DANSE

Comme un flot grossi par la fonte
Des glaciers grondants,
Quand l'eau de ta bouche remonte
Au bord de tes dents,

Je crois boire un vin de Bohême,
Amer et vainqueur,
Un ciel liquide qui parsème
D'étoiles mon cœur !

— Publié dans *Les Fleurs du mal,* juin 1857

THE DANCING SERPENT

Like waters swollen by the thaw
Of an icy reef,
When your saliva rises up
Against your opal teeth,

I taste a fine Bohemian wine,
Powerful and tart,
A liquid paradise divine
That sows stars in my heart!

— First published in *Les Fleurs du mal*, June 1857

XXIX. UNE CHAROGNE

Rappelez-vous l'objet que nous vîmes, mon âme,
Ce beau matin d'été si doux :
Au détour d'un sentier une charogne infâme
Sur un lit semé de cailloux,

Les jambes en l'air, comme une femme lubrique,
Brûlante et suant les poisons,
Ouvrait d'une façon nonchalante et cynique
Son ventre plein d'exhalaisons.

Le soleil rayonnait sur cette pourriture,
Comme afin de la cuire à point,
Et de rendre au centuple à la grande Nature
Tout ce qu'ensemble elle avait joint ;

Et le ciel regardait la carcasse superbe
Comme une fleur s'épanouir.
La puanteur était si forte, que sur l'herbe
Vous crûtes vous évanouir.

Les mouches bourdonnaient sur ce ventre putride,
D'où sortaient de noirs bataillons
De larves, qui coulaient comme un épais liquide
Le long de ces vivants haillons.

Tout cela descendait, montait comme une vague,
Ou s'élançait en pétillant ;
On eût dit que le corps, enflé d'un souffle vague,
Vivait en se multipliant.

Et ce monde rendait une étrange musique,
Comme l'eau courante et le vent,
Ou le grain qu'un vanneur d'un mouvement rhythmique
Agite et tourne dans son van.

XXIX. A CARRION

Remember, O my soul, the object that we saw
One lovely tranquil summer's day:
Upon a bed of stones a corpse, rotting and raw,
Before us on the footpath lay.

Legs in the air, resembling a lubricious whore,
With sweating poisons overrun,
Nonchalantly displaying, with a stench of gore,
Its reeking belly to the sun.

The sun shone fiercely down on this putridity
As if to cook it thoroughly,
And so give back to Nature the entirety
Of what she'd fashioned lovingly.

The sky beheld the place where this fine carrion lay
As if it were a flower in bloom.
So noisome was the stench of that obscene decay
You felt you were about to swoon.

The flies buzzed busily around that rotting belly,
From which there came black regiments
Of larvae that flowed forth like a thick viscous jelly
Among those living excrements.

Like an unfurling wave the whole thing rose and fell,
Or burst out in a bubbling spray.
You might say that the corpse appeared to breathe and swell,
Regenerating where it lay.

And this world gave forth music, full of mystery,
Like flowing water and the wind,
Or grain the winnower, with rhythmic artistry,
Rotates and mixes in his bin.

UNE CHAROGNE

Les formes s'effaçaient et n'étaient plus qu'un rêve,
Une ébauche lente à venir,
Sur la toile oubliée, et que l'artiste achève
Seulement par le souvenir.

Derrière les rochers une chienne inquiète
Nous regardait d'un œil fâché,
Épiant le moment de reprendre au squelette
Le morceau qu'elle avait lâché.

— Et pourtant vous serez semblable à cette ordure,
À cette horrible infection,
Étoile de mes yeux, soleil de ma nature,
Vous, mon ange et ma passion !

Oui ! telle vous serez, ô la reine des grâces,
Après les derniers sacrements,
Quand vous irez, sous l'herbe et les floraisons grasses,
Moisir parmi les ossements.

Alors, ô ma beauté ! dites à la vermine
Qui vous mangera de baisers,
Que j'ai gardé la forme et l'essence divine
De mes amours décomposés !

—Publié dans *Les Fleurs du mal*, juin 1857

A CARRION

The outlines disappeared, remaining but a dream,
A hazy sketch in muted tones
On a forgotten canvas, that the artist might seem
To paint from memory alone.

And from behind a rock an agitated bitch
Was watching us resentfully,
Waiting to take back from the corpse the morsel which
She had let fall so carelessly.

— And yet you will one day be like this carrion too,
This horrible infection,
O bright star of my eyes, sun of my nature, you,
My angel and my passion!

Yes! that is how you'll be, O queen of every grace,
After your last rites have been said,
When you are laid to rest in a calm, verdant place,
To rot with the bones of the dead.

And then say to the worms and vermin, beauty mine!
Whose kisses gorge on your allures,
That I have kept the form and the essence divine
Of my decomposed amours!

— First published in *Les Fleurs du mal*, June 1857

XXX. DE PROFUNDIS CLAMAVI

J'implore ta pitié, Toi, l'unique que j'aime,
Du fond du gouffre obscur où mon cœur est tombé.
C'est un univers morne à l'horizon plombé,
Où nagent dans la nuit l'horreur et le blasphème ;

Un soleil sans chaleur plane au-dessus six mois,
Et les six autres mois la nuit couvre la terre ;
C'est un pays plus nu que la terre polaire ;
— Ni bêtes, ni ruisseaux, ni verdure, ni bois !

Or il n'est pas d'horreur au monde qui surpasse
La froide cruauté de ce soleil de glace
Et cette immense nuit semblable au vieux Chaos ;

Je jalouse le sort des plus vils animaux
Qui peuvent se plonger dans un sommeil stupide,
Tant l'écheveau du temps lentement se dévide !

—Publié dans *Le Messager de l'Assemblée*, avril 1851

XXX. DE PROFUNDIS CLAMAVI

My one and only love, I beg pity of Thee,
From the deep, dark abyss in which my heart now lies,
A universe of gloom beset by leaden skies,
Where every night is filled with dread and blasphemy.

A cold sun hovers overhead for half the year;
The other half is shrouded in obscurity,
O'er land more barren than the pole's immensity:
— No sign of beast nor verdure, stream nor woodland here!

There is no horror in the world that could outrun
The numbing cruelty of this hibernal sun
And this vast night, like Chaos in the myths of old.

I'm envious of the lot of those beasts of the fold
That sleep without a care, to their destiny blind,
So slowly does the endless skein of time unwind!

— First published in *Le Messager de l'Assemblée*, April 1851

XXXI. LE VAMPIRE

Toi qui, comme un coup de couteau,
Dans mon cœur plaintif es entrée ;
Toi qui, forte comme un troupeau
De démons, vins, folle et parée,

De mon esprit humilié
Faire ton lit et ton domaine ;
— Infâme à qui je suis lié
Comme le forçat à la chaîne,

Comme au jeu le joueur têtu,
Comme à la bouteille l'ivrogne,
Comme aux vermines la charogne,
— Maudite, maudite sois-tu !

J'ai prié le glaive rapide
De conquérir ma liberté,
Et j'ai dit au poison perfide
De secourir ma lâcheté.

Hélas ! le poison et le glaive
M'ont pris en dédain et m'ont dit :
« Tu n'es pas digne qu'on t'enlève
À ton esclavage maudit,

Imbécile ! — de son empire
Si nos efforts te délivraient,
Tes baisers ressusciteraient
Le cadavre de ton vampire ! »

—Publié en juin 1855 dans *Revue des deux-mondes,* dans le cadre d'un recueil de dix-huit poèmes sous le titre *Les Fleurs du mal.*

XXXI. THE VAMPIRE

You who, like the thrust of a knife,
Entered into my plaintive heart;
You who came into my sad life
Your mad adornments to impart,

And of my subjugated soul
To make your bed and your domain,
Vile creature whom I must extol,
Tied like a convict to his chain,

Or like a gambler to the dice,
Or like a drunkard to his flask,
Or like a carrion to its lice
— May you be cursed, that's all I ask!

I have entreated the swift sword
To give me back my liberty.
The poisoned chalice I've implored
To banish my timidity.

Alas! The poison and the blade
Showed me disdain and said to me:
"You are not worthy to be freed
From your accursed slavery,

Imbecile! — If from her empire
Your soul we were to liberate,
Your kisses would resuscitate
The cadaver of your vampire!"

— First published in June 1855 in *Revue des deux-mondes*, as part of a collection of eighteen poems with the title *Les Fleurs du mal*.

XXXII.

Une nuit que j'étais près d'une affreuse Juive,
Comme au long d'un cadavre un cadavre étendu,
Je me pris à songer près de ce corps vendu
À la triste beauté dont mon désir se prive.

Je me représentai sa majesté native,
Son regard de vigueur et de grâces armé,
Ses cheveux qui lui font un casque parfumé,
Et dont le souvenir pour l'amour me ravive.

Car j'eusse avec ferveur baisé ton noble corps,
Et depuis tes pieds frais jusqu'à tes noires tresses
Déroulé le trésor des profondes caresses,

Si, quelque soir, d'un pleur obtenu sans effort
Tu pouvais seulement, ô reine des cruelles !
Obscurcir la splendeur de tes froides prunelles.

—Publié dans *Les Fleurs du mal*, juin 1857

XXXII.

One night as I lay with a dreadful Jewess by my side,
Like a cadaver that a fellow corpse has sought,
I called to mind, beside that body I had bought,
The one for whom my love too long had been denied.

I saw in my mind's eye her native majesty,
Her candid gaze, so full of energy and grace,
Her hair, a perfumed hood that frames her lovely face,
Of which my heart retains the ardent memory.

For fain would I have kissed a body I revere,
And from your fragrant feet to your obsidian tresses,
Unleashed the treasury of my profound caresses,

If, one night, you could just have shed one artless tear,
O queen whose cruelty your beauty so belies,
To dull the splendour of your cold uncaring eyes.

— First published in *Les Fleurs du mal*, June 1857

XXXIII. REMORDS POSTHUME

Lorsque tu dormiras, ma belle ténébreuse,
Au fond d'un monument construit en marbre noir,
Et lorsque tu n'auras pour alcôve et manoir
Qu'un caveau pluvieux et qu'une fosse creuse ;

Quand la pierre, opprimant ta poitrine peureuse
Et tes flancs qu'assouplit un charmant nonchaloir,
Empêchera ton cœur de battre et de vouloir,
Et tes pieds de courir leur course aventureuse,

Le tombeau, confident de mon rêve infini
(Car le tombeau toujours comprendra le poëte),
Durant ces grandes nuits d'où le somme est banni,

Te dira : « Que vous sert, courtisane imparfaite,
De n'avoir pas connu ce que pleurent les morts ? »
— Et le ver rongera ta peau comme un remords.

—Publié en juin 1855 dans *Revue des deux-mondes,* dans le cadre d'un recueil de dix-huit poèmes sous le titre *Les Fleurs du mal.*

XXXIII. POSTHUMOUS REMORSE

When you, my beauty dark, lie in eternal sleep,
Beneath a monument of atramentous stone,
And when the tranquil alcove of your stately home
Is but a dripping vault within a hollow deep;

And when the stone, constricting your capricious breast
And your now supple body's charming nonchalance,
Prevents your heart from beating and, stifling your will,
Stops your feet from pursuing their intrepid quest,

The tomb, companion of my never-ending dream
(For tombs will always understand the poet's pain),
Throughout those endless nights that sleep cannot redeem,

Will ask: "What does it profit you, flawed courtesan,
Not to have known what causes dead men's tears to course?"
— And worms will gnaw you as a token of remorse.

— First published in June 1855 in *Revue des deux-mondes,* as part of a collection of eighteen poems with the title *Les Fleurs du mal.*

XXXIV. LE CHAT

Viens, mon beau chat, sur mon cœur amoureux ;
Retiens les griffes de ta patte,
Et laisse-moi plonger dans tes beaux yeux,
Mêlés de métal et d'agate.

Lorsque mes doigts caressent à loisir
Ta tête et ton dos élastique,
Et que ma main s'enivre du plaisir
De palper ton corps électrique,

Je vois ma femme en esprit. Son regard,
Comme le tien, aimable bête,
Profond et froid, coupe et fend comme un dard,

Et, des pieds jusques à la tête,
Un air subtil, un dangereux parfum
Nagent autour de son corps brun.

—Publié dans *Journal d'Alençon,* janvier 1854

XXXIV. THE CAT

Come, my fine cat, onto my loving heart;
Take care your talons to conceal;
Let your bewitching eyes to me impart
Their blend of agate and of steel.

When my keen fingertips caress at leisure
Your back's smooth elasticity,
And when my hand palpates with drunken pleasure
Your body's electricity,

I call to mind the mistress of my heart.
Her gaze, like yours, congenial beast,
Is cold, profound and piercing as a dart,

And from her tresses to her feet
A dangerous perfume, a subtle air
Pervade her dark-hued body there.

— First published in *Journal d'Alençon,* January 1854

XXXV. DUELLUM

Deux guerriers ont couru l'un sur l'autre ; leurs armes
Ont éclaboussé l'air de lueurs et de sang.
Ces jeux, ces cliquetis du fer sont les vacarmes
D'une jeunesse en proie à l'amour vagissant.

Les glaives sont brisés ! comme notre jeunesse,
Ma chère ! Mais les dents, les ongles acérés,
Vengent bientôt l'épée et la dague traîtresse.
— Ô fureur des cœurs mûrs par l'amour ulcérés !

Dans le ravin hanté des chats-pards et des onces
Nos héros, s'étreignant méchamment, ont roulé,
Et leur peau fleurira l'aridité des ronces.

— Ce gouffre, c'est l'enfer, de nos amis peuplé !
Roulons-y sans remords, amazone inhumaine,
Afin d'éterniser l'ardeur de notre haine !

—Publié dans L'Artiste, septembre 1858

XXXV. DUELLUM

Two warriors rushed towards each other, and their arms
Flashed brightly in the air and spattered it with blood.
This sport, this clattering of steel, are the alarms
Of youth that's fallen prey to the first pangs of love.

The weapons are now broken, like our youth, sweet maid!
But teeth and fingernails, with likewise cruel intent,
Will soon avenge the sword and the perfidious blade.
O wrath of ageing hearts by love's afflictions rent!

Into the gorge where lynx and panther strut their power
Our heroes have careered, locked in a fierce embrace,
And on the arid thorns their shredded skin will flower.

— Into this gulf, this hell, our common dwelling-place,
Let's go, inhuman amazon, without remorse,
There to perpetuate our hatred's ardent force!

— First published in *L'Artiste,* September 1858

XXXVI. LE BALCON

Mère des souvenirs, maîtresse des maîtresses,
Ô toi, tous mes plaisirs ! ô toi, tous mes devoirs !
Tu te rappelleras la beauté des caresses,
La douceur du foyer et le charme des soirs,
Mère des souvenirs, maîtresse des maîtresses !

Les soirs illuminés par l'ardeur du charbon,
Et les soirs au balcon, voilés de vapeurs roses.
Que ton sein m'était doux ! que ton cœur m'était bon !
Nous avons dit souvent d'impérissables choses
Les soirs illuminés par l'ardeur du charbon.

Que les soleils sont beaux dans les chaudes soirées !
Que l'espace est profond ! que le cœur est puissant !
En me penchant vers toi, reine des adorées,
Je croyais respirer le parfum de ton sang.
Que les soleils sont beaux dans les chaudes soirées !

La nuit s'épaississait ainsi qu'une cloison,
Et mes yeux dans le noir devinaient tes prunelles,
Et je buvais ton souffle, ô douceur ! ô poison !
Et tes pieds s'endormaient dans mes mains fraternelles.
La nuit s'épaississait ainsi qu'une cloison.

Je sais l'art d'évoquer les minutes heureuses,
Et revis mon passé blotti dans tes genoux.
Car à quoi bon chercher tes beautés langoureuses
Ailleurs qu'en ton cher corps et qu'en ton cœur si doux ?
Je sais l'art d'évoquer les minutes heureuses !

Ces serments, ces parfums, ces baisers infinis,
Renaîtront-ils d'un gouffre interdit à nos sondes,
Comme montent au ciel les soleils rajeunis
Après s'être lavés au fond des mers profondes ?
— Ô serments ! ô parfums ! ô baisers infinis !

—Publié dans *Journal d'Alençon,* 17 mai 1857

XXXVI. THE BALCONY

Mother of memories, mistress of mistresses,
O you my every bliss, O you my every duty,
You will recall the joy of our fervent caresses,
The comfort of the hearth, the evening's tranquil beauty,
Mother of memories, mistress of mistresses!

The evenings by the fire, lit by the burning coal,
And on the balcony, veiled in a rosy hue,
The softness of your breast, the sweetness of your soul!
We said so many things that are forever true,
The evenings by the fire, lit by the burning coal!

How beautiful the sunlight on a summer's night!
How deep the vault of heaven! How strong the beating heart!
Holding you close to me, O queen of my delight,
It seemed your very blood did its sweet scent impart.
How beautiful the sunlight on a summer's night!

The wall of darkness thickened, shutting out the light,
And in the gloom my eyes sought your eyes longingly,
And I imbibed your breath, O poisonous delight!
And in my loving hands your feet slept peacefully.
The wall of darkness thickened, shutting out the light.

The recollection of sweet moments is an art
That lets me live again those hours of happiness.
Why should I seek elsewhere than in your loving heart,
And in your gracious form, the joys of languidness?
The recollection of sweet moments is an art!

Those vows, those fragrant scents, those kisses without end,
Can they be born again from gulfs we cannot sound,
Just as the endless seas back to the heavens send
Rejuvenated suns that from their depths rebound?
— O vows! O fragrant scents! O kisses without end!

— First published in *Journal dAlençon*, 17 May 1857

XXXVII. LE POSSÉDÉ

Le soleil s'est couvert d'un crêpe. Comme lui,
Ô Lune de ma vie ! emmitoufle-toi d'ombre ;
Dors ou fume à ton gré ; sois muette, sois sombre,
Et plonge tout entière au gouffre de l'Ennui ;

Je t'aime ainsi ! Pourtant, si tu veux aujourd'hui,
Comme un astre éclipsé qui sort de la pénombre,
Te pavaner aux lieux que la Folie encombre,
C'est bien ! Charmant poignard, jaillis de ton étui !

Allume ta prunelle à la flamme des lustres !
Allume le désir dans les regards des rustres !
Tout de toi m'est plaisir, morbide ou pétulant ;

Sois ce que tu voudras, nuit noire, rouge aurore ;
Il n'est pas une fibre en tout mon corps tremblant
Qui ne crie : *Ô mon cher Belzébuth, je t'adore !*

—Publié dans *Revue française*, janvier 1859

XXXVII. THE POSSESSED ONE

The sun has donned a veil of mourning. Just as he
Has done, Moon of my life! be clothed in shadow too;
Sleep or smoke as you wish; be silent as you do,
And sink into the depths of infinite Ennui;

I love you thus! However, if you wish today,
Like an eclipsed star that emerges from the dark,
To flaunt yourself where Folly goes to leave its mark,
That's fine! Knife, leave your scabbard! Go upon your way!

Let your eyes in the chandelier's light come ablaze!
Ignite desire within the eyes of old roués!
Despondent or perverse: what you are, I adore.

Be what you will, black night, or new dawn's scarlet hue;
There's not a single fibre in my trembling core
That does not cry: *Beelzebub, I worship you!*

— First published in *Revue française*, January 1859

XXXVIII. UN FANTÔME

I. Les Ténèbres

Dans les caveaux d'insondable tristesse
Où le Destin m'a déjà relégué ;
Où jamais n'entre un rayon rose et gai
Où, seul avec la Nuit, maussade hôtesse,

Je suis comme un peintre qu'un Dieu moqueur
Condamne à peindre, hélas ! sur les ténèbres ;
Où, cuisinier aux appétits funèbres,
Je fais bouillir et je mange mon cœur,

Par instants brille, et s'allonge, et s'étale
Un spectre fait de grâce et de splendeur.
À sa rêveuse allure orientale,

Quand il atteint sa totale grandeur,
Je reconnais ma belle visiteuse :
C'est Elle ! noire et pourtant lumineuse.

II. Le Parfum

Lecteur, as-tu quelquefois respiré
Avec ivresse et lente gourmandise
Ce grain d'encens qui remplit une église,
Ou d'un sachet le musc invétéré ?

Charme profond, magique, dont nous grise
Dans le présent le passé restauré !
Ainsi l'amant sur un corps adoré
Du souvenir cueille la fleur exquise.

De ses cheveux élastiques et lourds,
Vivant sachet, encensoir de l'alcôve,
Une senteur montait, sauvage et fauve,

Et des habits, mousseline ou velours,
Tout imprégnés de sa jeunesse pure,
Se dégageait un parfum de fourrure.

XXXVIII. A PHANTOM

I. The Shadows

In the deep vaults of fathomless distress
To which Fate has already banished me;
Where not a ray of sunlight do I see;
Where, lonely with the Night, morose hostess,

I'm like an artist that God mockingly
Condemns to paint on shadows, without light;
Where, like a cook with morbid appetite,
I boil and eat my own heart secretly.

At times, a spectral form in that dark place
Appears, and spreads itself before my eyes.
In its exquisite oriental grace,

When it has grown to reach its fullest size,
I recognise this visitor most fair:
It's Her! dark-hued yet radiant, standing there.

II. The Perfume

Reader, have you perchance sometimes at dusk
With gentle delectation caught a wave
Of heady incense that pervades a nave,
Or from a sachet smelt the timeless musk?

Profound, intoxicating sorcery,
The past transported to the present time!
As when the lover from a form sublime
Plucks the exquisite flower of memory.

From the thick tresses of her supple hair,
Living sachet, the boudoir's incense urn,
Arose a fragrance, wild as forest fern,

And, impregnated with her youth so fair,
Her clothes, that were of muslin or velour,
Exhaled an odour redolent of fur.

UN FANTÔME

III. Le Cadre

Comme un beau cadre ajoute à la peinture,
Bien qu'elle soit d'un pinceau très-vanté,
Je ne sais quoi d'étrange et d'enchanté
En l'isolant de l'immense nature,

Ainsi bijoux, meubles, métaux, dorure,
S'adaptaient juste à sa rare beauté ;
Rien n'offusquait sa parfaite clarté,
Et tout semblait lui servir de bordure.

Même on eût dit parfois qu'elle croyait
Que tout voulait l'aimer ; elle noyait
Sa nudité voluptueusement

Dans les baisers du satin et du linge,
Et, lente ou brusque, à chaque mouvement
Montrait la grâce enfantine du singe.

IV. Le Portrait

La Maladie et la Mort font des cendres
De tout le feu qui pour nous flamboya.
De ces grands yeux si fervents et si tendres,
De cette bouche où mon cœur se noya,

De ces baisers puissants comme un dictame,
De ces transports plus vifs que des rayons,
Que reste-t-il ? C'est affreux, ô mon âme !
Rien qu'un dessin fort pâle, aux trois crayons,

Qui, comme moi, meurt dans la solitude,
Et que le Temps, injurieux vieillard,
Chaque jour frotte avec son aile rude...

Noir assassin de la Vie et de l'Art,
Tu ne tueras jamais dans ma mémoire
Celle qui fut mon plaisir et ma gloire !

—Publié dans *L'Artiste*, octobre 1860

A PHANTOM

III. The Frame

Just as a frame around a work of art,
Even one painted by a famous hand,
Detaches it from the surrounding land,
A strange, magical beauty to impart,

So gemstones, metals, gold accoutrements
Ably accompanied her artistry.
Nothing could obfuscate her purity,
And all things served her as embellishments.

You might have sometimes even said she thought
That she was loved by all things, as she sought
To drown her nakedness indulgently

In kisses of fine linen, silk, and crepe,
And with each movement, swift or leisurely,
Displayed the childlike grace of a young ape.

IV. The Portrait

Disease and Death reduce to ash and cinder
Our passion that once burned with ardent fire.
Of those wide eyes so fervent and so tender,
That mouth where my heart drowned in deep desire,

Of those clandestine kisses that we stole,
Those transports more intense than lambent rays,
What now remains? It's awful, O my soul!
Just a three-coloured sketch, a pallid haze,

Which, like me, dies and slowly fades away,
And which harsh Time, malignant patriarch,
Abrades with his rough pinion every day...

Killer of Life and Art, assassin dark,
You'll never banish from my memory
The one who was my joy and majesty!

— First published in *L'Artiste*, October 1860

XXXIX.

Je te donne ces vers afin que si mon nom
Aborde heureusement aux époques lointaines,
Et fait rêver un soir les cervelles humaines,
Vaisseau favorisé par un grand aquilon,

Ta mémoire, pareille aux fables incertaines,
Fatigue le lecteur ainsi qu'un tympanon,
Et par un fraternel et mystique chaînon
Reste comme pendue à mes rimes hautaines ;

Être maudit à qui, de l'abîme profond
Jusqu'au plus haut du ciel, rien, hors moi, ne répond !
— Ô toi qui, comme une ombre à la trace éphémère,

Foules d'un pied léger et d'un regard serein
Les stupides mortels qui t'ont jugée amère,
Statue aux yeux de jais, grand ange au front d'airain !

—Publié dans *Revue française,* avril 1857

XXXIX.

I offer you these verses so that if my renown
Should happily approach the shores of far-off days,
And cause to dream new human spirits with my lays,
Like a ship on whose sails the northern wind bears down,

Your memory, like hazy myths from bygone times,
Will lull the reader with a dulcimer-like sound,
And by a mystic link, fraternal and profound,
Remain as if suspended from my haughty rhymes;

Accursèd one to whom nothing but me replies,
From the profound abyss to the most distant skies!
— O you who, like a shadow's ephemeral trace,

Tread lightly underfoot, as you serenely pass,
The stupid mortals who know nothing of your grace,
Statue with eyes of jet, angel with brow of brass!

— First published in *Revue française,* April 1857

XL. SEMPER EADEM

« D'où vous vient, disiez-vous, cette tristesse étrange,
Montant comme la mer sur le roc noir et nu ? »
— Quand notre cœur a fait une fois sa vendange,
Vivre est un mal. C'est un secret de tous connu,

Une douleur très-simple et non mystérieuse,
Et, comme votre joie, éclatante pour tous.
Cessez donc de chercher, ô belle curieuse !
Et, bien que votre voix soit douce, taisez-vous !

Taisez-vous, ignorante ! âme toujours ravie !
Bouche au rire enfantin ! Plus encor que la Vie,
La Mort nous tient souvent par des liens subtils.

Laissez, laissez mon cœur s'enivrer d'un *mensonge*,
Plonger dans vos beaux yeux comme dans un beau songe,
Et sommeiller longtemps à l'ombre de vos cils !

—Publié dans *Revue contemporaine*, mai 1860

XL. SEMPER EADEM

You asked: "How did this strange despondency begin,
Which rises like a wave on some dark distant reef?"
— When the grapes of our heart have all been gathered in,
We know that life henceforth will bring us only grief.

The pain is very simple, there's no mystery,
And, like your joy, it's very plain for all to see.
Abandon then your search, O curious beauty!
And, though your voice be gentle, let it silent be!

Be silent, foolish soul with rapture ever rife!
Infantile smiling face! Far more even than Life,
The subtle bonds of Death often around us twine.

Now let my heart the heady wine of *falsehood* drink,
Into your lovely eyes as in a daydream sink,
And in the shadow of your lashes long recline!

— First published in *Revue contemporaine*, May 1860

XLI. TOUT ENTIÈRE

Le Démon, dans ma chambre haute,
Ce matin est venu me voir,
Et, tâchant à me prendre en faute,
Me dit : « Je voudrais bien savoir,

Parmi toutes les belles choses
Dont est fait son enchantement,
Parmi les objets noirs ou roses
Qui composent son corps charmant,

Quel est le plus doux. » — Ô mon âme !
Tu répondis à l'Abhorré :
« Puisqu'en Elle tout est dictame,
Rien ne peut être préféré.

Lorsque tout me ravit, j'ignore
Si quelque chose me séduit.
Elle éblouit comme l'Aurore
Et console comme la Nuit ;

Et l'harmonie est trop exquise,
Qui gouverne tout son beau corps,
Pour que l'impuissante analyse
En note les nombreux accords.

Ô métamorphose mystique
De tous mes sens fondus en un !
Son haleine fait la musique,
Comme sa voix fait le parfum ! »

—Publié dans *Revue française,* avril 1857

XLI. ALL OF HER

The Devil came to call on me
This morning in my attic room,
And, seeking to befuddle me,
Said: "Tell me, if I may presume,

Among the wonders that compose
The beauty of her form so fair,
Among the objects black or rose
That lend her such a charming air,

Which is the sweetest?" — O my Soul!
You did reply to the Abhorred:
"In truth, she is a perfect whole:
Each virtue brings its own reward.

Her every feature gives delight —
What charms me most? I do not know.
She is the solace of the Night,
The radiance of Aurora's glow.

A most exquisite harmony
Pervades the union of her arts,
And no impotent scrutiny
Can separate the diverse parts.

O mystic metamorphosis
Of every sense uniquely blent!
Her breath is music's synthesis,
And her voice gives forth fragrant scent!"

— First published in *Revue française,* April 1857

XLII.

Que diras-tu ce soir, pauvre âme solitaire,
Que diras-tu, mon cœur, cœur autrefois flétri,
À la très-belle, à la très-bonne, à la très-chère,
Dont le regard divin t'a soudain refleuri ?

— Nous mettrons notre orgueil à chanter ses louanges :
Rien ne vaut la douceur de son autorité ;
Sa chair spirituelle a le parfum des Anges,
Et son œil nous revêt d'un habit de clarté.

Que ce soit dans la nuit et dans la solitude,
Que ce soit dans la rue et dans la multitude,
Son fantôme dans l'air danse comme un flambeau.

Parfois il parle et dit : « Je suis belle, et j'ordonne
Que pour l'amour de moi vous n'aimiez que le Beau ;
Je suis l'Ange gardien, la Muse et la Madone. »

— Cité, sans nom d'auteur, dans *l'Assassinat du Pont-Rouge*, roman de Charles Barbara, publié dans *La Revue de Paris*, janvier 1855

XLII.

What will you say tonight, poor solitary soul,
What will you say, my heart, once so enmeshed in gloom,
To her who is so dear, so good, so beautiful,
Whose countenance divine has made your spirit bloom?

— We'll harness all our pride to sing her highest praise.
Nothing can match the grace of her authority.
Her mystic flesh is perfumed by angelic rays,
And her eyes clothe us in a robe of clarity.

Be it at dead of night and in deep solitude,
Or in the city streets among the multitude,
Her phantom, like a torch, is on the ether blown.

Sometimes it speaks: "I'm beautiful, and I decree
That for the love of me you love Beauty alone.
Madonna, guardian Angel, Muse — I am all three."

— Quoted, without attribution, in *l'Assassinat du Pont-Rouge*, a novel
by Charles Barbara, published in *La Revue de Paris*, January 1855

XLIII. LE FLAMBEAU VIVANT

Ils marchent devant moi, ces Yeux pleins de lumières,
Qu'un Ange très-savant a sans doute aimantés ;
Ils marchent, ces divins frères qui sont mes frères,
Secouant dans mes yeux leurs feux diamantés.

Me sauvant de tout piège et de tout péché grave,
Ils conduisent mes pas dans la route du Beau ;
Ils sont mes serviteurs et je suis leur esclave ;
Tout mon être obéit à ce vivant flambeau.

Charmants Yeux, vous brillez de la clarté mystique
Qu'ont les cierges brûlant en plein jour ; le soleil
Rougit, mais n'éteint pas leur flamme fantastique ;

Ils célèbrent la Mort, vous chantez le Réveil ;
Vous marchez en chantant le réveil de mon âme,
Astres dont nul soleil ne peut flétrir la flamme !

—Publié dans *Revue française*, avril 1857

XLIII. THE LIVING TORCH

Before me they advance, those eyes ablaze with light,
Eyes that a learned Angel doubtless magnetized,
Celestial brothers, my own brothers, burning bright,
Their diamantine flame reflecting in my eyes.

Preserving me from snares and from all error grave,
Along the path of Beauty they show me the way.
They are my servitors and I their humble slave,
A living torch that my whole being must obey.

Beguiling Eyes, you have the mystic clarity
Of candles glowing in the light of day; the sun
Glows red, but does not quell their luminosity.

While *they* laud Death, *you* sing of a new day begun:
My soul's awakening is the anthem you proclaim,
Bright stars of which no sun could ever dull the flame!

— First published in *Revue française*, April 1857

XLIV. RÉVERSIBILITÉ

Ange plein de gaieté, connaissez-vous l'angoisse,
La honte, les remords, les sanglots, les ennuis,
Et les vagues terreurs de ces affreuses nuits
Qui compriment le cœur comme un papier qu'on froisse ?
Ange plein de gaieté, connaissez-vous l'angoisse ?

Ange plein de bonté, connaissez-vous la haine,
Les poings crispés dans l'ombre et les larmes de fiel,
Quand la Vengeance bat son infernal rappel,
Et de nos facultés se fait le capitaine ?
Ange plein de bonté, connaissez-vous la haine ?

Ange plein de santé, connaissez-vous les Fièvres,
Qui, le long des grands murs de l'hospice blafard,
Comme des exilés, s'en vont d'un pied traînard,
Cherchant le soleil rare et remuant les lèvres ?
Ange plein de santé, connaissez-vous les Fièvres ?

Ange plein de beauté, connaissez-vous les rides,
Et la peur de vieillir, et ce hideux tourment
De lire la secrète horreur du dévouement
Dans des yeux où longtemps burent nos yeux avides ?
Ange plein de beauté, connaissez-vous les rides ?

Ange plein de bonheur, de joie et de lumières,
David mourant aurait demandé la santé
Aux émanations de ton corps enchanté ;
Mais de toi je n'implore, ange, que tes prières,
Ange plein de bonheur, de joie et de lumières !

—Publié en juin 1855 dans *Revue des deux-mondes,* dans le cadre d'un recueil de dix-huit poèmes sous le titre *Les Fleurs du mal.*

XLIV. REVERSIBILITY

Angel of gaiety, what know you of distress,
Of shame, remorse, vexation, tears of misery,
And of those dreadful nights the vague anxiety
That, like a crumpled leaf, the troubled heart compress?
Angel of gaiety, what know you of distress?

Angel of charity, what do you know of hate,
Fists clenched in darkness, eyes that weep the tears of gall,
When Vengeance beats the drum that sounds the dreadful call,
And makes himself the prince and captain of our fate?
Angel of charity, what do you know of hate?

Angel of health, what do you know of Fever's pain,
Fever that trails along the hospice's pale walls,
Like an outcast who drags his limbs, and limps and crawls,
Moving his lips while seeking rays of light in vain?
Angel of health, what do you know of Fever's pain?

Angel of beauty, do you know senility,
The fear of growing old, the hideous emotion
When we discern the secret horror of devotion
In eyes where for so long our eyes drank eagerly!
Angel of beauty, do you know senility?

Angel of rapture, joy and luminosity,
The dying David surely would have asked to share
The mystic emanations of your form so fair;
But all I ask, angel, is that you pray for me,
Angel of rapture, joy and luminosity!

— First published in June 1855 in *Revue des deux-mondes*, as part of a collection of eighteen poems with the title *Les Fleurs du mal*.

XLV. CONFESSION

Une fois, une seule, aimable et douce femme,
À mon bras votre bras poli
S'appuya (sur le fond ténébreux de mon âme
Ce souvenir n'est point pâli) ;

Il était tard ; ainsi qu'une médaille neuve
La pleine lune s'étalait,
Et la solennité de la nuit, comme un fleuve,
Sur Paris dormant ruisselait.

Et le long des maisons, sous les portes cochères,
Des chats passaient furtivement,
L'oreille au guet, ou bien, comme des ombres chères,
Nous accompagnaient lentement.

Tout à coup, au milieu de l'intimité libre
Éclose à la pâle clarté,
De vous, riche et sonore instrument où ne vibre
Que la radieuse gaieté,

De vous, claire et joyeuse ainsi qu'une fanfare
Dans le matin étincelant,
Une note plaintive, une note bizarre
S'échappa, tout en chancelant

Comme une enfant chétive, horrible, sombre, immonde,
Dont sa famille rougirait,
Et qu'elle aurait longtemps, pour la cacher au monde,
Dans un caveau mise au secret.

Pauvre ange, elle chantait, votre note criarde :
« Que rien ici-bas n'est certain,
Et que toujours, avec quelque soin qu'il se farde,
Se trahit l'égoïsme humain ;

XLV. CONFESSION

Once, just once, sweet and gentle woman, did you place
Your silken arm upon my own
(From my soul's most profound and most secretive space
That memory has never flown);

'Twas late; and like a gleaming new medallion
The full moon in the heavens glowed,
And, over sleeping Paris holding dominion,
Solemn night like a river flowed.

Among the houses and beneath the porticoes,
The prowling cats passed furtively,
With ears pricked up, or else, like the shadows of those
Most dear, walked with us silently.

Suddenly, in the midst of this intimacy
That blossomed in the pale moonlight,
From you, sonorous instrument whose gaiety
Rang out so clearly in the night,

From you, clear, joyous, like a fanfare from afar
Resounding in the sparkling morn,
A note that was most plaintive, a note most bizarre,
Escaped, faltering and forlorn,

As if from some deformed, pathetic, sickly child,
Whose kin would be so mortified
She would be hidden from a world where she's reviled,
And in a cellar cast aside.

Poor angel, thus it sang, that strangely piercing note:
"In this world lives no certainty
And, though it would an air of sympathy promote,
Man's selfishness is plain to see.

CONFESSION

Que c'est un dur métier que d'être belle femme,
Et que c'est le travail banal
De la danseuse folle et froide qui se pâme
Dans un sourire machinal ;

Que bâtir sur les cœurs est une chose sotte ;
Que tout craque, amour et beauté,
Jusqu'à ce que l'Oubli les jette dans sa hotte
Pour les rendre à l'Éternité ! »

J'ai souvent évoqué cette lune enchantée,
Ce silence et cette langueur,
Et cette confidence horrible chuchotée
Au confessionnal du cœur.

— Publié en juin 1855 dans *Revue des deux-mondes,* dans le cadre d'un recueil de dix-huit poèmes sous le titre *Les Fleurs du mal.*

CONFESSION

What a harsh task it is to be a woman fair,
And with what banal nonchalance
The dancing girl can mask a cold, indifferent air,
And simper in obedience.

To build on human hearts is such a foolish thing,
All things must cede, love and beauty,
Until Oblivion consigns them to his bin
And sends them to Eternity!"

I often have recalled the moon's magnificence
That such enchantment did impart,
And that disturbing, whispered, secret utterance
From the confessional of the heart.

—First published in June 1855 in *Revue des deux-mondes,* as part of a collection of eighteen poems with the title *Les Fleurs du mal*.

XLVI. L'AUBE SPIRITUELLE

Quand chez les débauchés l'aube blanche et vermeille
Entre en société de l'Idéal rongeur,
Par l'opération d'un mystère vengeur
Dans la brute assoupie un ange se réveille.

Des Cieux Spirituels l'inaccessible azur,
Pour l'homme terrassé qui rêve encore et souffre,
S'ouvre et s'enfonce avec l'attirance du gouffre.
Ainsi, chère Déesse, Être lucide et pur,

Sur les débris fumeux des stupides orgies
Ton souvenir plus clair, plus rose, plus charmant,
À mes yeux agrandis voltige incessamment.

Le soleil a noirci la flamme des bougies ;
Ainsi, toujours vainqueur, ton fantôme est pareil,
Âme resplendissante, à l'immortel soleil !

— Publié en juin 1855 dans *Revue des deux-mondes,* dans le cadre d'un recueil de dix-huit poèmes sous le titre *Les Fleurs du mal.*

XLVI. SPIRITUAL DAWN

When on a debauchee Aurora's pale dawn breaks
And meets with the Ideal that's wont his heart to gnaw,
By operation of a vengeful secret law
Within the drowsy brute a dormant angel wakes.

The unreachable blue of the Ethereal Skies,
For him who suffers still, though he would dream of bliss,
Opens and sinks with the allure of the abyss.
Therefore, beloved Goddess, Being pure and wise,

Above the murky dross of revelry and shame,
The thought of you, beguiling in its clarity,
Before my startled eyes pulsates incessantly.

The sun has rendered black the dying candle's flame.
Thus, ever conquering, your phantom is at one,
Resplendent Entity, with the immortal sun!

—First published in June 1855 in *Revue des deux-mondes*, as part of a collection of eighteen poems with the title *Les Fleurs du mal*.

XLVII. HARMONIE DU SOIR

Voici venir les temps où vibrant sur sa tige
Chaque fleur s'évapore ainsi qu'un encensoir ;
Les sons et les parfums tournent dans l'air du soir ;
Valse mélancolique et langoureux vertige !

Chaque fleur s'évapore ainsi qu'un encensoir ;
Le violon frémit comme un cœur qu'on afflige ;
Valse mélancolique et langoureux vertige !
Le ciel est triste et beau comme un grand reposoir.

Le violon frémit comme un cœur qu'on afflige,
Un cœur tendre, qui hait le néant vaste et noir !
Le ciel est triste et beau comme un grand reposoir ;
Le soleil s'est noyé dans son sang qui se fige.

Un cœur tendre, qui hait le néant vaste et noir,
Du passé lumineux recueille tout vestige !
Le soleil s'est noyé dans son sang qui se fige......
Ton souvenir en moi luit comme un ostensoir !

—Publié dans *Revue française,* avril 1857

XLVII. EVENING HARMONY

The time of year has come when on warm summer days
Each flower spreads its scent like a censer of gold.
The sounds and fragrances in harmony enfold
The melancholic languor of the evening haze!

Each flower spreads its scent like a censer of gold.
Like an afflicted heart the trembling fiddle plays;
O melancholic languor of the evening haze!
The firmament is like a great altar of gold.

Like an afflicted heart the trembling fiddle plays,
A tender heart that hates the black void to behold!
The firmament is like a great altar of gold.
The sun drowns in the blood of its vermilion rays.

A tender heart, which hates the black void to behold,
Remembers every vestige of past happy days!
The sun drowns in the blood of its vermilion rays...
Your memory shines in me like a monstrance of gold!

— First published in *Revue française*, April 1857

XLVIII. LE FLACON

Il est de forts parfums pour qui toute matière
Est poreuse. On dirait qu'ils pénètrent le verre.
En ouvrant un coffret venu de l'Orient
Dont la serrure grince et rechigne en criant,

Ou dans une maison déserte quelque armoire
Pleine de l'âcre odeur des temps, poudreuse et noire,
Parfois on trouve un vieux flacon qui se souvient,
D'où jaillit toute vive une âme qui revient.

Mille pensers dormaient, chrysalides funèbres,
Frémissant doucement dans les lourdes ténèbres,
Qui dégagent leur aile et prennent leur essor,
Teintés d'azur, glacés de rose, lamés d'or.

Voilà le souvenir enivrant qui voltige
Dans l'air troublé ; les yeux se ferment ; le Vertige
Saisit l'âme vaincue et la pousse à deux mains
Vers un gouffre obscurci de miasmes humains ;

Il la terrasse au bord d'un gouffre séculaire,
Où, Lazare odorant déchirant son suaire,
Se meut dans son réveil le cadavre spectral
D'un vieil amour ranci, charmant et sépulcral.

Ainsi, quand je serai perdu dans la mémoire
Des hommes, dans le coin d'une sinistre armoire
Quand on m'aura jeté, vieux flacon désolé,
Décrépit, poudreux, sale, abject, visqueux, fêlé,

Je serai ton cercueil, aimable pestilence !
Le témoin de ta force et de ta virulence,
Cher poison préparé par les anges ! liqueur
Qui me ronge, ô la vie et la mort de mon cœur !

—Publié dans *Revue française*, avril 1857

XLVIII. THE FLASK

There are strong perfumes which can penetrate all mass.
It seems all things to them are porous, even glass.
On opening a coffer brought home from the East
Whose lock creaks as in protest when it is released,

Or in a long-abandoned house a cabinet,
Dusty and black, with the dank smell of time beset,
We sometimes find an ancient bottle which might host
The living, breathing soul of a returning ghost.

Like dormant chrysalids a thousand thoughts lie there,
Pulsating silently in their tenebrous lair,
And then, to take their flight, their azure wings unfold,
Wings that are glazed with rose and embroidered with gold.

Intoxicating memories escape, flutter and rise
In the nebulous air; we blink, and close our eyes;
Vertigo grips the soul and sends it hurtling down
Into a dark abyss where human scents abound.

And it is in that dark abyss that we might meet,
Like reeking Lazarus tearing his winding-sheet,
The ghostly cadaver of a rancid old flame
That rises from its sleep upon hearing its name.

Therefore, when long forgotten by men, I am thrown
Into the corner of some cupboard, lost, alone,
A desolate old flask, powdery, caked in dirt,
Slimy, abject, opaque, decrepit, cracked, inert,

I'll be your coffin, O delightful pestilence!
The witness of your force and of your virulence,
Dear poison made by angels, whose liquescent fire
Gnaws at my heart, O life and death of my desire!

— First published in *Revue française*, April 1857

XLIX. LE POISON

Le vin sait revêtir le plus sordide bouge
D'un luxe miraculeux,
Et fait surgir plus d'un portique fabuleux
Dans l'or de sa vapeur rouge,
Comme un soleil couchant dans un ciel nébuleux.

L'opium agrandit ce qui n'a pas de bornes,
Allonge l'illimité,
Approfondit le temps, creuse la volupté,
Et de plaisirs noirs et mornes
Remplit l'âme au delà de sa capacité.

Tout cela ne vaut pas le poison qui découle
De tes yeux, de tes yeux verts,
Lacs où mon âme tremble et se voit à l'envers...
Mes songes viennent en foule
Pour se désaltérer à ces gouffres amers.

Tout cela ne vaut pas le terrible prodige
De ta salive qui mord,
Qui plonge dans l'oubli mon âme sans remord,
Et, charriant le vertige,
La roule défaillante aux rives de la mort !

—Publié dans *Revue française*, avril 1857

XLIX. THE POISON

Wine knows how to embellish the most sordid room
With a luxurious disguise,
Making the most fantastic colonnades arise
In the gold of its crimson bloom,
Like the sun's dying rays suffusing misty skies.

Opium magnifies that which is limitless,
Extends beyond infinity,
Amplifies time, intensifies cupidity,
And with thrills dark and joyless
Pervades the soul beyond its full capacity.

Yet neither can compete with the poison that flows
From your eyes, your green eyes so fair,
Lakes where my soul recoils from its reflection there...
My dreams have no repose
And to those bitter gulfs in multitudes repair.

There's nothing that can match the terrible prowess
Of your saliva and your breath,
Which cast into oblivion my soul without redress,
Depriving it of consciousness,
And pushing it, expiring, to the shores of death!

— First published in *Revue française*, April 1857

L. CIEL BROUILLÉ

On dirait ton regard d'une vapeur couvert ;
Ton œil mystérieux (est-il bleu, gris ou vert ?)
Alternativement tendre, rêveur, cruel
Réfléchit l'indolence et la pâleur du ciel.

Tu rappelles ces jours blancs, tièdes et voilés,
Qui font se fondre en pleurs les cœurs ensorcelés,
Quand, agités d'un mal inconnu qui les tord,
Les nerfs trop éveillés raillent l'esprit qui dort.

Tu ressembles parfois à ces beaux horizons
Qu'allument les soleils des brumeuses saisons......
Comme tu resplendis, paysage mouillé
Qu'enflamment les rayons tombant d'un ciel brouillé !

Ô femme dangereuse, ô séduisants climats !
Adorerai-je aussi ta neige et vos frimas,
Et saurai-je tirer de l'implacable hiver
Des plaisirs plus aigus que la glace et le fer ?

—Publié dans *Les Fleurs du mal*, juin 1857

L. A TROUBLED SKY

It seems your eyes are covered by a hazy dew.
Your enigmatic eyes (are they green, grey or blue?)
Now tender, now reflective, now malevolent,
Reflect the lassitude of the pale firmament.

You bring to mind those days, warm, languid, and unclear,
That make enraptured hearts shed a reluctant tear,
When, shaken by a strange and ominous unrest,
Nerves that are too alert disturb the spirit's rest.

At times you are so like those charming horizons
Lit by the hazy suns of nebulous seasons…
Lustrous rain-washed landscapes, how resplendent you lie,
Lit by the sun's rays piercing a chaotic sky!

O dangerous woman, O fascinating climes,
Will I adore withal your blizzards and your rimes,
And in the cold, relentless winter, shall I feel
Delights more razor-sharp than ice or whetted steel?

— First published in *Les Fleurs du mal*, June 1857

LI. LE CHAT

I

Dans ma cervelle se promène,
Ainsi qu'en son appartement,
Un beau chat, fort, doux et charmant.
Quand il miaule, on l'entend à peine,

Tant son timbre est tendre et discret ;
Mais que sa voix s'apaise ou gronde,
Elle est toujours riche et profonde.
C'est là son charme et son secret.

Cette voix, qui perle et qui filtre
Dans mon fonds le plus ténébreux,
Me remplit comme un vers nombreux
Et me réjouit comme un philtre.

Elle endort les plus cruels maux
Et contient toutes les extases ;
Pour dire les plus longues phrases,
Elle n'a pas besoin de mots.

Non, il n'est pas d'archet qui morde
Sur mon cœur, parfait instrument,
Et fasse plus royalement
Chanter sa plus vibrante corde,

Que ta voix, chat mystérieux,
Chat séraphique, chat étrange,
En qui tout est, comme en un ange,
Aussi subtil qu'harmonieux !

II

De sa fourrure blonde et brune
Sort un parfum si doux, qu'un soir
J'en fus embaumé, pour l'avoir
Caressée une fois, rien qu'une.

LI. THE CAT

I

Within my fancy, on the prowl,
A handsome cat is wont to roam,
As if he were in his own home.
I scarcely hear his soft meowl,

His tone is so discreet and warm,
But whether waking or asleep,
His voice is always rich and deep:
There lies his secret and his charm.

That voice descends most dulcetly
My soul in pleasure to immerse,
Like a rhythmic, harmonious verse,
A philtre to enrapture me.

It calms the most distressing pain
And fills with joy my darkest days;
When uttering its longest phrase
No words are needed to explain.

No fiddler's bow could ever bring
More consonance into my heart
Or more concordant sounds impart
To its most vibrant, sweetest string,

Than your voice, cat of mystery,
Cat esoteric, seraphic;
In whom all sounds are angelic,
So full of subtle harmony!

II

From his soft coat of black and white
There emanates such pleasant scent
That I was filled with sweet content
By stroking it, just once, one night.

LE CHAT

C'est l'esprit familier du lieu ;
Il juge, il préside, il inspire
Toutes choses dans son empire ;
Peut-être est-il fée, est-il dieu ?

Quand mes yeux, vers ce chat que j'aime
Tirés comme par un aimant,
Se retournent docilement
Et que je regarde en moi-même,

Je vois avec étonnement
Le feu de ses prunelles pâles,
Clairs fanaux, vivantes opales,
Qui me contemplent fixement.

—Publié dans *Les Fleurs du mal*, juin 1857

THE CAT

The home is his familiar shrine,
He likes to judge, preside, inspire
All things that dwell in his empire;
Is he unworldly, or divine?

When to this cherished cat my eyes
Are drawn like magnets, then return
Within myself, I there discern,
To my most exquisite surprise,

The flame, the strange, exotic rays
Of his pale, opalescent eyes,
Clear beacons, luminescent, wise,
That fixedly return my gaze.

— First published in *Les Fleurs du mal*, June 1857

LII. LE BEAU NAVIRE

Je veux te raconter, ô molle enchanteresse !
Les diverses beautés qui parent ta jeunesse ;
Je veux te peindre ta beauté,
Où l'enfance s'allie à la maturité.

Quand tu vas balayant l'air de ta jupe large,
Tu fais l'effet d'un beau vaisseau qui prend le large,
Chargé de toile, et va roulant
Suivant un rythme doux, et paresseux, et lent.

Sur ton cou large et rond, sur tes épaules grasses,
Ta tête se pavane avec d'étranges grâces ;
D'un air placide et triomphant
Tu passes ton chemin, majestueuse enfant.

Je veux te raconter, ô molle enchanteresse !
Les diverses beautés qui parent ta jeunesse ;
Je veux te peindre ta beauté,
Où l'enfance s'allie à la maturité.

Ta gorge qui s'avance et qui pousse la moire,
Ta gorge triomphante est une belle armoire
Dont les panneaux bombés et clairs
Comme les boucliers accrochent des éclairs ;

Boucliers provoquants, armés de pointes roses !
Armoire à doux secrets, pleine de bonnes choses,
De vins, de parfums, de liqueurs
Qui feraient délirer les cerveaux et les cœurs !

Quand tu vas balayant l'air de ta jupe large,
Tu fais l'effet d'un beau vaisseau qui prend le large,
Chargé de toile, et va roulant
Suivant un rythme doux, et paresseux, et lent.

LII. THE BEAUTIFUL SHIP

I want to tell you, gentle enchantress, the truth
Of all the many beauties that adorn your youth!
I want to show you your beauty,
Where youthfulness is allied to maturity.

When flouncing your wide skirts with such nobility,
You have the air of a fine ship that takes to sea,
Whose sails the zephyr breezes blow
Upon its rhythmic course, gentle, lazy, and slow.

Upon your ample shoulders and your shapely neck,
Your head parades its charms to singular effect.
With a most placid, noble air
You go upon your way, majestic child so fair.

I want to tell you, gentle enchantress, the truth
Of all the many beauties that adorn your youth!
I want to show you your beauty,
Where youthfulness is allied to maturity.

Against the silken moiré of your heaving breast,
Your comely bosom is a finely crafted chest
Of which the panels, curved and bright,
Like silver shields emblazon the reflected light.

Alluring shields, adorned with pointed rosy rings!
Casket of secrets sweet, replete with wondrous things,
Aromas, liquors, spices, wine,
That fill the heart and mind with transports so divine!

When flouncing your wide skirts with such nobility,
You have the air of a fine ship that takes to sea,
Whose sails the zephyr breezes blow
Upon its rhythmic course, gentle, lazy, and slow.

LE BEAU NAVIRE

Tes nobles jambes, sous les volants qu'elles chassent,
Tourmentent les désirs obscurs et les agacent,
Comme deux sorcières qui font
Tourner un philtre noir dans un vase profond.

Tes bras, qui se joueraient des précoces hercules,
Sont des boas luisants les solides émules,
Faits pour serrer obstinément,
Comme pour l'imprimer dans ton cœur, ton amant.

Sur ton cou large et rond, sur tes épaules grasses,
Ta tête se pavane avec d'étranges grâces ;
D'un air placide et triomphant
Tu passes ton chemin, majestueuse enfant.

—Publié dans *Les Fleurs du mal*, juin 1857

THE BEAUTIFUL SHIP

Your noble limbs, beneath the folds they cause to sway,
Give torment to the dark desires on which they prey,
Like sorceresses as they turn
The contents of a steaming potion in an urn.

Your arms, which could do sport with youthful Hercules,
Might be compared to glistening boas, as they squeeze
In a most obstinate caress
Your swain, as if his mark on your heart to impress.

Upon your ample shoulders and your shapely neck,
Your head parades its charms to singular effect.
With a most placid, noble air
You go upon your way, majestic child so fair.

— First published in *Les Fleurs du mal*, June 1857

LIII. L'INVITATION AU VOYAGE

Mon enfant, ma sœur,
Songe à la douceur
D'aller là-bas vivre ensemble !
Aimer à loisir,
Aimer et mourir
Au pays qui te ressemble !
Les soleils mouillés
De ces ciels brouillés
Pour mon esprit ont les charmes
Si mystérieux
De tes traîtres yeux,
Brillant à travers leurs larmes.

Là, tout n'est qu'ordre et beauté,
Luxe, calme et volupté.

Des meubles luisants,
Polis par les ans,
Décoreraient notre chambre ;
Les plus rares fleurs
Mêlant leurs odeurs
Aux vagues senteurs de l'ambre,
Les riches plafonds,
Les miroirs profonds,
La splendeur orientale,
Tout y parlerait
À l'âme en secret
Sa douce langue natale.

Là, tout n'est qu'ordre et beauté,
Luxe, calme et volupté.

LIII. INVITATION TO A JOURNEY

My sister, my heart,
How sweet to depart
To that faraway haven with you!
To languidly lie,
To love and to die
In a land that resembles you!
The damp suns that rise
In those nebulous skies
Seem to mirror the charm that appears
In the mystic disguise
Of your treacherous eyes,
Glistening through their tears.

There, all is order and beauty,
Luxury, calm and ecstasy.

Furnishings fine,
Embellished by time,
Would decorate our room;
And flowers most rare
Their fragrance would share
With amber's heady perfume;
Ceilings ornate,
And walls with the weight
Of Orient's splendour hung;
All things there would speak
In the secret mystique
Of their gentle native tongue.

There, all is order and beauty,
Luxury, calm, and ecstasy.

L'INVITATION AU VOYAGE

Vois sur ces canaux
Dormir ces vaisseaux
Dont l'humeur est vagabonde ;
C'est pour assouvir
Ton moindre désir
Qu'ils viennent du bout du monde.
— Les soleils couchants
Revêtent les champs,
Les canaux, la ville entière,
D'hyacinthe et d'or ;
Le monde s'endort
Dans une chaude lumière.

Là, tout n'est qu'ordre et beauté,
Luxe, calme et volupté.

—Publié en juin 1855 dans *Revue des deux-mondes,* dans le cadre d'un recueil de dix-huit poèmes sous le titre *Les Fleurs du mal.*

INVITATION TO A JOURNEY

See the vessels that brave
The wind and the wave
Rocking gently in their berth;
It is to inspire
Your every desire
That they come from the ends of the earth.
— The sun goes down,
Setting the town,
The meadows and rivers alight
With jacinth and gold;
Our dreams unfold
In a gently warming light.

There, all is order and beauty,
Luxury, calm and ecstasy.

— First published in June 1855 in *Revue des deux-mondes,* as part of a collection of eighteen poems with the title *Les Fleurs du mal.*

LIV. L'IRRÉPARABLE

Pouvons-nous étouffer le vieux, le long Remords,
Qui vit, s'agite et se tortille,
Et se nourrit de nous comme le ver des morts,
Comme du chêne la chenille ?
Pouvons-nous étouffer l'implacable Remords ?

Dans quel philtre, dans quel vin, dans quelle tisane,
Noierons-nous ce vieil ennemi,
Destructeur et gourmand comme la courtisane,
Patient comme la fourmi ?
Dans quel philtre ? — dans quel vin ? — dans quelle tisane ?

Dis-le, belle sorcière, oh ! dis, si tu le sais,
À cet esprit comblé d'angoisse
Et pareil au mourant qu'écrasent les blessés,
Que le sabot du cheval froisse,
Dis-le, belle sorcière, oh ! dis, si tu le sais,

À cet agonisant que le loup déjà flaire
Et que surveille le corbeau,
À ce soldat brisé ! s'il faut qu'il désespère
D'avoir sa croix et son tombeau ;
Ce pauvre agonisant que déjà le loup flaire !

Peut-on illuminer un ciel bourbeux et noir ?
Peut-on déchirer des ténèbres
Plus denses que la poix, sans matin et sans soir,
Sans astres, sans éclairs funèbres ?
Peut-on illuminer un ciel bourbeux et noir ?

L'Espérance qui brille aux carreaux de l'Auberge
Est soufflée, est morte à jamais !
Sans lune et sans rayons, trouver où l'on héberge
Les martyrs d'un chemin mauvais !
Le Diable a tout éteint aux carreaux de l'Auberge !

LIV. THE IRREPARABLE

Can we not suffocate the old, the long Remorse,
That lives, and writhes, and would us choke,
And feeds upon us like a worm upon a corpse,
A caterpillar on an oak?
Can we not suffocate implacable Remorse?

In what elixir, in what wine, in what tisane,
Shall we drown that old combatant,
As greedy and destructive as a courtesan,
As patient as a worker ant?
In what elixir? — in what wine? — in what tisane?

Tell me, fair sorceress, oh! tell me if you know,
Tell this soul that in dire remorse
Is like a dying soldier who has been laid low
And trampled by a passing horse,
Tell him, fair sorceress, oh! tell him if you know,

That dying man who senses the wolf's patient stare
And the eyes of the carrion crow;
That broken soldier, how he surely must despair
Of a memorial here below!
That dying man who senses the wolf's patient stare!

Can we illuminate a dark and mournful sky?
Can this obscurity be torn
Apart, that is more dense than pitch, more black than dye,
Where there is neither eve nor morn?
Can we illuminate a dark and mournful sky?

The Hope that shines forth from the windows of the Inn
Is snuffed out, gone for evermore!
There is no moon to guide them and no light within
To bring lost martyrs to its door!
The Devil has blacked out the windows of the Inn!

L'IRRÉPARABLE

Adorable sorcière, aimes-tu les damnés ?
Dis, connais-tu l'irrémissible ?
Connais-tu le Remords, aux traits empoisonnés,
À qui notre cœur sert de cible ?
Adorable sorcière, aimes-tu les damnés ?

L'Irréparable ronge avec sa dent maudite
Notre âme, piteux monument,
Et souvent il attaque, ainsi que le termite,
Par la base le bâtiment.
L'Irréparable ronge avec sa dent maudite !

— J'ai vu parfois, au fond d'un théâtre banal
Qu'enflammait l'orchestre sonore,
Une fée allumer dans un ciel infernal
Une miraculeuse aurore ;
J'ai vu parfois au fond d'un théâtre banal

Un être, qui n'était que lumière, or et gaze,
Terrasser l'énorme Satan ;
Mais mon cœur, que jamais ne visite l'extase,
Est un théâtre où l'on attend
Toujours, toujours en vain, l'Être aux ailes de gaze !

—Publié en juin 1855 dans *Revue des deux-mondes,* dans le cadre d'un recueil de dix-huit poèmes sous le titre *Les Fleurs du mal.*

THE IRREPARABLE

Enchanting sorceress, say, do you love the damned?
Do you know the untenable?
Do you know of Remorse, with poison in his hand,
To which hearts are susceptible?
Enchanting sorceress, say, do you love the damned?

The Irreparable gnaws with its accursèd bite
Our soul, pitiful monument,
And often it attacks, malevolent termite,
The building's very fundament.
The Irreparable gnaws with its accursèd bite!

— I've sometimes seen upon some banal stage appear,
To a roll of the timpani,
A fairy who imbues a dark celestial sphere
With wondrous luminosity;
I've sometimes seen upon some banal stage appear

A being, who was only radiance, gauze, and gold,
Bringing down Satan from his reign;
But my heart, that can never ecstasy behold,
Is a theatre where, in vain,
We wait to see that Being with her wings of gold!

—First published in June 1855 in *Revue des deux-mondes*, as part of a collection of eighteen poems with the title *Les Fleurs du mal*.

LV. CAUSERIE

Vous êtes un beau ciel d'automne, clair et rose !
Mais la tristesse en moi monte comme la mer,
Et laisse, en refluant, sur ma lèvre morose
Le souvenir cuisant de son limon amer.

— Ta main se glisse en vain sur mon sein qui se pâme ;
Ce qu'elle cherche, amie, est un lieu saccagé
Par la griffe et la dent féroce de la femme.
Ne cherchez plus mon cœur ; les bêtes l'ont mangé.

Mon cœur est un palais flétri par la cohue ;
On s'y soûle, on s'y tue, on s'y prend aux cheveux !
— Un parfum nage autour de votre gorge nue !...

Ô Beauté, dur fléau des âmes, tu le veux !
Avec tes yeux de feu, brillants comme des fêtes,
Calcine ces lambeaux qu'ont épargnés les bêtes !

—Publié dans *Les Fleurs du mal*, juin 1857

LV. CAUSERIE

You are a lovely autumn sky of limpid rose!
But melancholy rises in me like the sea,
And leaves, as it flows back, on lips sad and morose
The stinging memory of its acerbity.

— In vain you lay your hand upon my fainting breast;
The place it seeks, my darling, is now derelict,
By woman's teeth and claws ferociously possessed.
Seek then no more my heart; the beasts have eaten it.

My heart's a palace blighted by the rabble, where
They roister, grasp each other by the hair, they kill!
— Around your naked breast a perfume fills the air!...

O Beauty, cruel scourge of souls, it is your will!
With your bright eyes of fire, kindled as for a feast,
Incinerate these scraps left over by the beast!

— First published in *Les Fleurs du mal*, June 1857

LVI. CHANT D'AUTOMNE

I

Bientôt nous plongerons dans les froides ténèbres ;
Adieu, vive clarté de nos étés trop courts !
J'entends déjà tomber avec des chocs funèbres
Le bois retentissant sur le pavé des cours.

Tout l'hiver va rentrer dans mon être : colère,
Haine, frissons, horreur, labeur dur et forcé,
Et, comme le soleil dans son enfer polaire,
Mon cœur ne sera plus qu'un bloc rouge et glacé.

J'écoute en frémissant chaque bûche qui tombe ;
L'échafaud qu'on bâtit n'a pas d'écho plus sourd.
Mon esprit est pareil à la tour qui succombe
Sous les coups du bélier infatigable et lourd.

Il me semble, bercé par ce choc monotone,
Qu'on cloue en grande hâte un cercueil quelque part.
Pour qui ? — C'était hier l'été ; voici l'automne !
Ce bruit mystérieux sonne comme un départ.

II

J'aime de vos longs yeux la lumière verdâtre,
Douce beauté, mais tout aujourd'hui m'est amer,
Et rien, ni votre amour, ni le boudoir, ni l'âtre,
Ne me vaut le soleil rayonnant sur la mer.

Et pourtant aimez-moi, tendre cœur ! soyez mère,
Même pour un ingrat, même pour un méchant ;
Amante ou sœur, soyez la douceur éphémère
D'un glorieux automne ou d'un soleil couchant.

Courte tâche ! La tombe attend ; elle est avide !
Ah ! laissez-moi, mon front posé sur vos genoux,
Goûter, en regrettant l'été blanc et torride,
De l'arrière-saison le rayon jaune et doux !

—Publié dans *Revue contemporaine*, novembre 1859

LVI. AUTUMN SONG

I

Too soon we shall descend into the frozen gloom;
Farewell, resplendent days of summers all too short!
I can already hear, like an impending doom,
The firewood crashing down on the stones of the court.

Soon my soul will be gripped by winter's icy spell,
Beset by hatred, anger, horror, storm, and flood,
And, like a sun imprisoned in its polar hell,
My wretched heart will be a block of ice and blood.

I shudder as I hear each timber as it falls;
The building of a scaffold echoes thus. I am
In spirit like a tower whose decaying walls
Succumb beneath the pounding of the battering ram.

That dull, relentless thud on me begins to pall,
Resounding like a hammer on a funeral bier.
For whom? - Lately was summer; now it is the fall!
I sense that a departure may be drawing near.

II

I love the emerald light that shines in your wide eyes,
Fair beauty, but today all things embitter me,
And nothing, not even the boudoir's sweet surprise,
Can match the shimmer of the sun upon the sea.

And yet, do love me, tender heart! Let your caress,
Even for an ingrate, even a wicked one,
Lover or sister, be the fleeting gentleness
Of autumn's transient glory or the setting sun.

Brief task! The tomb awaits, eager and appetent!
Ah! Let me taste, my brow reposing on your knee,
Lamenting the lost days of summer's torrid scent,
The gentle golden rays of autumn's clemency!

— First published in *Revue contemporaine*, November 1859

LVII. À UNE MADONE
Ex-voto dans le goût espagnol

Je veux bâtir pour toi, Madone, ma maîtresse,
Un autel souterrain au fond de ma détresse,
Et creuser dans le coin le plus noir de mon cœur,
Loin du désir mondain et du regard moqueur,
Une niche, d'azur et d'or tout émaillée,
Où tu te dresseras, Statue émerveillée.
Avec mes Vers polis, treillis d'un pur métal
Savamment constellé de rimes de cristal,
Je ferai pour ta tête une énorme Couronne ;
Et dans ma Jalousie, ô mortelle Madone,
Je saurai te tailler un Manteau, de façon
Barbare, roide et lourd, et doublé de soupçon,
Qui, comme une guérite, enfermera tes charmes ;
Non de Perles brodé, mais de toutes mes Larmes !
Ta Robe, ce sera mon Désir, frémissant,
Onduleux, mon Désir qui monte et qui descend,
Aux pointes se balance, aux vallons se repose,
Et revêt d'un baiser tout ton corps blanc et rose.

Je te ferai de mon Respect de beaux Souliers
De satin, par tes pieds divins humiliés,
Qui, les emprisonnant dans une molle étreinte,
Comme un moule fidèle en garderont l'empreinte.
Si je ne puis, malgré tout mon art diligent,
Pour Marchepied tailler une Lune d'argent,
Je mettrai le Serpent qui me mord les entrailles
Sous tes talons, afin que tu foules et railles,
Reine victorieuse et féconde en rachats,
Ce monstre tout gonflé de haine et de crachats.
Tu verras mes Pensers, rangés comme les Cierges
Devant l'autel fleuri de la Reine des Vierges,
Étoilant de reflets le plafond peint en bleu,
Te regarder toujours avec des yeux de feu ;
Et comme tout en moi te chérit et t'admire,
Tout se fera Benjoin, Encens, Oliban, Myrrhe,

LVII. TO A MADONNA
Ex-voto in the Spanish style

I want to build for you, Madonna, mistress mine,
Deep in the depths of my despair, a secret shrine,
And in the very darkest corner of my heart,
Far from worldly desires and mocking eyes apart,
Carve out a niche, enamelled in both blue and gold,
In which will stand your Statue, wondrous to behold.
And with my polished Verse, lattice of metal fine,
Arranged most skilfully in stars of crystal rhyme,
I shall make for your head a massive Diadem,
And from my Jealousy I'll cut and sew the hem,
O mortal lady mine, of a Mantle designed
In stiff and heavy cloth, with deep suspicion lined,
A refuge for your charms, a haven for my fears,
Embroidered not with Pearls, but with my bitter Tears!
Your Robe will be composed of my intense Desire,
That rises, falls, and rises, trembles, rises higher,
Pulsating at the peaks, resting in the abyss,
And covering your body with an ardent kiss.

Of my Respect I'll make you Shoes of satin fine,
Which surely will be humbled by your feet divine,
And holding them within their soft embrace so warm,
Will keep the moulded imprint of their perfect form.
If I cannot, despite my diligence and skill,
Design a silver moon-shaped Pedestal, I will,
Instead, insert the Snake that gnaws me deep inside
Beneath your feet, that you may trample and deride,
Victorious Queen, redeemer of my anguished soul,
This monster swollen up with hate and bitter gall.
And you will see my Thoughts, like Candles all aligned
Before the Virgin's altar, all with flowers entwined,
Illumining with stars the vault of azure blue,
Their eyes of fire forever watching over you;
And as I hold for you such cherished thoughts within,
All will be Olibanum, Myrrh and Benjamin,

À UNE MADONE

Et sans cesse vers toi, sommet blanc et neigeux,
En Vapeurs montera mon Esprit orageux.

Enfin, pour compléter ton rôle de Marie,
Et pour mêler l'amour avec la barbarie,
Volupté noire ! des sept Péchés capitaux,
Bourreau plein de remords, je ferai sept Couteaux
Bien affilés, et, comme un jongleur insensible,
Prenant le plus profond de ton amour pour cible,
Je les planterai tous dans ton Cœur pantelant,
Dans ton Cœur sanglotant, dans ton Cœur ruisselant !

— Publié dans *La Causerie*, janvier 1860

TO A MADONNA

And ceaselessly toward your snow-white peak shall soar
My troubled Spirit, seeking all that I adore.

And finally, your role as Mary to perfect,
To mix barbarity with love and due respect,
Out of the seven Deadly Sins, O black delight!
I shall forge seven Knives, all sharp and burnished bright,
And then, with mingled nonchalance and self-disgust,
Taking your deepest love as target, I shall thrust
Each one of them in turn into your panting Heart,
Into your sobbing Heart, into your streaming Heart!

— First published in *La Causerie*, January, 1860

LVIII. CHANSON D'APRÈS-MIDI

Quoique tes sourcils méchants
Te donnent un air étrange
Qui n'est pas celui d'un ange,
Sorcière aux yeux alléchants,

Je t'adore, ô ma frivole,
Ma terrible passion !
Avec la dévotion
Du prêtre pour son idole.

Le désert et la forêt
Embaument tes tresses rudes,
Ta tête a les attitudes
De l'énigme et du secret.

Sur ta chair le parfum rôde
Comme autour d'un encensoir ;
Tu charmes comme le soir,
Nymphe ténébreuse et chaude.

Ah ! les philtres les plus forts
Ne valent pas ta paresse,
Et tu connais la caresse
Qui fait revivre les morts !

Tes hanches sont amoureuses
De ton dos et de tes seins,
Et tu ravis les cousins
Par tes poses langoureuses.

Quelquefois, pour apaiser
Ta rage mystérieuse,
Tu prodigues, sérieuse,
La morsure et le baiser ;

LVIII. AFTERNOON SONG

Though your wicked eyebrows rise
With a strangely wanton air
That an angel could not share,
Temptress with bewitching eyes,

I adore you fervently,
Frivolous and wayward love!
With the dedication of
Priests for their idolatry.

Desert breeze and woodland air
In your tresses waft and play,
And your mystic looks betray
Attitudes arcane and rare.

On your flesh sweet scents alight
As if from an incense urn;
Your enchantment long will burn
In my heart, tenebrous sprite.

Ah! no elixir can wed
Ardour with your languidness,
For you know the soft caress
That resuscitates the dead!

Your fine haunches complement
Your exquisite back and breast,
And, when languidly you rest,
Cushions revel in your scent.

On occasion, to requite
Your mysterious desire,
You will lavish all the fire
Of your kisses and your bite.

CHANSON D'APRÈS-MIDI

Tu me déchires, ma brune,
Avec un rire moqueur,
Et puis tu mets sur mon cœur
Ton œil doux comme la lune.

Sous tes souliers de satin,
Sous tes charmants pieds de soie,
Moi, je mets ma grande joie,
Mon génie et mon destin,

Mon âme par toi guérie,
Par toi, lumière et couleur !
Explosion de chaleur
Dans ma noire Sibérie !

—Publié dans *L'Artiste*, octobre 1860

AFTERNOON SONG

Dark one, your disdainful smile
Tears my very soul apart,
Then you place upon my heart
Gentle glances that beguile.

Neath the satin finery
Of your charming silken feet,
All my rapture I secrete,
My genius and destiny.

You, all colour and all light,
You have made my soul complete!
Explosion of summer's heat
In my dark Siberian night!

— First published in *L'Artiste*, October 1860

LIX. SISINA

Imaginez Diane en galant équipage,
Parcourant les forêts ou battant les halliers,
Cheveux et gorge au vent, s'enivrant de tapage,
Superbe et défiant les meilleurs cavaliers !

Avez-vous vu Théroigne, amante du carnage,
Excitant à l'assaut un peuple sans souliers,
La joue et l'œil en feu, jouant son personnage,
Et montant, sabre au poing, les royaux escaliers ?

Telle la Sisina ! Mais la douce guerrière
A l'âme charitable autant que meurtrière ;
Son courage, affolé de poudre et de tambours,

Devant les suppliants sait mettre bas les armes,
Et son cœur, ravagé par la flamme, a toujours,
Pour qui s'en montre digne, un réservoir de larmes.

—Publié dans *Revue française,* avril 1859

LIX. SISINA

Imagine Diana, apparelled for the chase,
Roaming the forests, casting undergrowth aside,
Defiant, proud, breast bared, wind in her hair and face;
Her fleetness with the finest horsemen would have vied!

Or have you seen Theroigne, who loved the bloody fray,
Rousing the shoeless multitude to take a stand,
Her cheeks and eyes ablaze as she showed them the way,
Taking by storm the royal palace, sword in hand?

So too Sisina! But this gentle warrior shows
A nature that is kind as well as bellicose;
Her courage, bolstered up by drum and musket fire,

Can also lay down arms when it is met by fears
And supplications. Her heart has, though stirred by fire,
For those who merit grace, a reservoir of tears.

— First published in *Revue française*, April 1859

LX. FRANCISCÆ MEÆ LAUDES

Novis te cantabo chordis,
O novelletum quod ludis
In solitudine cordis.

Esto sertis implicata,
O femina delicata,
Per quam solvuntur peccata !

Sicut beneficum Lethe,
Hauriam oscula de te,
Quæ imbuta es magnete.

Quum vitiorum tempestas
Turbabat omnes semitas,
Apparuisti, Deitas,

Velut stella salutaris
In naufragiis amaris...
Suspendam cor tuis aris !

Piscina plena virtutis,
Fons æternæ juventutis,
Labris vocem redde mutis !

Quod erat spurcum, cremasti ;
Quod rudius, exæquasti ;
Quod debile, confirmasti !

In fame mea taberna,
In nocte mea lucerna,
Recte me semper guberna.

Adde nunc vires viribus,
Dulce balneum suavibus
Unguentatum odoribus !

LX. IN PRAISE OF MY FRANCESCA

I shall sing to you upon new chords
O child, as you play
In the solitude of my heart.

Be adorned with garlands,
O delightful woman
By whom sins are absolved!

As from a benevolent Lethe,
I shall drink kisses from you,
Who are imbued with magnetism.

When a tempest of vices
Invaded all my paths,
You appeared, Deity,

Like a star of salvation
To a disastrous shipwreck...
I shall hang my heart on your altar!

Lake full of virtue,
Fount of eternal youth,
Give back voice to my mute lips!

What was impure, you have burnt;
What was rough, you made smooth;
What was weak, you made strong.

In hunger you are my tavern,
In the night you are my lamp,
Guide me always on the right path.

Add now strength to my strength,
Sweet bath with pleasant
Odours scented!

FRANCISCÆ MEÆ LAUDES

Meos circa lumbos mica,
O castitatis lorica,
Aqua tincta seraphica :

Patera gemmis corusca,
Panis salsus, mollis esca,
Divinum vinum, Francisca !

— Publié dans *L'Artiste*, 10 mai 1857. « Ces fragments sont tirés du livre *Les Fleurs du mal*, qui doit paraître dans quelques jours à la librairie de MM. Poulet-Malassis et De Broise. »

IN PRAISE OF MY FRANCESCA

Shine about my loins,
O belt of chastity,
Moistened with angelic water:

Bowl flashing with gemstones,
Salted bread, gourmet food,
Heavenly wine, Francesca!

—First published in *L'Artiste*, 10 May 1857. "These fragments are taken from the book *Les Fleurs du mal*, which will shortly be published by Messrs. Poulet-Malassis and De Broise."

LXI. À UNE DAME CRÉOLE

Au pays parfumé que le soleil caresse,
J'ai connu, sous un dais d'arbres tout empourprés
Et de palmiers d'où pleut sur les yeux la paresse,
Une dame créole aux charmes ignorés.

Son teint est pâle et chaud ; la brune enchanteresse
A dans le cou des airs noblement maniérés ;
Grande et svelte en marchant comme une chasseresse,
Son sourire est tranquille et ses yeux assurés.

Si vous alliez, Madame, au vrai pays de gloire,
Sur les bords de la Seine ou de la verte Luoire,
Belle digne d'orner les antiques manoirs,

Vous feriez, à l'abri des ombreuses retraites,
Germer mille sonnets dans le cœur des poëtes,
Que vos grands yeux rendraient plus soumis que vos noirs.

— Publié dans *L'Artiste* en mai 1845, sous le nom de Baudelaire Dufays. Écrit en 1841 lors de son séjour à l'île de Bourbon (aujourd'hui l'île de La Réunion), c'est le premier poème que Baudelaire publie sous son propre nom.

LXI. TO A CREOLE LADY

In a fair-perfumed land warmed by the sun's caress,
I met, 'neath swaying palms by zephyr breezes blown,
Where one may languish long in blissful idleness,
A Creole lady blest with charms to men unknown.

Her features pale yet warm, this dark-haired enchantress
Exhibits such a noble bearing in her gait;
Tall, stately, svelte, she has the air of a huntress;
Her smiling eyes betray a calm, untroubled state.

Were you to go, Madame, to glorious lands afar,
To the banks of the Seine or of the verdant Loire,
Your beauty, fit to grace an ancient country seat,

Would make the eager heart of every poet beat,
Inspire in them a thousand sonnets full of joy,
And make them more your slave than any servant boy.

— First published in *L'Artiste* in May 1845, under the name of Baudelaire Dufays. Written in 1841 during his stay on the island of Bourbon (now Réunion), this is the first poem that Baudelaire published under his own name.

LXII. MŒSTA ET ERRABUNDA

Dis-moi, ton cœur parfois s'envole-t-il, Agathe,
Loin du noir océan de l'immonde cité,
Vers un autre océan où la splendeur éclate,
Bleu, clair, profond, ainsi que la virginité ?
Dis-moi, ton cœur parfois s'envole-t-il, Agathe ?

La mer, la vaste mer, console nos labeurs !
Quel démon a doté la mer, rauque chanteuse
Qu'accompagne l'immense orgue des vents grondeurs,
De cette fonction sublime de berceuse ?
La mer, la vaste mer, console nos labeurs !

Emporte-moi, wagon ! enlève-moi, frégate !
Loin ! loin ! ici la boue est faite de nos pleurs !
— Est-il vrai que parfois le triste cœur d'Agathe
Dise : Loin des remords, des crimes, des douleurs,
Emporte-moi, wagon, enlève-moi, frégate ?

Comme vous êtes loin, paradis parfumé,
Où sous un clair azur tout n'est qu'amour et joie,
Où tout ce que l'on aime est digne d'être aimé,
Où dans la volupté pure le cœur se noie !
Comme vous êtes loin, paradis parfumé !

Mais le vert paradis des amours enfantines,
Les courses, les chansons, les baisers, les bouquets,
Les violons vibrant derrière les collines,
Avec les brocs de vin, le soir, dans les bosquets,
— Mais le vert paradis des amours enfantines,

L'innocent paradis, plein de plaisirs furtifs,
Est-il déjà plus loin que l'Inde et que la Chine ?
Peut-on le rappeler avec des cris plaintifs,
Et l'animer encor d'une voix argentine,
L'innocent paradis plein de plaisirs furtifs ?

—Publié en juin 1855 dans *Revue des deux-mondes,* dans le cadre d'un recueil de dix-huit poèmes sous le titre *Les Fleurs du mal.*

LXII. MŒSTA ET ERRABUNDA

Tell me, Agatha, does your heart not sometimes fly
Away, far from the city's dark, infested sea,
Toward another sea, beneath another sky,
As blue and clear and deep as pure virginity?
Tell me, Agatha, does not your heart sometimes fly?

The sea, the boundless sea, consoles our troubled mind!
What demon has bestowed upon the raucous sea,
That roars, accompanied by the discordant wind,
The faculty to soothe and calm adversity?
The sea, the boundless sea, consoles our troubled mind!

Carriage, carry me off! Vessel, take me away!
Far! Far! for here the earth is watered by our tears!
— Is it not true that Agatha's sad heart might say
Sometimes: Far from remorse, suffering, doubts, and fears,
Carriage, carry me off! Vessel, take me away?

How far away you are, sweet-scented paradise,
Where under azure skies dwell love and harmony,
Where everything we love must unto love suffice,
Where every heart is bathed in purest ecstasy.
How far away you are, sweet-scented paradise!

But the green paradise of sweet precocious love,
Songs, kisses, country walks, bouquets of fragrant flowers,
With violins vibrating in the hills above,
And goblets full of wine by night in leafy bowers,
— But the green paradise of sweet precocious love,

Innocent paradise, full of clandestine charms,
Is it still farther off than China's Eastern main?
Can we recapture it, embrace it in our arms,
And with a silver voice bring it to life again,
Innocent paradise, full of clandestine charms?

— First published in June 1855 in *Revue des deux-mondes*, as part of a collection of eighteen poems with the title *Les Fleurs du mal*.

LXIII. LE REVENANT

Comme les anges à l'œil fauve,
Je reviendrai dans ton alcôve
Et vers toi glisserai sans bruit
Avec les ombres de la nuit ;

Et je te donnerai, ma brune,
Des baisers froids comme la lune
Et des caresses de serpent
Autour d'une fosse rampant.

Quand viendra le matin livide,
Tu trouveras ma place vide,
Où jusqu'au soir il fera froid.

Comme d'autres par la tendresse,
Sur ta vie et sur ta jeunesse,
Moi, je veux régner par l'effroi.

—Publié dans *Les Fleurs du mal*, juin 1857

LXIII. THE GHOST

Wild-eyed, like an angel of doom,
I'll creep back softly to your room,
And there beside your bed alight
With the dark shadows of the night;

And on your lips I shall bestow
Kisses cold as the pale moon's glow,
And my caresses, in the gloom,
Will be like serpents round a tomb.

When livid morning shows its face,
You'll find I'm just an empty space,
Where cold will linger till the night.

Though others show you tenderness,
I shall, upon your youthfulness,
Preside with a regime of fright.

—First published in *Les Fleurs du mal*, June 1857

LXIV. SONNET D'AUTOMNE

Ils me disent, tes yeux, clairs comme le cristal :
« Pour toi, bizarre amant, quel est donc mon mérite ? »
— Sois charmante et tais-toi ! Mon cœur, que tout irrite,
Excepté la candeur de l'antique animal,

Ne veut pas te montrer son secret infernal,
Berceuse dont la main aux longs sommeils m'invite,
Ni sa noire légende avec la flamme écrite.
Je hais la passion et l'esprit me fait mal !

Aimons-nous doucement. L'Amour dans sa guérite,
Ténébreux, embusqué, bande son arc fatal.
Je connais les engins de son vieil arsenal :

Crime, horreur et folie ! — Ô pâle marguerite !
Comme moi n'es-tu pas un soleil automnal,
Ô ma si blanche, ô ma si froide Marguerite ?

—Publié dans *Revue contemporaine,* novembre 1859

LXIV. AUTUMN SONNET

They say to me, your eyes, with their translucent glaze:
"Tell me, strange paramour, what in me gives you joy?"
— Be gracious now, be still! All things my heart annoy,
Except the candour of the primal creature's gaze.

My heart will not disclose to you its secret hell,
You, whose hands are a cradle that lulls me to sleep;
Its legend, writ in flame, must its dark counsel keep;
I abhor passion, and thinking makes me unwell!

Let us love gently, for Eros in his retreat
Lies secretly in wait to draw his deadly bow.
I know the weapons that his ancient arsenals stow:

Crime, horror, lunacy! — O pallid marguerite!
Does not your sun, like mine, have an autumnal glow,
O my so white, O my so frigid Marguerite?

— First published in *Revue contemporaine*, November 1859

LXV. TRISTESSES DE LA LUNE

Ce soir, la lune rêve avec plus de paresse ;
Ainsi qu'une beauté, sur de nombreux coussins,
Qui d'une main distraite et légère caresse
Avant de s'endormir le contour de ses seins,

Sur le dos satiné des molles avalanches,
Mourante, elle se livre aux longues pâmoisons,
Et promène ses yeux sur les visions blanches
Qui montent dans l'azur comme des floraisons.

Quand parfois sur ce globe, en sa langueur oisive,
Elle laisse filer une larme furtive,
Un poëte pieux, ennemi du sommeil,

Dans le creux de sa main prend cette larme pâle,
Aux reflets irisés comme un fragment d'opale,
Et la met dans son cœur loin des yeux du soleil.

—Publié dans *Les Fleurs du mal*, juin 1857

LXV. SORROWS OF THE MOON

Tonight, the moon is rapt in idle reverie;
Like an exquisite beauty, who in slumber rests
Upon a bed of cushions, fondling dreamily,
Before she falls asleep, the contour of her breasts,

Against an avalanche of satin and of silk,
Expiring, she gives way to swooning ecstasy,
And follows with her gaze the visions white as milk
That rise and flourish in the blue infinity.

When on occasion she lets fall upon this sphere,
In idle languidness, just one clandestine tear,
A pious poet, who in sleepless study lies,

In the palm of his hand takes that tear for his own,
That tear, reflecting like an opalescent stone,
And puts it in his heart far from the bright sun's eyes.

— First published in *Les Fleurs du mal*, June 1857

LXVI. LES CHATS

Les amoureux fervents et les savants austères
Aiment également, dans leur mûre saison,
Les chats puissants et doux, orgueil de la maison,
Qui comme eux sont frileux et comme eux sédentaires.

Amis de la science et de la volupté,
Ils cherchent le silence et l'horreur des ténèbres ;
L'Érèbe les eût pris pour ses coursiers funèbres,
S'ils pouvaient au servage incliner leur fierté.

Ils prennent en songeant les nobles attitudes
Des grands sphinx allongés au fond des solitudes,
Qui semblent s'endormir dans un rêve sans fin ;

Leurs reins féconds sont pleins d'étincelles magiques,
Et des parcelles d'or, ainsi qu'un sable fin,
Étoilent vaguement leurs prunelles mystiques.

—Cité dans un feuilleton de Champfleury, *Le Chat Trott*, dans *Le Corsaire*, novembre 1847. Le nom de Baudelaire est mentionné.

LXVI. CATS

When ardent lovers and austere scholars grow old,
Both are inclined to love, in their maturity,
The powerful, gentle cat, pride of the family,
Who like them loves to sit, and like them shuns the cold.

Friends of both science and of sensuality,
Cats like to seek the silent horror of the dark;
As stallions of Erebus they'd have made their mark,
Had they to servitude inclined their dignity.

As they dream, they adopt the noble attitude
Of the great sphinx, recumbent in deep solitude,
Seeming to dream forever in its desert land;

From their abundant loins magical sparks arise,
And particles of gold, like grains of finest sand,
Confusedly bestar their enigmatic eyes.

—Quoted in a series by Champfleury, *Le Chat Trott*, in *Le Corsaire,* November 1847. Baudelaire is mentioned.

LXVII. LES HIBOUX

Sous les ifs noirs qui les abritent,
Les hiboux se tiennent rangés,
Ainsi que des dieux étrangers,
Dardant leur œil rouge. Ils méditent.

Sans remuer ils se tiendront
Jusqu'à l'heure mélancolique
Où, poussant le soleil oblique,
Les ténèbres s'établiront.

Leur attitude au sage enseigne
Qu'il faut en ce monde qu'il craigne
Le tumulte et le mouvement ;

L'homme ivre d'une ombre qui passe
Porte toujours le châtiment
D'avoir voulu changer de place.

—Publié dans *Le Messager de l'Assemblée,* avril 1851

LXVII. THE OWLS

Beneath the shade of black yew trees,
Like strange, exotic deities,
With piercing eyes, in solemn state,
The owls sit. They meditate.

There, motionless, they will remain
Until the sun goes down again,
That strangely melancholic hour
When darkness shrouds the leafy bower.

Their attitude teaches the wise
To shun all movement and surprise
And to eschew life's daily race;

The man who follows every whim
Will find that life will punish him
For always wanting to change place.

— First published in *Le Messager de l'Assemblée,* April 1851

LXVIII. LA PIPE

Je suis la pipe d'un auteur ;
On voit, à contempler ma mine
D'Abyssinienne ou de Cafrine,
Que mon maître est un grand fumeur.

Quand il est comblé de douleur,
Je fume comme la chaumine
Où se prépare la cuisine
Pour le retour du laboureur.

J'enlace et je berce son âme
Dans le réseau mobile et bleu
Qui monte de ma bouche en feu,

Et je roule un puissant dictame
Qui charme son cœur et guérit
De ses fatigues son esprit.

—Publié dans *Les Fleurs du mal*, juin 1857

LXVIII. THE PIPE

I am an author's pipe; you'll see,
As you observe my dusky mien
Of Abyssinian or Cafrine,
That he must smoke most heavily.

When he is burdened by concern,
I smoke like an old chimney hood,
Where dishes filled with steaming food
Await the ploughman's safe return.

I cradle and enlace his soul
Within the opalescent veil
That rises in a swirling trail

Of potent spices from my bowl,
To charm his heart and rid his mind
Of all the troubles it might find.

— First published in *Les Fleurs du mal*, June 1857

LXIX. LA MUSIQUE

La musique souvent me prend comme une mer !
Vers ma pâle étoile,
Sous un plafond de brume ou dans un vaste éther,
Je mets à la voile ;

La poitrine en avant et les poumons gonflés
Comme de la toile,
J'escalade le dos des flots amoncelés
Que la nuit me voile ;

Je sens vibrer en moi toutes les passions
D'un vaisseau qui souffre ;
Le bon vent, la tempête et ses convulsions

Sur l'immense gouffre
Me bercent. D'autre fois, calme plat, grand miroir
De mon désespoir !

—Publié dans *Les Fleurs du mal*, juin 1857

LXIX. MUSIC

Music often uplifts me like an endless sea!
Toward my pale star,
Beneath an azure dome or misty canopy,
I set sail afar;

Breast to the fore and lungs swollen with salted air
Like a canvas sail,
I scale the contours of the surging billows where
Night has cast its veil;

I feel vibrating in me all the emotions
Of a suffering ship;
The fair wind, or the storm and its convulsions

On the boundless deep
Lull me. Or else dead calm, like a great mirror there,
Reflecting my despair!

— First published in *Les Fleurs du mal*, June 1857

LXX. SÉPULTURE

Si par une nuit lourde et sombre
Un bon chrétien, par charité,
Derrière quelque vieux décombre
Enterre votre corps vanté,

À l'heure où les chastes étoiles
Ferment leurs yeux appesantis,
L'araignée y fera ses toiles,
Et la vipère ses petits ;

Vous entendrez toute l'année
Sur votre tête condamnée
Les cris lamentables des loups

Et des sorcières faméliques,
Les ébats des vieillards lubriques
Et les complots des noirs filous.

—Publié dans *Les Fleurs du mal*, juin 1857

LXX. SEPULCHRE

If on a dank and dismal night
A good soul, out of charity,
Should bury somewhere, out of sight,
Your once proud body, secretly,

When daylight wanes and moonlight ebbs
And stars are sleeping peacefully,
The spiders there will spin their webs,
And vipers hatch their progeny;

And every day throughout the year
Above your damned head you will hear
The wolf's pathetic, plaintive howl,

Gaunt witches chanting sorcery,
Old men sating their lechery
And villains plotting deeds most foul.

— First published in *Les Fleurs du mal*, June 1857

LXXI. UNE GRAVURE FANTASTIQUE

Ce spectre singulier n'a pour toute toilette,
Grotesquement campé sur son front de squelette,
Qu'un diadème affreux sentant le carnaval.
Sans éperons, sans fouet, il essouffle un cheval,
Fantôme comme lui, rosse apocalyptique,
Qui bave des naseaux comme un épileptique.
Au travers de l'espace ils s'enfoncent tous deux,
Et foulent l'infini d'un sabot hasardeux.
Le cavalier promène un sabre qui flamboie
Sur les foules sans nom que sa monture broie,
Et parcourt, comme un prince inspectant sa maison,
Le cimetière immense et froid, sans horizon,
Où gisent, aux lueurs d'un soleil blanc et terne,
Les peuples de l'histoire ancienne et moderne.

—Publié dans *Le Présent, Revue européenne,* novembre 1857

LXXI. A FANTASTIC ENGRAVING

As sole attire, this spectre risen from the dead
Has, balancing grotesquely on his bony head,
A hideous diadem, like something from a fair.
Devoid of whip or spur, he rides a flagging mare,
A phantom just like him, apocalyptic nag,
Whose nostrils drip with foam like some convulsive hag.
The two of them press on relentless into space,
Trampling infinity in their audacious race.
The horseman holds aloft an incandescent sword,
Which flashes as his mount fragments the nameless horde,
And, like a prince who scans his realm, he casts his eye
About the cold, unbounded graveyard in which lie,
Lit by a lifeless sun's obscure translucency,
The peoples of antique and modern history.

— First published in *Le Présent, Revue européenne*, November 1857

LXXII. LE MORT JOYEUX

Dans une terre grasse et pleine d'escargots
Je veux creuser moi-même une fosse profonde,
Où je puisse à loisir étaler mes vieux os
Et dormir dans l'oubli comme un requin dans l'onde.

Je hais les testaments et je hais les tombeaux ;
Plutôt que d'implorer une larme du monde,
Vivant, j'aimerais mieux inviter les corbeaux
À saigner tous les bouts de ma carcasse immonde.

Ô vers ! noirs compagnons sans oreille et sans yeux,
Voyez venir à vous un mort libre et joyeux ;
Philosophes viveurs, fils de la pourriture,

À travers ma ruine allez donc sans remords,
Et dites-moi s'il est encor quelque torture
Pour ce vieux corps sans âme et mort parmi les morts !

—Publié dans *Le Messager de l'Assemblée*, avril 1851

LXXII. THE HAPPY CORPSE

In a rich, fertile soil where snails live at their ease,
I want to dig a deep and spacious cavity,
Where I can idly stretch my old bones as I please
And sleep, oblivious, like a shark in the sea.

I have no time for tombs or wills in wordy prose,
And rather than implore the world its tears to share,
While I still live, I would prefer to ask the crows
To feed upon my blood and strip my carcass bare.

O worms! companions dark, with neither eye nor ear,
Behold my free, contented corpse as I draw near;
Debauched philosophers, foul offspring of decay,

Feel free to take this ruin for your daily bread,
And if you know of further torments, tell me, pray,
For this old soulless body, dead among the dead!

— First published in *Le Messager de l'Assemblée,* April 1851

LXXIII. LE TONNEAU DE LA HAINE

La Haine est le tonneau des pâles Danaïdes ;
La Vengeance éperdue aux bras rouges et forts
A beau précipiter dans ses ténèbres vides
De grands seaux pleins du sang et des larmes des morts,

Le Démon fait des trous secrets à ces abîmes,
Par où fuiraient mille ans de sueurs et d'efforts,
Quand même elle saurait ranimer ses victimes,
Et pour les pressurer ressusciter leurs corps.

La Haine est un ivrogne au fond d'une taverne,
Qui sent toujours la soif naître de la liqueur
Et se multiplier comme l'hydre de Lerne.

— Mais les buveurs heureux connaissent leur vainqueur,
Et la Haine est vouée à ce sort lamentable
De ne pouvoir jamais s'endormir sous la table.

—Publié dans *Le Messager de l'Assemblée*, avril 1851

LXXIII. THE CASK OF HATRED

Hatred is like the cask of the pale Danaïdes;
Bewildered Vengeance with her arms so strong and red
In vain its dark recesses from her ewer feeds
With blood and tears from all the legions of the dead,

The Fiend in its abyss has hidden secret holes,
Through which escape a thousand years of sweat and strain,
But even so, she could reanimate their souls,
And resurrect their corpse to squeeze them dry again.

Hatred is like a drunken man in a taverna,
Who feels his thirst reborn with every draught of liquor
And reproduce itself like the Hydra of Lerna.

— But some fortunate drinkers know their conqueror,
And Hatred's sad misfortune is to be unable
To learn the art of sleeping underneath the table.

— First published in *Le Messager de l'Assemblée*, April 1851

LXXIV. LA CLOCHE FÊLÉE

Il est amer et doux, pendant les nuits d'hiver,
D'écouter, près du feu qui palpite et qui fume,
Les souvenirs lointains lentement s'élever
Au bruit des carillons qui chantent dans la brume.

Bienheureuse la cloche au gosier vigoureux
Qui, malgré sa vieillesse, alerte et bien portante,
Jette fidèlement son cri religieux,
Ainsi qu'un vieux soldat qui veille sous la tente !

Moi, mon âme est fêlée, et lorsqu'en ses ennuis
Elle veut de ses chants peupler l'air froid des nuits,
Il arrive souvent que sa voix affaiblie

Semble le râle épais d'un blessé qu'on oublie
Au bord d'un lac de sang, sous un grand tas de morts,
Et qui meurt, sans bouger, dans d'immenses efforts.

—Publié dans *Le Messager de l'Assemblée*, avril 1851

LXXIV. THE CRACKED BELL

It is so bittersweet, on a long winter's night,
To listen, as the fire logs crackle in my room,
To distant memories that gradually alight,
As pealing carillons ring out across the gloom.

That venerable bell with its vigorous throat,
Which, notwithstanding age, is active and content,
Emitting faithfully its clear religious note,
Like an old soldier keeping watch inside his tent!

My soul is a cracked bell, and when in its ennui
It wants to fill the night air with its melody,
It sometimes happens that its feeble moaning can

Seem like the choking rattle of a wounded man,
Who, in a pool of blood, inhales his dying breath
And struggles, motionless, beneath a mound of death.

— First published in *Le Messager de l'Assemblée*, April 1851

LXXV. SPLEEN

Pluviôse, irrité contre la ville entière,
De son urne à grands flots verse un froid ténébreux
Aux pâles habitants du voisin cimetière
Et la mortalité sur les faubourgs brumeux.

Mon chat sur le carreau cherchant une litière
Agite sans repos son corps maigre et galeux ;
L'âme d'un vieux poëte erre dans la gouttière
Avec la triste voix d'un fantôme frileux.

Le bourdon se lamente, et la bûche enfumée
Accompagne en fausset la pendule enrhumée,
Cependant qu'en un jeu plein de sales parfums,

Héritage fatal d'une vieille hydropique,
Le beau valet de cœur et la dame de pique
Causent sinistrement de leurs amours défunts.

—Publié dans *Le Messager de l'Assemblée*, avril 1851

LXXV. SPLEEN

Pluviôse, venting his ire on the community,
Pours from his urn great floods of winter's elements
On the pale inmates of the nearby cemetery
And death upon the gloomy town's inhabitants.

My cat upon the flagstones seeks to make his bed,
Shaking incessantly his body, gaunt and old,
And in the drains there roams a poet long since dead,
Whose melancholy accents tremble in the cold.

The bell sounds its lament, and the spluttering log
Joins in falsetto with the wheezing of the clock,
While in a deck of cards that reeks with rancid scent,

Fatal endowment of a dropsical old maid,
The handsome knave of hearts and the old queen of spades
Discuss in eerie tones their passions long since spent.

— First published in *Le Messager de l'Assemblée*, April 1851

LXXVI. SPLEEN

J'ai plus de souvenirs que si j'avais mille ans.

Un gros meuble à tiroirs encombré de bilans,
De vers, de billets doux, de procès, de romances,
Avec de lourds cheveux roulés dans des quittances,
Cache moins de secrets que mon triste cerveau.
C'est une pyramide, un immense caveau,
Qui contient plus de morts que la fosse commune.
— Je suis un cimetière abhorré de la lune,
Où comme des remords se traînent de longs vers
Qui s'acharnent toujours sur mes morts les plus chers.
Je suis un vieux boudoir plein de roses fanées,
Où gît tout un fouillis de modes surannées,
Où les pastels plaintifs et les pâles Boucher,
Seuls, respirent l'odeur d'un flacon débouché.

Rien n'égale en longueur les boiteuses journées,
Quand sous les lourds flocons des neigeuses années
L'ennui, fruit de la morne incuriosité,
Prend les proportions de l'immortalité.
— Désormais tu n'es plus, ô matière vivante !
Qu'un granit entouré d'une vague épouvante,
Assoupi dans le fond d'un Saharah brumeux ;
Un vieux sphinx ignoré du monde insoucieux,
Oublié sur la carte, et dont l'humeur farouche
Ne chante qu'aux rayons du soleil qui se couche.

—Publié dans *Les Fleurs du mal*, juin 1857

LXXVI. SPLEEN

I have more memories than if I'd lived a thousand years.

A bulky chest of drawers replete with souvenirs,
Love letters, poems, books, receipts, lawsuits and wills,
And heavy locks of hair wrapped up in faded bills,
Would harbour fewer secrets than my troubled head.
It is a pyramid, a grotto for the dead
That holds more corpses than the great communal tomb.
— I am a cemetery detested by the moon,
Where, like some dire remorse, a veritable host
Of worms devour the flesh of those I loved the most.
I am an old boudoir replete with wilted blooms,
In which there lies a pile of outmoded costumes,
Where pale Bouchers and drawings in the pastel style
Alone inhale the odours from an open vial.

Nothing can match in length those limping, dreary days,
When, weighed down by the years of winter's icy glaze,
Ennui, the fruit of our incuriosity,
Takes on the amplitude of immortality.
— Henceforth you are no more, O living entities!
Than granite blocks surrounded by a dread unease,
Slumbering in the depths of a Saharan haze;
An ancient sphinx, unknown to these uncaring days,
Forgotten on the map, whose enigmatic gaze
Speaks only to the setting sun's declining rays.

— First published in *Les Fleurs du mal*, June 1857

LXXVII. SPLEEN

Je suis comme le roi d'un pays pluvieux,
Riche, mais impuissant, jeune et pourtant très-vieux,
Qui, de ses précepteurs méprisant les courbettes,
S'ennuie avec ses chiens comme avec d'autres bêtes.
Rien ne peut l'égayer, ni gibier, ni faucon,
Ni son peuple mourant en face du balcon.
Du bouffon favori la grotesque ballade
Ne distrait plus le front de ce cruel malade ;
Son lit fleurdelisé se transforme en tombeau,
Et les dames d'atour, pour qui tout prince est beau,
Ne savent plus trouver d'impudique toilette
Pour tirer un souris de ce jeune squelette.
Le savant qui lui fait de l'or n'a jamais pu
De son être extirper l'élément corrompu,
Et dans ces bains de sang qui des Romains nous viennent,
Et dont sur leurs vieux jours les puissants se souviennent,
Il n'a su réchauffer ce cadavre hébété
Où coule au lieu de sang l'eau verte du Léthé.

—Publié dans *Les Fleurs du mal,* juin 1857

LXXVII. SPLEEN

I'm like a king who rules a land that's wet and cold,
Wealthy but powerless, youthful but very old,
Who scorns the flattery of his obsequious teachers,
Preferring to be bored by dogs and other creatures.
Nothing can stir him, neither hunt nor falconry,
Nor even starving serfs beneath his balcony.
His jester's grotesque stories, told in rhyme or prose,
No longer can relieve this morbid patient's woes;
His bed, adorned with fleurs-de-lys, becomes a tomb;
Even the lovely ladies of the court, for whom
All princes have allure, can find no robe to don
That could evince a smile from this young skeleton.
The alchemist who makes his gold cannot invent
A method to extract the corrupt element
From him, and in those bloodbaths ancient Romans knew,
Which in their dotage powerful men recall anew,
He could not warm the heart of this corpse dull and grey,
Where flows not blood, but water from the green Lethe.

— First published in *Les Fleurs du mal*, June 1857

LXXVIII. SPLEEN

Quand le ciel bas et lourd pèse comme un couvercle
Sur l'esprit gémissant en proie aux longs ennuis,
Et que de l'horizon embrassant tout le cercle
Il nous verse un jour noir plus triste que les nuits ;

Quand la terre est changée en un cachot humide,
Où l'Espérance, comme une chauve-souris,
S'en va battant les murs de son aile timide
Et se cognant la tête à des plafonds pourris ;

Quand la pluie étalant ses immenses traînées
D'une vaste prison imite les barreaux,
Et qu'un peuple muet d'infâmes araignées
Vient tendre ses filets au fond de nos cerveaux,

Des cloches tout à coup sautent avec furie
Et lancent vers le ciel un affreux hurlement,
Ainsi que des esprits errants et sans patrie
Qui se mettent à geindre opiniâtrement.

— Et de longs corbillards, sans tambours ni musique,
Défilent lentement dans mon âme ; l'Espoir,
Vaincu, pleure, et l'Angoisse atroce, despotique,
Sur mon crâne incliné plante son drapeau noir.

—Publié dans *Les Fleurs du mal*, juin 1857

LXXVIII. SPLEEN

When the low, heavy sky weighs down like a great lid
Upon the plaintive heart that's prey to long ennui,
Embracing the horizon's great circular grid,
Bringing days more morose than night's obscurity;

When earth has been transformed into a dripping cell,
Where Hope, like an unseeing bat, lost and alone,
Instinctively pursues its reckless course pell-mell,
Striking its head and wings against the crumbling stone;

When the vertical lances of the falling rain
Resemble prison bars behind which our life ebbs,
And stretching wide their network deep inside our brain,
A vast army of spiders comes to spin its webs,

Bells spring to life abruptly and ferociously,
Sending toward the sky their loud and fearsome sound,
Like homeless souls that rise and wander aimlessly,
Weeping and wailing as they drag themselves around.

— And a cortège of hearses, slowly, silently,
Meanders through my soul, where vanquished Hope is dead;
While Anguish, cruel despot, plants triumphantly
His evil standard on my subjugated head.

— First published in *Les Fleurs du mal*, June 1857

LXXIX. OBSESSION

Grands bois, vous m'effrayez comme des cathédrales ;
Vous hurlez comme l'orgue ; et dans nos cœurs maudits,
Chambres d'éternel deuil où vibrent de vieux râles,
Répondent les échos de vos *De profundis*.

Je te hais, Océan ! tes bonds et tes tumultes,
Mon esprit les retrouve en lui ; ce rire amer
De l'homme vaincu, plein de sanglots et d'insultes,
Je l'entends dans le rire énorme de la mer.

Comme tu me plairais, ô nuit ! sans ces étoiles
Dont la lumière parle un langage connu !
Car je cherche le vide, et le noir, et le nu !

Mais les ténèbres sont elles-mêmes des toiles
Où vivent, jaillissant de mon œil par milliers,
Des êtres disparus aux regards familiers.

—Publié dans *Revue contemporaine*, mai 1860

LXXIX. OBSESSION

Great forests, like cathedrals you fill me with dread;
Your roar is like an organ; in our blighted soul,
Chamber of endless grief and moaning of the dead,
Of your *De Profundis* the mournful echoes roll.

Ocean of my despair! Your tumult and your swell
Wound me! The bitter laugh, the animosity
Of vanquished man, his curses, and his tears that well,
I hear them in the monstrous laughter of the sea.

How pleasant you would be without your stars, O Night!
The language that they speak is too well-known to me!
Darkness and emptiness are all I want to see!

But even emptiness and darkness, to my sight,
Are canvases where live the souls of bygone days,
Whose eyes encounter mine with their familiar gaze.

— First published in *Revue contemporaine*, May 1860

LXXX. LE GOÛT DU NÉANT

Morne esprit, autrefois amoureux de la lutte,
L'Espoir, dont l'éperon attisait ton ardeur,
Ne veut plus t'enfourcher ! Couche-toi sans pudeur,
Vieux cheval dont le pied à chaque obstacle butte.

Résigne-toi, mon cœur ; dors ton sommeil de brute.

Esprit vaincu, fourbu ! Pour toi, vieux maraudeur,
L'amour n'a plus de goût, non plus que la dispute ;
Adieu donc, chants du cuivre et soupirs de la flûte !
Plaisirs, ne tentez plus un cœur sombre et boudeur !

Le Printemps adorable a perdu son odeur !

Et le Temps m'engloutit minute par minute,
Comme la neige immense un corps pris de roideur ;
Je contemple d'en haut le globe en sa rondeur
Et je n'y cherche plus l'abri d'une cahute.

Avalanche, veux-tu m'emporter dans ta chute ?

—Publié dans *Revue française*, janvier 1859

LXXX. A TASTE FOR THE VOID

Sad spirit, erstwhile so enamoured of the fray,
Hope, whose keen spur was wont to make you run and leap,
No longer wants to mount you! Lie now down to sleep,
Old horse who trips and stumbles all along the way.
Resign yourself, my heart, and sleep your cares away.

Defeated, worn-out soul, who knew the brigand's art!
There's no more joy in love, nor pleasure in dispute;
Farewell then, songs of brass and sighing of the flute!
O Pleasures, tempt no more this gloomy, pining heart!
Sweet Spring no longer can her fragrances impart!

And Time enshrouds my life in its relentless pall,
A snowdrift that engulfs a body stiff with cold;
— I look down from above, earth's roundness to behold,
But shelter there no longer beckons with its call.
Avalanche, will you take me with you in your fall?

— First published in *Revue française*, January 1859

LXXXI. ALCHIMIE DE LA DOULEUR

L'un t'éclaire avec son ardeur,
L'autre en toi met son deuil, Nature !
Ce qui dit à l'un : Sépulture !
Dit à l'autre : Vie et splendeur !

Hermès inconnu qui m'assistes
Et qui toujours m'intimidas,
Tu me rends l'égal de Midas,
Le plus triste des alchimistes ;

Par toi je change l'or en fer
Et le paradis en enfer ;
Dans le suaire des nuages

Je découvre un cadavre cher,
Et sur les célestes rivages
Je bâtis de grands sarcophages.

—Publié dans *L'Artiste*, octobre 1860

LXXXI. ALCHEMY OF SORROW

One lights you, Nature, with its ardour,
The other casts you into gloom!
What says to one: I am your Doom!
Says to the other: Life and splendour!

Mystical Hermes who assist
Me, you who fill my heart with fear,
Of Midas you make me the peer,
That most unhappy alchemist;

I change, by your mysterious spell,
Gold into iron, heaven to hell;
I find, enshrouded in the sky,

A dear cadaver I knew well,
And on the shores of heaven I
Build towering sarcophagi.

— First published in *L'Artiste*, October 1860

LXXXII. HORREUR SYMPATHIQUE

De ce ciel bizarre et livide,
Tourmenté comme ton destin,
Quels pensers dans ton âme vide
Descendent ? réponds, libertin.

— Insatiablement avide
De l'obscur et de l'incertain,
Je ne geindrai pas comme Ovide
Chassé du paradis latin.

Cieux déchirés comme des grèves,
En vous se mire mon orgueil ;
Vos vastes nuages en deuil

Sont les corbillards de mes rêves,
Et vos lueurs sont le reflet
De l'Enfer où mon cœur se plaît.

—Publié dans *L'Artiste*, octobre 1860

LXXXII. CONGENIAL HORROR

From this bizarre and livid sky,
Tormented like your destiny,
What thoughts to your bereft soul fly?
Reply, wanton voluptuary.

— Ceaselessly, avidly, I seek
All that's obscure and imprecise:
I shall not borrow Ovid's pique,
Chased from his Latin paradise.

O skies chaotic as the sea,
In you is mirrored all my pride;
Your vast funereal clouds provide

The hearses of my fantasy,
And you reflect the living Hell
Wherein my heart is pleased to dwell.

— First published in *L'Artiste*, October 1860

LXXXIII. L'HÉAUTONTIMOROUMÉNOS

Je te frapperai sans colère
Et sans haine, comme un boucher,
Comme Moïse le rocher !
Et je ferai de ta paupière,

Pour abreuver mon Saharah,
Jaillir les eaux de la souffrance.
Mon désir gonflé d'espérance
Sur tes pleurs salés nagera

Comme un vaisseau qui prend le large,
Et dans mon cœur qu'ils soûleront
Tes chers sanglots retentiront
Comme un tambour qui bat la charge !

Ne suis-je pas un faux accord
Dans la divine symphonie,
Grâce à la vorace Ironie
Qui me secoue et qui me mord ?

Elle est dans ma voix, la criarde !
C'est tout mon sang, ce poison noir !
Je suis le sinistre miroir
Où la mégère se regarde.

Je suis la plaie et le couteau !
Je suis le soufflet et la joue !
Je suis les membres et la roue,
Et la victime et le bourreau !

Je suis de mon cœur le vampire,
— Un de ces grands abandonnés
Au rire éternel condamnés,
Et qui ne peuvent plus sourire !

—Publié dans *L'Artiste*, 10 mai 1857. « Ces fragments sont tirés du livre *Les Fleurs du mal*, qui doit paraître dans quelques jours à la librairie de MM. Poulet-Malassis et De Broise. »

LXXXIII. THE SELF-TORMENTED

I'll strike you without rage or hate,
The way a butcher strikes the block,
The way that Moses struck the rock,
And from your eyes I'll irrigate,

With waters of your cares and fears,
My dry Sahara's searing fire.
Bolstered by hope, all my desire
Will float upon your salten tears

Like a vessel that puts to sea,
And in my heart, which they will fill
With drunkenness, your dear sobs will
Resound like charging cavalry!

Am I not a discordant strain
In the celestial symphony,
Thanks to voracious Irony
That shakes me, bites me, gives me pain?

She's in my voice, that screaming elf!
It's in my blood, this black morass!
I am the evil looking glass
Where the virago preens herself.

I am both wound and scimitar!
I am the cheek, I am the slap!
I am the body and the rack,
The victim and the torturer!

I suck my heart's blood willingly,
I'm one of those whom all revile
Who, though they can no longer smile,
Are doomed to laugh eternally.

—First published in *L'Artiste*, 10 May 1857. "These fragments are taken from the book *Les Fleurs du mal*, which will shortly be published by Messrs. Poulet-Malassis and De Broise."

LXXXIV. L'IRRÉMÉDIABLE

I
Une Idée, une Forme, un Être
Parti de l'azur et tombé
Dans un Styx bourbeux et plombé
Où nul œil du Ciel ne pénètre ;

Un Ange, imprudent voyageur
Qu'a tenté l'amour du difforme,
Au fond d'un cauchemar énorme
Se débattant comme un nageur,

Et luttant, angoisses funèbres !
Contre un gigantesque remous
Qui va chantant comme les fous
Et pirouettant dans les ténèbres ;

Un malheureux ensorcelé
Dans ses tâtonnements futiles,
Pour fuir d'un lieu plein de reptiles,
Cherchant la lumière et la clé ;

Un damné descendant sans lampe,
Au bord d'un gouffre dont l'odeur
Trahit l'humide profondeur,
D'éternels escaliers sans rampe,

Où veillent des monstres visqueux
Dont les larges yeux de phosphore
Font une nuit plus noire encore
Et ne rendent visible qu'eux ;

Un navire pris dans le pôle,
Comme en un piège de cristal,
Cherchant par quel détroit fatal
Il est tombé dans cette geôle ;

LXXXIV. THE IRREMEDIABLE

I

A Being, an Idea, a Thought
That left the azure sky and fell
Into a Styx as dark as hell
That no celestial eye has sought;

An Angel, heedless voyager
Drawn by a love of hideous things,
Caught in a nightmare, beats his wings
And struggles like a spent swimmer,

O torment of impending doom!
Against the eddy's ruthless pull
That sings like some demented fool,
Gyrating in the dreadful gloom.

Wretched victim of sorcery,
He seeks in vain to break the spell
And flee from where vile reptiles dwell,
Seeking the daylight and the key;

A blighted soul who must descend
Into a dark abyss whose smell
Is redolent of a deep well,
Down railless stairways with no end,

Where slimy monsters gawp and gape
With eyes of phosphorescent glow
That in the pitch-black darkness show
The horror of their loathsome shape;

A ship caught in a polar cell
Like some enormous crystal trap,
Seeking to find by what mishap
It came into this frozen jail;

L'IRRÉMÉDIABLE

— Emblèmes nets, tableau parfait
D'une fortune irrémédiable,
Qui donne à penser que le Diable
Fait toujours bien tout ce qu'il fait !

II
Tête-à-tête sombre et limpide
Qu'un cœur devenu son miroir !
Puits de Vérité, clair et noir,
Où tremble une étoile livide,

Un phare ironique, infernal,
Flambeau des grâces sataniques,
Soulagement et gloire uniques,
— La conscience dans le Mal !

—Publié dans *L'Artiste*, 10 mai 1857. « Ces fragments sont tirés du livre *Les Fleurs du mal*, qui doit paraître dans quelques jours à la librairie de MM. Poulet-Malassis et De Broise. »

THE IRREMEDIABLE

— Clear metaphors that well portray
Irreparable destiny,
And illustrate the artistry
Of Satan's work in every way!

II

A tête-à-tête, both dark and clear,
A heart become its looking glass!
Bright well of Truth and black morass
Where palpitates a livid star,

Infernal lamp of irony,
Effulgence of satanic grace,
At once both glory and solace,
— The conscience of Iniquity!

—First published in *L'Artiste*, 10 May 1857. "These fragments are taken from the book *Les Fleurs du mal*, which will shortly be published by Messrs. Poulet-Malassis and De Broise."

LXXXV. L'HORLOGE

Horloge ! dieu sinistre, effrayant, impassible,
Dont le doigt nous menace et nous dit : « *Souviens-toi !*
Les vibrantes Douleurs dans ton cœur plein d'effroi
Se planteront bientôt comme dans une cible ;

Le Plaisir vaporeux fuira vers l'horizon
Ainsi qu'une sylphide au fond de la coulisse ;
Chaque instant te dévore un morceau du délice
À chaque homme accordé pour toute sa saison.

Trois mille six cents fois par heure, la Seconde
Chuchote : *Souviens-toi !* — Rapide, avec sa voix
D'insecte, Maintenant dit : Je suis Autrefois,
Et j'ai pompé ta vie avec ma trompe immonde !

Remember ! *Souviens-toi*, prodigue !*Esto memor !*
(Mon gosier de métal parle toutes les langues.)
Les minutes, mortel folâtre, sont des gangues
Qu'il ne faut pas lâcher sans en extraire l'or !

Souviens-toi que le Temps est un joueur avide
Qui gagne sans tricher, à tout coup ! c'est la loi.
Le jour décroît ; la nuit augmente ; *souviens-toi !*
Le gouffre a toujours soif ; la clepsydre se vide.

Tantôt sonnera l'heure où le divin Hasard,
Où l'auguste Vertu, ton épouse encor vierge,
Où le Repentir même (oh ! la dernière auberge !),
Où tout te dira : Meurs, vieux lâche ! il est trop tard ! »

—Publié dans *L'Artiste*, octobre 1860

LXXXV. THE CLOCK

O Clock! Sinister god, impassive, menacing,
Whose finger threatens us and tells us: *"Don't forget!*
Pulsating Torments will your trembling heart beset
And like the bowman's shaft will plant themselves therein.

Vaporous Pleasure to the horizon will flee
Just as a sylph into the wings might take her flight;
Each moment will devour a part of the delight
That each man in his lifetime is allowed to see.

Three thousand and six hundred times in every hour
The Second hand is heard to whisper: *Don't forget!*
— With his insect-like voice, Now quickly says: And yet,
I am the Past; I've sucked your lifeblood with my power!

Remember! Souviens-toi, wastrel! *Esto memor!*
(My metal larynx speaks these words in every tongue.)
Those minutes, fickle mortal, are gangues from which is wrung
The gold that is extracted from the precious ore!

Do not forget that avid Time has aces high
In every game, without deceit! — it is so writ.
The daylight wanes; the night augments; *remember it!*
The abyss always thirsts; the clepsydra is dry.

Shortly will sound the hour when transcendental Fate,
When Virtue most august, your still unsullied spouse,
When even Penitence (your ultimate safe house!),
When all will tell you: Die, old coward! It's too late!"

— First published in *L'Artiste*, October 1860

TABLEAUX PARISIENS

PARISIAN SCENES

LXXXVI. PAYSAGE

Je veux, pour composer chastement mes églogues,
Coucher auprès du ciel, comme les astrologues,
Et, voisin des clochers, écouter en rêvant
Leurs hymnes solennels emportés par le vent.
Les deux mains au menton, du haut de ma mansarde,
Je verrai l'atelier qui chante et qui bavarde ;
Les tuyaux, les clochers, ces mâts de la cité,
Et les grands ciels qui font rêver d'éternité.

Il est doux, à travers les brumes, de voir naître
L'étoile dans l'azur, la lampe à la fenêtre,
Les fleuves de charbon monter au firmament
Et la lune verser son pâle enchantement.
Je verrai les printemps, les étés, les automnes ;
Et quand viendra l'hiver aux neiges monotones,
Je fermerai partout portières et volets
Pour bâtir dans la nuit mes féeriques palais.
Alors je rêverai des horizons bleuâtres,
Des jardins, des jets d'eau pleurant dans les albâtres,
Des baisers, des oiseaux chantant soir et matin,
Et tout ce que l'Idylle a de plus enfantin.
L'Émeute, tempêtant vainement à ma vitre,
Ne fera pas lever mon front de mon pupitre ;
Car je serai plongé dans cette volupté
D'évoquer le Printemps avec ma volonté,
De tirer un soleil de mon cœur, et de faire
De mes pensers brûlants une tiède atmosphère.

—Publié dans *Le Présent, Revue européenne,* novembre 1857

LXXXVI. LANDSCAPE

I wish, to write my eclogues in the purest verse,
To sleep close to the sky, like the astrologers,
And, as I dream, to listen to the solemn hymns
From nearby belfries that are borne upon the wind.
My chin cupped in my hands, there in my attic room,
I'll see the workshops, hear their banter and their tune,
The chimney pipes, the belfries, masts of the city,
And great skies that inspire dreams of eternity.

It's comforting to see, across the hazy gloom,
A star born in the sky, the lamplight in a room,
The trails of smoke that rise toward the distant sky,
And the pale moon that sends enchantment from on high.
I shall see springtime, summer, autumn's golden glow,
And when the winter comes with its relentless snow,
I shall close all the doors and shutters firm and tight
To build imaginary castles in the night.
And I shall dream of far horizons in the blue,
Of fountains weeping tears of alabaster hue,
Of ardent kisses and of birds that daylong sing,
Of all that makes the Idyll such a childlike thing.
The Riot, beating vainly at my windowpane,
Will not cause me from my endeavours to refrain,
For I shall be engrossed in the voluptuous sight
Of Spring, whose pleasures I evoke with such delight,
And in the task of drawing from my heart with care
The sun that to my thoughts imparts its warming air.

— First published in *Le Présent, Revue européenne,* November 1857

LXXXVII. LE SOLEIL

Le long du vieux faubourg où pendent aux masures
Les persiennes, abri des secrètes luxures,
Quand le soleil cruel frappe à coups redoublés
Sur la ville et les champs, sur les toits et les blés,
Je vais m'exercer seul à ma fantasque escrime,
Flairant dans tous les coins les hasards de la rime,
Trébuchant sur les mots comme sur les pavés,
Heurtant parfois des vers depuis longtemps rêvés.

Ce père nourricier, ennemi des chloroses,
Éveille dans les champs les vers comme les roses ;
Il fait s'évaporer les soucis vers le ciel,
Et remplit les cerveaux et les ruches de miel.
C'est lui qui rajeunit les porteurs de béquilles
Et les rend gais et doux comme des jeunes filles,
Et commande aux moissons de croître et de mûrir
Dans le cœur immortel qui toujours veut fleurir !

Quand, ainsi qu'un poète, il descend dans les villes,
Il ennoblit le sort des choses les plus viles,
Et s'introduit en roi, sans bruit et sans valets,
Dans tous les hôpitaux et dans tous les palais.

—Publié dans *Les Fleurs du mal*, juin 1857

LXXXVII. THE SUN

Along the run-down streets, where shuttered windows hide
The secret lecheries of those who dwell inside,
When the unyielding sun relentlessly beats down
Upon the fields of corn, the rooftops and the town,
I go to practice my strange swordplay on my own,
Seeking in every corner rhymes as yet unknown,
Tripping upon the words that I seek for my song,
Or stumbling upon verses dreamed of for so long.

This foster father, foe of all infirmity,
In rose and worm alike awakens poetry;
He turns our cares to vapour in the distant skies,
And fills our brains with honey from abundant hives.
He renders youthful those who walk with stick and crutch
And makes them gay of spirit and gentle of touch,
Enjoining all the crops to ripen and to nourish
The ever-beating heart that always strives to flourish!

When, like a poet, he descends into the town,
He renders noble all that's tawdry and run-down,
And, king-like, permeates, without pomposity,
Palace and hospital with luminosity.

— First published in *Les Fleurs du mal*, June 1857

LXXXVIII. À UNE MENDIANTE ROUSSE

Blanche fille aux cheveux roux,
Dont la robe par ses trous
Laisse voir la pauvreté
Et la beauté,

Pour moi, poète chétif,
Ton jeune corps maladif,
Plein de taches de rousseur,
A sa douceur.

Tu portes plus galamment
Qu'une reine de roman
Ses cothurnes de velours
Tes sabots lourds.

Au lieu d'un haillon trop court,
Qu'un superbe habit de cour
Traîne à plis bruyants et longs
Sur tes talons ;

En place de bas troués,
Que pour les yeux des roués,
Sur ta jambe un poignard d'or
Reluise encore ;

Que des nœuds mal attachés
Dévoilent pour nos péchés
Tes deux beaux seins, radieux
Comme tes yeux ;

Que pour te déshabiller
Tes bras se fassent prier
Et chassent à coups mutins
Les doigts lutins.

LXXXVIII. TO A RED-HAIRED BEGGAR-GIRL

Sallow girl with russet hair,
Tatters in the clothes you wear
Show us both your poverty
And your beauty.

To a sickly bard like me,
Your young body's frailty,
With red freckles on your arms,
Still has its charms.

You wear far more gracefully
Than a queen of fantasy
Her buskins of velvet could,
Your clogs of wood.

Rather than a ragged dress,
Let a robe of great finesse
Trail its long and bustling pleats
About your feet.

And, instead of threadbare hose,
Where the roué's eyes repose
Let your noble thigh parade
A golden blade.

Let your loosely fastened bows
For our sins to us disclose
Your fair breast, whose beauty vies
With your bright eyes.

May your arms require a prayer
To remove the clothes you wear,
And may they firmly repel
Hands that rebel.

À UNE MENDIANTE ROUSSE

Perles de la plus belle eau,
Sonnets de maître Belleau
Par tes galants mis aux fers
Sans cesse offerts.

Valetaille de rimeurs
Te dédiant leurs primeurs
Et contemplant ton soulier
Sous l'escalier,

Maint page épris du hasard,
Maint seigneur et maint Ronsard
Épieraient pour le déduit
Ton frais réduit !

Tu compterais dans tes lits
Plus de baisers que de lis
Et rangerais sous tes lois
Plus d'un Valois !

— Cependant tu vas gueusant
Quelque vieux débris gisant
Au seuil de quelque Véfour
De carrefour ;

Tu vas lorgnant en dessous
Des bijoux de vingt-neuf sous
Dont je ne puis, oh ! pardon !
Te faire don.

Va donc, sans autre ornement,
Parfum, perles, diamant,
Que ta maigre nudité,
Ô ma beauté !

—Publié dans *Les Fleurs du mal*, juin 1857

TO A RED-HAIRED BEGGAR-GIRL

Pearls of opalescent glow,
Sonnets of master Belleau,
Offered to you by the swains
You keep in chains.

Rhymesters of the lowest art
Would to you their verse impart
When they see your slipper there
Beneath the stair.

Many a page would seek reward,
Many a Ronsard, many a lord
Would for favours gladly grovel
In your hovel!

You could take into your bed
Many an ardent noble head,
And under your sway could bring
More than one King.

— Yet you are condemned to eat
Scraps of bread and tainted meat
That someone has thrown away
Near some cafe;

And you covet secretly
Some cheap piece of jewellery,
But even such scant reward
I can't afford!

Go then with no ornament,
Perfume or accoutrement,
Other than your nudity,
O my beauty!

— First published in *Les Fleurs du mal*, June 1857

LXXXIX. LE CYGNE
À Victor Hugo

I

Andromaque, je pense à vous ! Ce petit fleuve,
Pauvre et triste miroir où jadis resplendit
L'immense majesté de vos douleurs de veuve,
Ce Simoïs menteur qui par vos pleurs grandit,

A fécondé soudain ma mémoire fertile,
Comme je traversais le nouveau Carrousel.
Le vieux Paris n'est plus (la forme d'une ville
Change plus vite, hélas ! que le cœur d'un mortel) ;

Je ne vois qu'en esprit tout ce camp de baraques,
Ces tas de chapiteaux ébauchés et de fûts,
Les herbes, les gros blocs verdis par l'eau des flaques,
Et, brillant aux carreaux, le bric-à-brac confus.

Là s'étalait jadis une ménagerie ;
Là je vis, un matin, à l'heure où sous les cieux
Froids et clairs le Travail s'éveille, où la voirie
Pousse un sombre ouragan dans l'air silencieux,

Un cygne qui s'était évadé de sa cage,
Et, de ses pieds palmés frottant le pavé sec,
Sur le sol raboteux traînait son blanc plumage.
Près d'un ruisseau sans eau la bête ouvrant le bec

Baignait nerveusement ses ailes dans la poudre,
Et disait, le cœur plein de son beau lac natal :
« Eau, quand donc pleuvras-tu ? quand tonneras-tu, foudre ? »
Je vois ce malheureux, mythe étrange et fatal,

Vers le ciel quelquefois, comme l'homme d'Ovide,
Vers le ciel ironique et cruellement bleu,
Sur son cou convulsif tendant sa tête avide,
Comme s'il adressait des reproches à Dieu !

LXXXIX. THE SWAN
To Victor Hugo

I

Andromache, I think of you! This little stream,
This melancholy mirror, which in bygone years
Shone with the majesty of a proud widow's dream,
This pseudo Simoeis that's swollen by your tears,

Rekindled suddenly my fertile memory,
As I was crossing the new Place du Carrousel.
Old Paris is no more (the shape of a city
Changes faster, alas! than mortals can foretell);

I see in my mind's eye where kiosks once had been,
Assorted pilasters and rough-hewn pediments,
Weeds, grasses, massive blocks that puddles had stained green,
And, gleaming in the windows, cluttered ornaments.

Once, a menagerie had been erected there;
Early one morning when, beneath cold, limpid skies,
Labour awakes and Work assails the silent air
Like a dark hurricane, there came before my eyes

A swan that had escaped from its imprisonment,
And, on the dusty flagstones dragging its webbed feet,
Was trailing its white plumage on the rough pavement.
Beside a dried-up stream the bird opened its beak,

As nervously it tried to bathe its wings in soil,
And cried out, longing for the lake where it was born:
"Water, when will you fall? Thunder, when will you roll?"
Sometimes I see that swan, strange vision so forlorn,

Its head turned skyward like the man in Ovid's verse,
Toward the cruel irony of that blue sky,
Stretching convulsively its neck in dreadful thirst,
As if to send admonishment to God on high!

LE CYGNE

II

Paris change ! mais rien dans ma mélancolie
N'a bougé ! palais neufs, échafaudages, blocs,
Vieux faubourgs, tout pour moi devient allégorie,
Et mes chers souvenirs sont plus lourds que des rocs.

Aussi devant ce Louvre une image m'opprime :
Je pense à mon grand cygne, avec ses gestes fous,
Comme les exilés, ridicule et sublime,
Et rongé d'un désir sans trêve ! et puis à vous,

Andromaque, des bras d'un grand époux tombée,
Vil bétail, sous la main du superbe Pyrrhus,
Auprès d'un tombeau vide en extase courbée ;
Veuve d'Hector, hélas ! et femme d'Hélénus !

Je pense à la négresse, amaigrie et phthisique,
Piétinant dans la boue, et cherchant, l'œil hagard,
Les cocotiers absents de la superbe Afrique
Derrière la muraille immense du brouillard ;

À quiconque a perdu ce qui ne se retrouve
Jamais, jamais ! à ceux qui s'abreuvent de pleurs
Et tettent la Douleur comme une bonne louve !
Aux maigres orphelins séchant comme des fleurs !

Ainsi dans la forêt où mon esprit s'exile
Un vieux Souvenir sonne à plein souffle du cor !
Je pense aux matelots oubliés dans une île,
Aux captifs, aux vaincus !... à bien d'autres encor !

—Publié dans *La Causerie*, janvier,1860

THE SWAN

II

Paris is changing! But in my melancholy
Nothing has moved! New palaces, scaffoldings, blocks,
Old suburbs, all for me becomes an allegory,
And all my memories weigh heavier than rocks.

And when before the Louvre I pause to pass the time,
The image of that great white swan haunts me anew,
Its desperate convulsions, grotesque and yet sublime,
The fruit of vain desire! And then I think of you,

Andromache, deprived of your husband's embrace,
Like a base chattel offered to a proud Pyrrhus,
Above an empty tomb inclined in solemn grace,
Hector's widow, alas! and wife of Helenus!

I call to mind a negress, phthisic, skin and bone,
Trudging through muddy streets, her eyes seeking in vain
The great coconut palms of her African home
Behind a massive, opaque wall of mist and rain;

All those who have now lost what they will never find
Again, never again! all those who drink their tears
And feed at Sorrow's breast, that she-wolf good and kind!
The orphans who like flowers wither with the years!

Thus, in the forest where my spirit is exiled,
A hunting horn resounds with memories anew!
I think of mariners forgotten on some isle,
Of prisoners and slaves!... and many others too!

— First published in *La Causerie*, January, 1860

XC. LES SEPT VIEILLARDS
À Victor Hugo

Fourmillante cité, cité pleine de rêves,
Où le spectre en plein jour raccroche le passant !
Les mystères partout coulent comme des sèves
Dans les canaux étroits du colosse puissant.

Un matin, cependant que dans la triste rue
Les maisons, dont la brume allongeait la hauteur,
Simulaient les deux quais d'une rivière accrue,
Et que, décor semblable à l'âme de l'acteur,

Un brouillard sale et jaune inondait tout l'espace,
Je suivais, roidissant mes nerfs comme un héros
Et discutant avec mon âme déjà lasse,
Le faubourg secoué par les lourds tombereaux.

Tout à coup, un vieillard dont les guenilles jaunes
Imitaient la couleur de ce ciel pluvieux,
Et dont l'aspect aurait fait pleuvoir les aumônes,
Sans la méchanceté qui brillait dans ses yeux,

M'apparut. On eût dit sa prunelle trempée
Dans le fiel ; son regard aiguisait les frimas,
Et sa barbe à longs poils, roide comme une épée,
Se projetait, pareille à celle de Judas.

Il n'était pas voûté, mais cassé, son échine
Faisant avec sa jambe un parfait angle droit,
Si bien que son bâton, parachevant sa mine,
Lui donnait la tournure et le pas maladroit

D'un quadrupède infirme ou d'un juif à trois pattes.
Dans la neige et la boue il allait s'empêtrant,
Comme s'il écrasait des morts sous ses savates,
Hostile à l'univers plutôt qu'indifférent.

XC. THE SEVEN OLD MEN
To Victor Hugo

Teeming, swarming city, city full of dreams,
Where even in broad daylight anyone might meet
A spectre! Mystery, flowing like nectar, seems
To fill the pipes and conduits of each narrow street.

One morning, in the dismal street, the sombre rank
Of houses seemed to rise up higher in the gloom,
As if they stood upon a swollen river's bank,
And, as a décor to reflect my thoughts of doom,

A filthy yellow fog just hung there like a pall.
Steeling my nerves as if to play a hero's part,
And arguing with my already weary soul,
I made my way to the sound of a rumbling cart.

Suddenly an old man emerged out of the mist,
In rags whose colour matched that of the sombre skies,
And whose aspect would have attracted alms and gifts,
But for the wickedness that glistened in his eyes

That looked as if they might have been immersed in gall,
Their glacial stare more chilling than the winter's wind;
A rigid, pointed beard projected from his jaw,
— The beard of Judas is the one that comes to mind.

He was not bent, but broken, and his level spine
Made with his lower half a right angle so straight
And perfect, that his cane, completing the design,
Lent him the strange appearance and the clumsy gait

Of a three-legged Jew or a lame quadruped.
Onward through mud and snow this apparition went,
As if under his shoes he were crushing the dead,
And he seemed hostile rather than indifferent.

LES SEPT VIEILLARDS

Son pareil le suivait : barbe, œil, dos, bâton, loques,
Nul trait ne distinguait, du même enfer venu,
Ce jumeau centenaire, et ces spectres baroques
Marchaient du même pas vers un but inconnu.

A quel complot infâme étais-je donc en butte,
Ou quel méchant hasard ainsi m'humiliait ?
Car je comptais sept fois, de minute en minute,
Ce sinistre vieillard qui se multipliait !

Que celui-là qui rit de mon inquiétude,
Et qui n'est pas saisi d'un frisson fraternel,
Songe bien que malgré tant de décrépitude
Ces sept monstres hideux avaient l'air éternel !

Aurais-je, sans mourir, contemplé le huitième,
Sosie inexorable, ironique et fatal,
Dégoûtant Phénix, fils et père de lui-même ?
— Mais je tournai le dos au cortège infernal.

Exaspéré comme un ivrogne qui voit double,
Je rentrai, je fermai ma porte, épouvanté,
Malade et morfondu, l'esprit fiévreux et trouble,
Blessé par le mystère et par l'absurdité !

Vainement ma raison voulait prendre la barre ;
La tempête en jouant déroutait ses efforts,
Et mon âme dansait, dansait, vieille gabarre
Sans mâts, sur une mer monstrueuse et sans bords !

—Publié dans *Revue contemporaine*, septembre 1859

THE SEVEN OLD MEN

Behind him came his double: eyes, back, stick, rags, beard,
No feature to distinguish this decrepit friend,
Offspring of the same hell, those apparitions weird
Advanced at the same pace toward some unknown end.

Of what infamous plot had I become the aim,
Or what harsh chance had come to humiliate me?
For I saw seven of him, and each one looked the same:
That sinister old man was cloning rapidly!

May he who laughs aloud at my anxiety,
Who does not nurture some fraternal sympathy,
Reflect that, notwithstanding their infirmity,
Those monsters had a semblance of eternity!

Could I have seen the eighth and yet still not succumb,
Inexorable double, fatal irony,
Appalling Phoenix, one his father, one his son?
— But I had turned my back on this vile parody.

Exasperated, like a drunkard seeing double,
I went home, locked the door, gripped by anxiety,
Confused and feverish, my spirit deeply troubled
By both the mystery and the absurdity!

In vain my reason tried to keep an even keel;
The tempest thwarted all its efforts scornfully;
Like an old raft, my soul could only dance and reel,
With neither mast nor sail, upon a shoreless sea.

— First published in *Revue contemporaine*, September 1859

XCI. LES PETITES VIEILLES
À Victor Hugo

I

Dans les plis sinueux des vieilles capitales,
Où tout, même l'horreur, tourne aux enchantements,
Je guette, obéissant à mes humeurs fatales,
Des êtres singuliers, décrépits et charmants.

Ces monstres disloqués furent jadis des femmes,
Éponine ou Laïs ! Monstres brisés, bossus
Ou tordus, aimons-les ! ce sont encor des âmes.
Sous des jupons troués et sous de froids tissus

Ils rampent, flagellés par les bises iniques,
Frémissant au fracas roulant des omnibus,
Et serrant sur leur flanc, ainsi que des reliques,
Un petit sac brodé de fleurs ou de rébus ;

Ils trottent, tout pareils à des marionnettes ;
Se traînent, comme font les animaux blessés,
Ou dansent, sans vouloir danser, pauvres sonnettes
Où se pend un Démon sans pitié ! Tout cassés

Qu'ils sont, ils ont des yeux perçants comme une vrille,
Luisants comme ces trous où l'eau dort dans la nuit ;
Ils ont les yeux divins de la petite fille
Qui s'étonne et qui rit à tout ce qui reluit.

— Avez-vous observé que maints cercueils de vieilles
Sont presque aussi petits que celui d'un enfant ?
La Mort savante met dans ces bières pareilles
Un symbole d'un goût bizarre et captivant,

Et lorsque j'entrevois un fantôme débile
Traversant de Paris le fourmillant tableau,
Il me semble toujours que cet être fragile
S'en va tout doucement vers un nouveau berceau ;

XCI. THE LITTLE OLD WOMEN
To Victor Hugo

I

In the old capital's sinuous maze of streets,
Where even horror can enchant in its own way,
I watch, in deference to my fatal conceits,
As strange, decrepit beings go about their day.

These shambling ruins once were women in their prime,
Eponine or Laïs! Now twisted, bent, forlorn;
But love them! for their spirit does not change with time.
In flimsy petticoats of cotton, frayed and torn,

They make their way, lashed by the north wind's cruel bite,
The clanking of the omnibus making them cower
In fright, and, like some precious relic, clutching tight
A little bag bearing a rebus or a flower.

Looking for all the world like little marionettes,
They trot along, or drag themselves like wounded beasts,
Or dance unwittingly, pathetic silhouettes,
Controlled by a malignant entity that feasts

Upon their frailty! Yet their eyes are sharp as drills,
And glow like little pools of water in the night,
Like the eyes of a child who innocently thrills
And laughs aloud at all that sparkles in the light.

— Do you know that the coffin of an ancient dame
Is often just as small as that of a small child?
All-knowing Death has made these coffins look the same,
A symbol most bizarre by which we are beguiled.

And when in teeming Paris I see one of those
Debilitated phantoms passing by, forlorn,
It seems to me that this frail being gently goes
Toward another crib in which to be reborn;

LES PETITES VIEILLES

À moins que, méditant sur la géométrie,
Je ne cherche, à l'aspect de ces membres discords,
Combien de fois il faut que l'ouvrier varie
La forme de la boîte où l'on met tous ces corps.

— Ces yeux sont des puits faits d'un million de larmes,
Des creusets qu'un métal refroidi pailleta...
Ces yeux mystérieux ont d'invincibles charmes
Pour celui que l'austère Infortune allaita !

II

De Frascati défunt Vestale enamourée ;
Prêtresse de Thalie, hélas ! dont le souffleur
Enterré sait le nom ; célèbre évaporée
Que Tivoli jadis ombragea dans sa fleur,

Toutes m'enivrent ! mais parmi ces êtres frêles
Il en est qui, faisant de la douleur un miel,
Ont dit au Dévouement qui leur prêtait ses ailes :
Hippogriffe puissant, mène-moi jusqu'au ciel !

L'une, par sa patrie au malheur exercée,
L'autre, que son époux surchargea de douleurs,
L'autre, par son enfant Madone transpercée,
Toutes auraient pu faire un fleuve avec leurs pleurs !

III

Ah ! que j'en ai suivi de ces petites vieilles !
Une, entre autres, à l'heure où le soleil tombant
Ensanglante le ciel de blessures vermeilles,
Pensive, s'asseyait à l'écart sur un banc,

Pour entendre un de ces concerts, riches de cuivre,
Dont les soldats parfois inondent nos jardins,
Et qui, dans ces soirs d'or où l'on se sent revivre,
Versent quelque héroïsme au cœur des citadins.

THE LITTLE OLD WOMEN

Unless, to pure geometry giving more thought,
Seeing those diverse limbs of every shape and size,
I ask myself how many times craftsmen have sought
To modify the box in which each body lies.

— Those eyes are like deep wells filled with a million tears,
Crucibles that are sequined by the cooling ore...
Those eyes of mystery are fascinating spheres
For those whom harsh Misfortune suckled with her lore!

II

A Vestal once in love with the late Frascati,
Or a Priestess of Thalia, alas! whose name
The buried prompter knows; erstwhile celebrity
Upon whom Tivoli once lavished such acclaim,

They all beguile me; but among those frail beings
There are some who know how to sublimate their pain,
And call upon Devotion to afford them wings:
Great Hippogriff, carry me off to Heaven's domain!

One, whose own country gave her grief and misery,
Another, whose own husband blighted her best years,
Or a Madonna, pierced by her own progeny,
Each of them could have made a river of her tears!

III

So many have I followed, time and time again!
One of them, when the setting sun's flamboyant arc
Imbued the evening sky with a vermilion stain,
Sat pensive, all alone, on a bench in a park,

To listen to the sound of trumpets and trombones,
One of those concerts often heard in public parks,
Given by army bands, whose rich and brassy tones
Inspire heroic thoughts within the townsmen's hearts.

LES PETITES VIEILLES

Celle-là, droite encor, fière et sentant la règle,
Humait avidement ce chant vif et guerrier ;
Son œil parfois s'ouvrait comme l'œil d'un vieil aigle ;
Son front de marbre avait l'air fait pour le laurier !

IV

Telles vous cheminez, stoïques et sans plaintes,
À travers le chaos des vivantes cités,
Mères au cœur saignant, courtisanes ou saintes,
Dont autrefois les noms par tous étaient cités.

Vous qui fûtes la grâce ou qui fûtes la gloire,
Nul ne vous reconnaît ! un ivrogne incivil
Vous insulte en passant d'un amour dérisoire ;
Sur vos talons gambade un enfant lâche et vil.

Honteuses d'exister, ombres ratatinées,
Peureuses, le dos bas, vous côtoyez les murs ;
Et nul ne vous salue, étranges destinées !
Débris d'humanité pour l'éternité mûrs !

Mais moi, moi qui de loin tendrement vous surveille,
L'œil inquiet, fixé sur vos pas incertains,
Tout comme si j'étais votre père, ô merveille !
Je goûte à votre insu des plaisirs clandestins :

Je vois s'épanouir vos passions novices ;
Sombres ou lumineux, je vis vos jours perdus ;
Mon cœur multiplié jouit de tous vos vices !
Mon âme resplendit de toutes vos vertus !

Ruines ! ma famille ! ô cerveaux congénères !
Je vous fais chaque soir un solennel adieu !
Où serez-vous demain, Èves octogénaires,
Sur qui pèse la griffe effroyable de Dieu ?

—Publié dans *Revue contemporaine*, septembre 1859

THE LITTLE OLD WOMEN

She sat, proud and erect, as they began to play,
Intently savouring the grandiose parade;
Sometimes her eye would stare like an old bird of prey;
Her alabaster brow seemed for the laurel made!

IV

And so you make your way, stoic, without complaint,
As you traverse the chaos of the living town,
A mother sad of heart, a courtesan, a saint,
Names once revered by all, so great was your renown.

You who once knew such grace, you who such glory knew,
Now recognized by no-one! An ill-mannered drunk
Makes a contemptuous comment as he passes you,
While on your heels cavorts some vulgar, craven punk.

Ashamed to be alive, your wizened shadows stay
Close to the walls, backs bent, advancing timidly;
And no-one greets you as you go upon your way,
Debris of womankind ripe for eternity!

But I who from afar look on with tenderness
At your uncertain steps, your harsh and cruel plight,
As if I were your father, O what happiness!
Unknown to you I feel a clandestine delight:

I see your early passions coming into bloom;
Your vanished days, some sombre, others filled with light;
Your sins relieve my heart of its despairing gloom!
And in your virtues my resplendent soul glows bright!

Poor wrecks! My kindred spirits! My own family!
Each night I bid a solemn farewell to you all!
Where will you be tomorrow, octogenarian Eves,
Upon whom weighs the dread of God's terrible claw?

— First published in *Revue contemporaine*, September 1859

XCII. . LES AVEUGLES

Contemple-les, mon âme ; ils sont vraiment affreux !
Pareils aux mannequins ; vaguement ridicules ;
Terribles, singuliers comme les somnambules ;
Dardant on ne sait où leurs globes ténébreux.

Leurs yeux, d'où la divine étincelle est partie,
Comme s'ils regardaient au loin, restent levés
Au ciel ; on ne les voit jamais vers les pavés
Pencher rêveusement leur tête appesantie.

Ils traversent ainsi le noir illimité,
Ce frère du silence éternel. Ô cité !
Pendant qu'autour de nous tu chantes, ris et beugles,

Éprise du plaisir jusqu'à l'atrocité,
Vois ! je me traîne aussi ! mais, plus qu'eux hébété,
Je dis : Que cherchent-ils au Ciel, tous ces aveugles ?

—Publié dans *L'Artiste*, octobre 1860

XCII. THE BLIND

Just look at them, my soul; they are a dreadful sight!
Like weird automatons; vaguely ridiculous;
Absurd somnambulists, bizarre, preposterous,
Darting we know not where their eyes bereft of light.

Tenebrous eyes, from which the divine spark has fled,
As if their gaze were to the distant heavens bound;
They seem forever loath to turn toward the ground,
In peaceful reverie, their weary, troubled head.

Thus they traverse in darkness night's infinity,
That brother of eternal silence. O city!
While we can hear your laughter and your strident cry,

Your worship of indulgence, your atrocious game,
See! I trudge onward too! but, more confused than them,
I say: What do those blind men seek there in the Sky?

— First published in *L'Artiste*, October 1860

XCIII. À UNE PASSANTE

La rue assourdissante autour de moi hurlait.
Longue, mince, en grand deuil, douleur majestueuse,
Une femme passa, d'une main fastueuse
Soulevant, balançant le feston et l'ourlet ;

Agile et noble, avec sa jambe de statue.
Moi, je buvais, crispé comme un extravagant,
Dans son œil, ciel livide où germe l'ouragan,
La douceur qui fascine et le plaisir qui tue.

Un éclair... puis la nuit ! — Fugitive beauté
Dont le regard m'a fait soudainement renaître,
Ne te verrai-je plus que dans l'éternité ?

Ailleurs, bien loin d'ici ! trop tard ! *jamais* peut-être !
Car j'ignore où tu fuis, tu ne sais où je vais,
Ô toi que j'eusse aimée, ô toi qui le savais !

—Publié dans *L'Artiste*, octobre 1860

XCIII. TO A PASSER-BY

About me roared the noise and clamour of the town.
A widow, new-bereaved, tall, slender, stately, grand,
Passed by, and with a florid gesture of her hand,
Lifted and flounced the scalloped border of her gown.

Enchanted by her grace, her perfect symmetry,
Delirious, I drank, enraptured yet forlorn,
From her eyes, livid skies where hurricanes are born,
The sweetness that enthrals, the lethal ecstasy.

A lightning flash... then night! — O fugitive beauty
Whose transitory glance kindled new life in me,
Shall I see you again but in eternity?

Elsewhere, so far from here! Too late! *Never*, maybe?
For I know not your fate, nor you my destiny,
You whom I might have loved, you knew it, fleetingly!

— First published in *L'Artiste*, October 1860

XCIV. LE SQUELETTE LABOUREUR

I

Dans les planches d'anatomie
Qui traînent sur ces quais poudreux
Où maint livre cadavéreux
Dort comme une antique momie,

Dessins auxquels la gravité
Et le savoir d'un vieil artiste,
Bien que le sujet en soit triste,
Ont communiqué la Beauté,

On voit, ce qui rend plus complètes
Ces mystérieuses horreurs,
Bêchant comme des laboureurs,
Des Écorchés et des Squelettes.

II

De ce terrain que vous fouillez,
Manants résignés et funèbres,
De tout l'effort de vos vertèbres
Ou de vos muscles dépouillés,

Dites, quelle moisson étrange,
Forçats arrachés au charnier,
Tirez-vous, et de quel fermier
Avez-vous à remplir la grange ?

Voulez-vous (d'un destin trop dur
Épouvantable et clair emblème !)
Montrer que dans la fosse même
Le sommeil promis n'est pas sûr ;

Qu'envers nous le Néant est traître;
Que tout, même la Mort, nous ment,
Et que sempiternellement
Hélas ! il nous faudra peut-être

XCIV. SKELETONS DIGGING

I

In drawings of anatomy
Displayed along those dusty quays,
Where many a faded volume sleeps
Like an old mummy, peacefully,

Where all the skill and all the art
Of the engraver's work appear
Which, though the subject is austere,
A certain Beauty still impart,

We see, to make the scene complete,
Like hideous automatons,
Skinless Corpses and Skeletons
Digging the earth with bony feet.

II

Out of this earth that you dig there,
Phantasmal peasants, spectral clones,
With all the effort of your bones
And of your muscles raw and bare,

What strange crop do you gather in
Like convicts from an ossuary,
And for what farmer's granary
Must you forever fill your bin?

Do you wish (emblems clear and pure
Of a too cruel destiny!)
To show that in eternity
Our promised sleep is still unsure;

That we're forsaken by the Void;
That even Death knows perfidy,
And that for all eternity
Alas! perhaps we'll be deployed

LE SQUELETTE LABOUREUR

Dans quelque pays inconnu
Écorcher la terre revêche
Et pousser une lourde bêche
Sous notre pied sanglant et nu ?

—Publié dans *La Causerie,* janvier 1860

SKELETONS DIGGING

In some strange land, in searing heat,
To spend our days in heavy toil,
Digging the unforgiving soil
Beneath our naked, bleeding feet?

— First published in *La Causerie*, January 1860

XCV. LE CRÉPUSCULE DU SOIR

Voici le soir charmant, ami du criminel ;
Il vient comme un complice, à pas de loup ; le ciel
Se ferme lentement comme une grande alcôve,
Et l'homme impatient se change en bête fauve.

Ô soir, aimable soir, désiré par celui
Dont les bras, sans mentir, peuvent dire : Aujourd'hui
Nous avons travaillé ! — C'est le soir qui soulage
Les esprits que dévore une douleur sauvage,
Le savant obstiné dont le front s'alourdit,
Et l'ouvrier courbé qui regagne son lit.

Cependant des démons malsains dans l'atmosphère
S'éveillent lourdement, comme des gens d'affaire,
Et cognent en volant les volets et l'auvent.
À travers les lueurs que tourmente le vent
La Prostitution s'allume dans les rues ;
Comme une fourmilière elle ouvre ses issues ;
Partout elle se fraye un occulte chemin,
Ainsi que l'ennemi qui tente un coup de main ;
Elle remue au sein de la cité de fange
Comme un ver qui dérobe à l'Homme ce qu'il mange.
On entend çà et là les cuisines siffler,
Les théâtres glapir, les orchestres ronfler ;
Les tables d'hôte, dont le jeu fait les délices,
S'emplissent de catins et d'escrocs, leurs complices,
Et les voleurs, qui n'ont ni trêve ni merci,
Vont bientôt commencer leur travail, eux aussi,
Et forcer doucement les portes et les caisses
Pour vivre quelques jours et vêtir leurs maîtresses.

Recueille-toi, mon âme, en ce grave moment,
Et ferme ton oreille à ce rugissement.

XCV. EVENING TWILIGHT

Behold the charming evening, friend of villainy;
It comes like an accomplice, softly, stealthily;
The sky, like a great alcove, closes from the east,
And unforbearing man becomes a savage beast.

O cordial evening, so desired by those who say:
We have, without a doubt, done honest work today!
— It is the evening that brings comfort and relief
To those whose spirit is beset by pain and grief,
The conscientious sage who rests his weary head,
Or the stooped labourer relieved to find his bed.

Meanwhile repulsive demons waken from their sleep,
Reluctantly, like those who have to earn their keep,
Colliding into blinds and shutters in their flight.
The wind springs up to fan the street lamp's flickering light,
As Prostitution comes to life and spreads about,
A colony of ants letting its workers out,
In all directions carving out a secret track,
Like an invader planning a surprise attack;
It taints the city's heart with its clandestine plan,
Like a voracious worm that steals the food of Man.
We hear the sounds of sizzling kitchens here and there,
The clamour of theatres, orchestras ablare;
Cheap restaurants, where gamblers gather for their sport,
Begin to fill with harlots, swindlers and their sort,
And thieves, who never rest and know not charity,
Will soon begin their odious activity,
Stealthily forcing open strongboxes and doors
To eat for several days and buy clothes for their whores.

In this dark hour, my soul, reflect on all this sin,
And close your ears to this cacophony of din.

LE CRÉPUSCULE DU SOIR

C'est l'heure où les douleurs des malades s'aigrissent !
La sombre Nuit les prend à la gorge ; ils finissent
Leur destinée et vont vers le gouffre commun ;
L'hôpital se remplit de leurs soupirs. — Plus d'un
Ne viendra plus chercher la soupe parfumée,
Au coin du feu, le soir, auprès d'une âme aimée.

Encore la plupart n'ont-ils jamais connu
La douceur du foyer et n'ont jamais vécu !

—Publié dans *Semaine théâtrale*, février 1852

EVENING TWILIGHT

This is the hour when sick men feel the greatest pain!
When dark Night grasps them by the throat, and they attain
Their final destined path toward the shared abyss;
Their sighs pervade the hospital. — No more the bliss
Of evenings spent at home, sharing a fragrant bowl
Of soup beside the fire, with a beloved soul.

But then, most of them are unable to recall
The comfort of the hearth and have not lived at all!

— First published in *Semaine théâtrale*, February 1852

CVI. LE JEU

Dans des fauteuils fanés des courtisanes vieilles,
Pâles, le sourcil peint, l'œil câlin et fatal,
Minaudant, et faisant de leurs maigres oreilles
Tomber un cliquetis de pierre et de métal ;

Autour des verts tapis des visages sans lèvre,
Des lèvres sans couleur, des mâchoires sans dent,
Et des doigts convulsés d'une infernale fièvre,
Fouillant la poche vide ou le sein palpitant ;

Sous de sales plafonds un rang de pâles lustres
Et d'énormes quinquets projetant leurs lueurs
Sur des fronts ténébreux de poëtes illustres
Qui viennent gaspiller leurs sanglantes sueurs ;

Voilà le noir tableau qu'en un rêve nocturne
.Je vis se dérouler sous mon œil clairvoyant.
Moi-même, dans un coin de l'antre taciturne,
Je me vis accoudé, froid, muet, enviant,

Enviant de ces gens la passion tenace,
De ces vielles putains la funèbre gaieté,
Et tous gaillardement trafiquant à ma face,
L'un de son vieil honneur, l'autre de sa beauté !

Et mon cœur s'effraya d'envier maint pauvre homme
Courant avec ferveur à l'abîme béant,
Et qui, soûl de son sang, préférerait en somme
La douleur à la mort et l'enfer au néant !

—Publié dans *Les Fleurs du mal*, juin 1857

XCVI. GAMING

On faded sofas, ladies of advancing years,
Pale, with come-hither eyes painted in lurid tones,
Flirtatious, simpering, impart from wizened ears
A jingle-jangle sound of gold and precious stones;

Visages without lips surrounding the green baize,
Lips that are drained of blood, and jaws of teeth bereft,
Convulsive fingers groping in a feverish daze
The empty pocket or the palpitating breast;

From grimy ceilings there descends a pallid glow
From rows of dingy lamps and massive chandeliers
Onto the sombre brows of poets there below,
Come to expend their sweat, their lifeblood and their tears;

Such was the lurid scene that in a dream one night
I saw before my visionary eyes unfold.
I saw myself there, in a corner out of sight,
My elbows on the table, silent, envious, cold,

Envious of the tenacious passion of those men,
And of those ageing whores the morbid gaiety,
All brazenly parading in that horrid den
The one his erstwhile honour, the other her lost beauty!

My heart was cowed with fear and shame for envying
Those wretched creatures, rushing to the great abyss,
Who, drunk on their own blood, would rather anything,
Pain, torment, even hell, to death and nothingness!

— First published in *Les Fleurs du mal*, June 1857

XCVII. DANSE MACABRE

À Ernest Christophe

Fière, autant qu'un vivant, de sa noble stature,
Avec son gros bouquet, son mouchoir et ses gants,
Elle a la nonchalance et la désinvolture
D'une coquette maigre aux airs extravagants.

Vit-on jamais au bal une taille plus mince ?
Sa robe exagérée, en sa royale ampleur,
S'écroule abondamment sur un pied sec que pince
Un soulier pomponné, joli comme une fleur.

La ruche qui se joue au bord des clavicules,
Comme un ruisseau lascif qui se frotte au rocher,
Défend pudiquement des lazzi ridicules
Les funèbres appas qu'elle tient à cacher.

Ses yeux profonds sont faits de vide et de ténèbres,
Et son crâne, de fleurs artistement coiffé,
Oscille mollement sur ses frêles vertèbres.
— O charme d'un néant follement attifé !

Aucuns t'appelleront une caricature,
Qui ne comprennent pas, amants ivres de chair,
L'élégance sans nom de l'humaine armature.
Tu réponds, grand squelette, à mon goût le plus cher !

Viens-tu troubler, avec ta puissante grimace,
La fête de la Vie ? ou quelque vieux désir,
Éperonnant encor ta vivante carcasse,
Te pousse-t-il, crédule, au sabbat du Plaisir ?

Au chant des violons, aux flammes des bougies,
Espères-tu chasser ton cauchemar moqueur,
Et viens-tu demander au torrent des orgies
De rafraîchir l'enfer allumé dans ton cœur ?

Inépuisable puits de sottise et de fautes !
De l'antique douleur éternelle alambic !
A travers le treillis recourbé de tes côtes
Je vois, errant encor, l'insatiable aspic.

XCVII. DANSE MACABRE

To Ernest Christophe

Proud, like a living being, of her noble stance,
With her bouquet of flowers, her handkerchief and gloves,
She has the easy manner and the nonchalance
Of a slender seductress flirting with her loves.

Was ever, at a ball, seen such a slender waist?
Her lavish drapery extravagantly flows
Upon her bony feet, which are daintily placed
In ornate slippers, decorated with a rose.

The frill that frames the contour of her clavicles,
Like a lascivious brooklet lapping on a rock,
Protects discreetly from unwanted ridicule
The charms she seeks to hide from those who like to mock.

Her hollow eyes are full of deep obscurity,
And her skull, set with flowers to such sublime effect,
Rocks gently to and fro on her frail vertebrae,
O charm of the unreal outlandishly bedecked!

There are some who will call you a caricature,
Lovers of flesh who are unable to admire
The nameless beauty of the human armature.
You are, great skeleton, all that I could desire!

Do you come, with your powerful grimace, to upset
The festival of Life? Or does some ancient fire,
Still burning in your living carcass, spur you yet
To credulously seek the Sabbath of Desire?

Do you hope that the violin's sweet melody,
Or the candle's bright flame, will banish your unrest,
And do you come to ask the floods of revelry
To quench the flames of hell that burn within your breast?

Inexhaustible well of folly and of sin!
Untold distillery of ancient suffering!
Through the curved trellis of your ribs, I see therein
The insatiable viper ever wandering.

DANSE MACABRE

Pour dire vrai, je crains que ta coquetterie
Ne trouve pas un prix digne de ses efforts ;
Qui, de ces cœurs mortels, entend la raillerie ?
Les charmes de l'horreur n'enivrent que les forts !

Le gouffre de tes yeux, plein d'horribles pensées,
Exhale le vertige, et les danseurs prudents
Ne contempleront pas sans d'amères nausées
Le sourire éternel de tes trente-deux dents.

Pourtant, qui n'a serré dans ses bras un squelette,
Et qui ne s'est nourri des choses du tombeau ?
Qu'importe le parfum, l'habit ou la toilette ?
Qui fait le dégoûté montre qu'il se croit beau.

Bayadère sans nez, irrésistible gouge,
Dis donc à ces danseurs qui font les offusqués :
« Fiers mignons, malgré l'art des poudres et du rouge,
Vous sentez tous la mort ! O squelettes musqués,

Antinoüs flétris, dandys à face glabre,
Cadavres vernissés, lovelaces chenus,
Le branle universel de la danse macabre
Vous entraîne en des lieux qui ne sont pas connus !

Des quais froids de la Seine aux bords brûlants du Gange,
Le troupeau mortel saute et se pâme, sans voir
Dans un trou du plafond la trompette de l'Ange
Sinistrement béante ainsi qu'un tromblon noir.

En tout climat, sous tout soleil, la Mort t'admire
En tes contorsions, risible Humanité,
Et souvent, comme toi, se parfumant de myrrhe,
Mêle son ironie à ton insanité ! »

—Publié dans *Revue contemporaine*, mars 1859

DANSE MACABRE

Indeed, to tell the truth, I fear your coquetry,
Despite its diligence, will not find just reward;
What mortal heart could understand your raillery?
For only to the strong does dread its charms accord!

Inducing vertigo, the chasms of your eyes
Conceal dark thoughts, and prudent dancers will revile,
With floods of bitter gall that in their souls arise,
The two-and-thirty teeth of your eternal smile.

But who's not held a skeleton in his embrace,
And who on sombre thoughts of tombs has never fed?
What matter fragrances, fine clothes of silk and lace?
Those who think they are handsome often scorn the dead.

O noseless bayadere, inexorable gouge,
Tell all these dancers who pretend to take offence:
"Proud dears, despite the art of powder and of rouge,
All of you smell of death! Skeletons filled with scents

Of musk, shrivelled Antinoüs, bald-pated beaux,
Varnished cadavers, old lovelaces with white hair,
This dance of death, this universal fandango
Leads you to places that you never knew were there!

And from the Seine's cold banks to Ganges' baking ground,
The herd of mortal men cavorts, oblivious
To the approach of the angelic trumpet sound
That threatens in the sky like a dark blunderbuss.

In all climes, under every sun, all-seeing Death
Admires your antics, risible Humanity,
And often, just like you, with perfume on her breath,
Mingles her irony with your insanity!"

— First published in *Revue contemporaine*, March 1859

XCVIII. L'AMOUR DU MENSONGE

Quand je te vois passer, ô ma chère indolente,
Au chant des instruments qui se brise au plafond
Suspendant ton allure harmonieuse et lente,
Et promenant l'ennui de ton regard profond ;

Quand je contemple, aux feux du gaz qui le colore,
Ton front pâle, embelli par un morbide attrait,
Où les torches du soir allument une aurore,
Et tes yeux attirants comme ceux d'un portrait,

Je me dis : Qu'elle est belle ! et bizarrement fraîche !
Le souvenir massif, royale et lourde tour,
La couronne, et son cœur, meurtri comme une pêche,
Est mûr, comme son corps, pour le savant amour.

Es-tu le fruit d'automne aux saveurs souveraines ?
Es-tu vase funèbre attendant quelques pleurs,
Parfum qui fait rêver aux oasis lointaines,
Oreiller caressant, ou corbeille de fleurs ?

Je sais qu'il est des yeux, des plus mélancoliques,
Qui ne recèlent point de secrets précieux ;
Beaux écrins sans joyaux, médaillons sans reliques,
Plus vides, plus profonds que vous-mêmes, ô Cieux !

Mais ne suffit-il pas que tu sois l'apparence,
Pour réjouir un cœur qui fuit la vérité ?
Qu'importe ta bêtise ou ton indifférence ?
Masque ou décor, salut ! J'adore ta beauté.

—Publié dans *Revue contemporaine*, mai 1860

XCVIII. THE LOVE OF FALSEHOOD

When I see you, as on your languid way you go,
To the soft echo of a plaintive melody,
Suspending your demeanour, elegant and slow,
And showing in your gaze the depth of your ennui;

When I behold, illumined by the gas-lamp's light,
Your pallid brow, embellished by a morbid trait,
Illumined, like a dawn, by lanterns of the night,
And your alluring eyes like those of a portrait,

I tell myself: how fair she is! how strangely fresh!
The towering memories that crown her from above
So regally; her heart, bruised like a ripened peach,
Is ready, like her body, for a knowing love.

Are you autumnal fruit, whose flavour is supreme?
A funeral urn awaiting tears in solemn hours,
A perfume that of far oases brings a dream,
Caressing pillow, or a basket full of flowers?

I know that there are eyes more wistful, melancholic,
That hold no precious secrets, in which no mystery lies,
Like caskets without gems, or lockets without relics,
More empty, more profound than even you, O Skies!

But does it not suffice that you are an illusion
That renders gay a heart in flight from truth and duty?
What matter your indifference or your delusion?
Mask or adornment, hail! I venerate your beauty.

— First published in *Revue contemporaine*, May 1860

XCIX.

Je n'ai pas oublié, voisine de la ville,
Notre blanche maison, petite mais tranquille ;
Sa Pomone de plâtre et sa vieille Vénus
Dans un bosquet chétif cachant leurs membres nus,
Et le soleil, le soir, ruisselant et superbe,
Qui, derrière la vitre où se brisait sa gerbe,
Semblait, grand œil ouvert dans le ciel curieux,
Contempler nos dîners longs et silencieux,
Répandant largement ses beaux reflets de cierge
Sur la nappe frugale et les rideaux de serge.

—Publié dans *Les Fleurs du mal*, juin 1857

XCIX.

I never have forgot our little cottage there,
Close to the town, yet blessed with such a tranquil air;
A plaster Pomona and an old Aphrodite
Stood in a little copse, to hide their nudity,
And the late evening sun, whose slanting rays of gold
Behind the windowpane were wondrous to behold,
Appeared to contemplate, with an inquiring eye,
Our silent evening meal from its home in the sky,
And, like a candle's glow, its mellow radiance cast
On the old tablecloth and our frugal repast.

— First published in *Les Fleurs du mal*, June 1857

C.

La servante au grand cœur dont vous étiez jalouse,
Et qui dort son sommeil sous une humble pelouse,
Nous devrions pourtant lui porter quelques fleurs.
Les morts, les pauvres morts, ont de grandes douleurs,
Et quand Octobre souffle, émondeur des vieux arbres,
Son vent mélancolique à l'entour de leurs marbres,
Certe, ils doivent trouver les vivants bien ingrats,
À dormir, comme ils font, chaudement dans leurs draps,
Tandis que, dévorés de noires songeries,
Sans compagnon de lit, sans bonnes causeries,
Vieux squelettes gelés travaillés par le ver,
Ils sentent s'égoutter les neiges de l'hiver
Et le siècle couler, sans qu'amis ni famille
Remplacent les lambeaux qui pendent à leur grille.

Lorsque la bûche siffle et chante, si le soir,
Calme, dans le fauteuil je la voyais s'asseoir,
Si, par une nuit bleue et froide de décembre,
Je la trouvais tapie en un coin de ma chambre,
Grave, et venant du fond de son lit éternel
Couver l'enfant grandi de son œil maternel,
Que pourrais-je répondre à cette âme pieuse,
Voyant tomber des pleurs de sa paupière creuse ?

—Publié dans *Les Fleurs du mal,* juin 1857

C.

The servant with a heart of gold who sleeps alone,
Far from your jealous gaze, beneath a humble stone,
Should we not take her just a little bunch of flowers?
The dead, the wretched dead, endure such sombre hours,
And when the melancholy wind of autumn blows
Around the marble slab beneath which they repose,
The living must seem so ungrateful to the dead,
As they lie sleeping snug and cosy in their bed,
While they, the dead, gnawed by a sombre reverie,
Without a bedfellow to keep them company,
Frozen old skeletons upon whom worms have fed,
They feel the winter's snow that drips above their head,
The passing of the years, with neither family
Nor friend to tend their grave in the bleak cemetery.

If I saw her one evening, calmly sitting there
Beside the singing fire logs, in her rocking chair;
If, in the cheerless twilight of December's gloom,
I found her crouching in a corner of my room,
Forsaking the cold churchyard where she used to lie
To watch over her child with a maternal eye,
What would I find to say, after so many years,
To that devoted soul who sheds such loving tears?

— First published in *Les Fleurs du mal*, June 1857

CI. BRUMES ET PLUIES

Ô fins d'automne, hivers, printemps trempés de boue,
Endormeuses saisons ! je vous aime et vous loue
D'envelopper ainsi mon cœur et mon cerveau
D'un linceul vaporeux et d'un vague tombeau.

Dans cette grande plaine où l'autan froid se joue,
Où par les longues nuits la girouette s'enroue,
Mon âme mieux qu'au temps du tiède renouveau
Ouvrira largement ses ailes de corbeau.

Rien n'est plus doux au cœur plein de choses funèbres,
Et sur qui dès longtemps descendent les frimas,
Ô blafardes saisons, reines de nos climats,

Que l'aspect permanent de vos pâles ténèbres,
— Si ce n'est, par un soir sans lune, deux à deux,
D'endormir la douleur sur un lit hasardeux.

—Publié dans *Les Fleurs du mal*, juin 1857

CI. MIST AND RAIN

O late autumnal days, winter, and mud-soaked spring,
O dormant seasons, how I praise the joy you bring!
For you surround my heart and envelop my brain
In a vaporous shroud, a tomb of mist and rain.

Across this boundless plain where chill sou'westers course,
Where during endless nights the weathercock grows hoarse,
My spirit, more at ease with what the winter brings
Than with renascent springtime, opens wide its wings.

There's naught that's sweeter to a heart beset by doom,
So long acquainted with the hoarfrosts and the rimes,
O colourless seasons, pale monarchs of our climes,

Than the eternal aspect of your pallid gloom,
— Except perhaps, one moonless evening, head-to-head,
To put our woes to sleep on an intrepid bed.

— First published in *Les Fleurs du mal*, June 1857

CII. RÊVE PARISIEN
À Constantin Guys

I

De ce terrible paysage,
Tel que jamais mortel n'en vit,
Ce matin encore l'image,
Vague et lointaine, me ravit.

Le sommeil est plein de miracles !
Par un caprice singulier,
J'avais banni de ces spectacles
Le végétal irrégulier,

Et, peintre fier de mon génie,
Je savourais dans mon tableau
L'enivrante monotonie
Du métal, du marbre et de l'eau.

Babel d'escaliers et d'arcades,
C'était un palais infini,
Plein de bassins et de cascades
Tombant dans l'or mat ou bruni ;

Et des cataractes pesantes,
Comme des rideaux de cristal,
Se suspendaient, éblouissantes,
A des murailles de métal.

Non d'arbres, mais de colonnades
Les étangs dormants s'entouraient,
Où de gigantesques naïades,
Comme des femmes, se miraient.

Des nappes d'eau s'épanchaient, bleues,
Entre des quais roses et verts,
Pendant des millions de lieues,
Vers les confins de l'univers ;

C'étaient des pierres inouïes
Et des flots magiques ; c'étaient

CII. A PARISIAN DREAM
To Constantin Guys

I

Of that most awe-inspiring scene,
Such as mere mortals never see,
That lay before me in a dream,
The image still enraptures me.

Sleep is a miracle divine!
And, by a singular caprice,
I had excluded any sign
Of vegetation from the piece;

And, proud of my fine artistry,
I savoured in this rare tableau
The breathtaking monotony
Of metal, stone, and water-flow.

Babel of stairways and arcades
And endless palaces unrolled,
With limpid pools and great cascades
Falling on matte or burnished gold;

And even greater waterfalls,
Like crystal curtains hanging there,
Cascaded down metallic walls
As if suspended in the air.

The dormant pools, instead of trees
Were circumscribed by colonnades,
Where giant naiads took their ease,
Admiring their reflected gaze.

Lakes of blue water outward flowed
Between the rose and emerald quays,
Like an endless aquatic road,
To the earth's furthest boundaries;

Magical waves, embellished by
Exquisite gemstones that adorned

RÊVE PARISIEN

D'immenses glaces éblouies
Par tout ce qu'elles reflétaient !

Insouciants et taciturnes,
Des Ganges, dans le firmament,
Versaient le trésor de leurs urnes
Dans des gouffres de diamant.

Architecte de mes féeries,
Je faisais, à ma volonté,
Sous un tunnel de pierreries
Passer un océan dompté ;

Et tout, même la couleur noire,
Semblait fourbi, clair, irisé ;
Le liquide enchâssait sa gloire
Dans le rayon cristallisé.

Nul astre d'ailleurs, nuls vestiges
De soleil, même au bas du ciel,
Pour illuminer ces prodiges,
Qui brillaient d'un feu personnel !

Et sur ces mouvantes merveilles
Planait (terrible nouveauté !
Tout pour l'œil, rien pour les oreilles !)
Un silence d'éternité.

II

En rouvrant mes yeux pleins de flamme
J'ai vu l'horreur de mon taudis,
Et senti, rentrant dans mon âme,
La pointe des soucis maudits ;

La pendule aux accents funèbres
Sonnait brutalement midi,
Et le ciel versait des ténèbres
Sur ce triste monde engourdi.

— Publié dans *Revue contemporaine*, mai 1860

A PARISIAN DREAM

Enormous mirrors, dazzled by
The radiance of reflected forms.

Insouciant and taciturn,
Ganges flowed in the firmament,
Pouring the treasures from its urn
Into great gulfs of diamond.

Architect of my fantasy,
I made, out of a quiet rill,
To flow within an artery
An ocean I could tame at will;

And all the colours, even black,
Seemed iridescent, burnished bright;
The liquid gave its splendour back
In crystal rays of purest light.

No moon, no stars, nor any sign
Of sunlight to give luminance
To this prodigious scene of mine
That shone with its own radiance.

And on this wondrous vision here
There hovered (awful novelty!
All for the eye, naught for the ear!)
A silence of eternity.

II

I opened my bewildered eyes
And saw again the wretched hole
Wherein I dwelt, and felt arise
The pangs of anguish in my soul;

The melancholy clock struck noon
In accents brutal and perverse,
And from the sky a dreadful gloom
Pervaded the dull universe.

— First published in *Revue contemporaine*, May 1860

CIII. LE CRÉPUSCULE DU MATIN

La diane chantait dans les cours des casernes,
Et le vent du matin soufflait sur les lanternes.

C'était l'heure où l'essaim des rêves malfaisants
Tord sur leurs oreillers les bruns adolescents ;
Où, comme un œil sanglant qui palpite et qui bouge,
La lampe sur le jour fait une tache rouge ;
Où l'âme, sous le poids du corps revêche et lourd,
Imite les combats de la lampe et du jour.
Comme un visage en pleurs que les brises essuient,
L'air est plein du frisson des choses qui s'enfuient,
Et l'homme est las d'écrire et la femme d'aimer.

Les maisons çà et là commençaient à fumer.
Les femmes de plaisir, la paupière livide,
Bouche ouverte, dormaient de leur sommeil stupide ;
Les pauvresses, traînant leurs seins maigres et froids,
Soufflaient sur leurs tisons et soufflaient sur leurs doigts.
C'était l'heure où parmi le froid et la lésine
S'aggravent les douleurs des femmes en gésine ;
Comme un sanglot coupé par un sang écumeux
Le chant du coq au loin déchirait l'air brumeux ;
Une mer de brouillards baignait les édifices,
Et les agonisants dans le fond des hospices
Poussaient leur dernier râle en hoquets inégaux.
Les débauchés rentraient, brisés par leurs travaux.

L'aurore grelottante en robe rose et verte
S'avançait lentement sur la Seine déserte,
Et le sombre Paris, en se frottant les yeux,
Empoignait ses outils, vieillard laborieux.

—Publié dans *Semaine théâtrale*, février 1852

CIII. MORNING TWILIGHT

Across the barracks yard the loud reveille came,
And the strong morning breeze disturbed the lantern's flame.

It was the hour when swarthy adolescent boys
Lie dreaming on their pillows of forbidden joys;
When, like a blood-shot eye that palpitates with dread,
The lantern on the daylight makes a patch of red;
And when the soul, weighed down by sombre disarray,
Mimics the combat of the lantern and the day.
Like weeping eyes upon whose tears the breezes play,
The trembling air pulsates with all that flees away,
Men tire of writing; women tire of lovers' play.

Chimneys began to smoke as night gave way to day.
Women of pleasure, eyelids painted vulgarly,
Were sleeping, open-mouthed, in stupid reverie,
While others, destitute, their bosoms cold and blue,
Breathed on the dying embers, and on their fingers too.
It was the hour when, due to cold and penury,
Women in childbirth are more prone to agony;
And like a sob that's choked by frothy blood and gall,
A distant rooster pierced the dank air with its call;
A sea of fog enveloped windows, doors, and walls,
And those who agonised inside the hospitals
Uttered the final rattle of their wretched lives.
The weary debauchees returned home to their wives.

Aurora, shivering in robe of rose and green,
Slowly advanced along the still deserted Seine,
And sombre Paris rubbed his eyes as day began,
And gathered up his tools, industrious old man.

— First published in *Semaine théâtrale*, February 1852

LE VIN

WINE

CIV. L' ÂME DU VIN

Un soir, l'âme du vin chantait dans les bouteilles :
« Homme, vers toi je pousse, ô cher déshérité,
Sous ma prison de verre et mes cires vermeilles,
Un chant plein de lumière et de fraternité !

Je sais combien il faut, sur la colline en flamme,
De peine, de sueur et de soleil cuisant
Pour engendrer ma vie et pour me donner l'âme ;
Mais je ne serai point ingrat ni malfaisant,

Car j'éprouve une joie immense quand je tombe
Dans le gosier d'un homme usé par ses travaux,
Et sa chaude poitrine est une douce tombe
Où je me plais bien mieux que dans mes froids caveaux.

Entends-tu retentir les refrains des dimanches
Et l'espoir qui gazouille en mon sein palpitant ?
Les coudes sur la table et retroussant tes manches,
Tu me glorifieras et tu seras content ;

J'allumerai les yeux de ta femme ravie ;
À ton fils je rendrai sa force et ses couleurs
Et serai pour ce frêle athlète de la vie
L'huile qui raffermit les muscles des lutteurs.

En toi je tomberai, végétale ambroisie,
Grain précieux jeté par l'éternel Semeur,
Pour que de notre amour naisse la poésie
Qui jaillira vers Dieu comme une rare fleur ! »

—Publié dans *Le Magasin des familles*, juin 1850

CIV. THE SOUL OF WINE

One night the soul of wine was singing in the flasks:
"O Man, I send to you, in your most wretched state,
From my glass prison, sealed by the vermilion wax,
A poem full of light and brotherly estate!

I know how much devotion, how much sweat and toil,
Upon the burning hill, beneath a leaden sun,
Is needed to engender in me life and soul;
But I am not ungrateful, when all's said and done,

For I am filled with joy when gladly I succumb
Upon the eager throat of one consumed by toil,
Whose warm oesophagus provides a pleasant tomb
Where I am more content than in the cellar's chill.

Do you not hear the hope that beats within my heart?
The sound of merriment in Sunday's happy song?
Sleeves rolled and glasses raised, you'll celebrate my art
And glorify my name in verses loud and long;

I shall inspire delight in your dear lady's eyes,
Restore unto your son his colour and aplomb,
And that frail athlete of this life will surely prize
This oil that firms the flesh and makes the muscles strong.

In you I shall descend, ambrosia of the earth,
A precious seed that's sown by the eternal sower,
So that out of our love a poem shall have birth,
Ascending heavenward to God like a rare flower!"

— First published in *Le Magasin des familles*, June 1850

CV. LE VIN DES CHIFFONNIERS

Souvent, à la clarté rouge d'un réverbère
Dont le vent bat la flamme et tourmente le verre,
Au cœur d'un vieux faubourg, labyrinthe fangeux
Où l'humanité grouille en ferments orageux,

On voit un chiffonnier qui vient, hochant la tête,
Buttant, et se cognant aux murs comme un poëte,
Et, sans prendre souci des mouchards, ses sujets,
Épanche tout son cœur en glorieux projets.

Il prête des serments, dicte des lois sublimes,
Terrasse les méchants, relève les victimes,
Et sous le firmament comme un dais suspendu
S'enivre des splendeurs de sa propre vertu.

Oui, ces gens harcelés de chagrins de ménage,
Moulus par le travail et tourmentés par l'âge,
Éreintés et pliant sous un tas de débris,
Vomissement confus de l'énorme Paris,

Reviennent, parfumés d'une odeur de futailles,
Suivis de compagnons, blanchis dans les batailles,
Dont la moustache pend comme les vieux drapeaux.
Les bannières, les fleurs et les arcs triomphaux

Se dressent devant eux, solennelle magie !
Et dans l'étourdissante et lumineuse orgie
Des clairons, du soleil, des cris et du tambour,
Ils apportent la gloire au peuple ivre d'amour !

C'est ainsi qu'à travers l'Humanité frivole
Le vin roule de l'or, éblouissant Pactole ;
Par le gosier de l'homme il chante ses exploits
Et règne par ses dons ainsi que les vrais rois.

Pour noyer la rancœur et bercer l'indolence
De tous ces vieux maudits qui meurent en silence,
Dieu, touché de remords, avait fait le sommeil ;
L'Homme ajouta le Vin, fils sacré du Soleil !

—Publié dans *Jean Raisin, Revue Joyeuse et vinicole,* novembre 1854

CV. THE RAG-PICKERS' WINE

Often, beneath a streetlamp's flickering red flame,
As the night wind springs up, disturbing the glass frame,
In the old quarter's muddy, labyrinthine maze
Where in a seething ferment swarms the human race,

One comes upon a ragman, nodding busily,
Stumbling and bumping into pillars, carelessly,
And, paying no attention to disloyal sneaks,
He pours his heart out in the plans of which he speaks.

He swears a solemn oath, proclaiming laws sublime,
Roundly denounces crooks, supports victims of crime,
And underneath the sky's suspended canopy
Grows drunk on his own virtue and integrity.

Yes, these men, burdened by the chores of daily life,
Worn out by age and tormented by toil and strife,
Weighed down by all their woes, beset by fear and doubt,
Crushed by the piles of dross that Paris vomits out,

Return, redolent with the odour of the cask,
With their comrades-in-arms, pale from their daily task,
Whose whiskers droop like faded pennants as they march.
The banderols, the flowers and a triumphal arch

Rise up before their eyes, in solemn majesty!
And in the deafening and luminous orgy
Of trumpets, drums and cries, and sunlight from above,
They bring a taste of glory to a people drunk with love!

And so it is that wine, like Pactolus of old,
Bathes frivolous Mankind in dazzling streams of gold,
And in men's throats of noble deeds is wont to sing,
And by dint of its prowess reigns just like a king.

To drown their bitter thoughts and calm antipathy
In all those blighted souls who die in misery,
God, in remorse, invented sleep for everyone;
And then Man added Wine, sacred child of the Sun!

— First published in *Jean Raisin, Revue Joyeuse et vinicole*, November 1854

CVI. LE VIN DE L'ASSASSIN

Ma femme est morte, je suis libre !
Je puis donc boire tout mon soûl.
Lorsque je rentrais sans un sou,
Ses cris me déchiraient la fibre.

Autant qu'un roi je suis heureux ;
L'air est pur, le ciel admirable..
Nous avions un été semblable
Lorsque j'en devins amoureux !

L'horrible soif qui me déchire
Aurait besoin pour s'assouvir
D'autant de vin qu'en peut tenir
Son tombeau ; — ce n'est pas peu dire :

Je l'ai jetée au fond d'un puits,
Et j'ai même poussé sur elle
Tous les pavés de la margelle.
— Je l'oublierai si je le puis !

Au nom des serments de tendresse,
Dont rien ne peut nous délier,
Et pour nous réconcilier
Comme au beau temps de notre ivresse,

J'implorai d'elle un rendez-vous,
Le soir, sur une route obscure.
Elle y vint ! — folle créature !
Nous sommes tous plus ou moins fous !

Elle était encore jolie,
Quoique bien fatiguée ! et moi,
Je l'aimais trop ! voilà pourquoi
Je lui dis : Sors de cette vie !

Nul ne peut me comprendre. Un seul
Parmi ces ivrognes stupides
Songea-t-il dans ses nuits morbides
À faire du vin un linceul ?

CVI. THE MURDERER'S WINE

My wife is dead, and I am free!
Now I'll be plastered all the time.
When I came home without a dime,
Her wailing used to torture me.

I am as happy as a king;
The air is pure, the sky is blue...
Just like that summer when I knew
That a romance was blossoming!

This awful thirst that grows apace
Would need, to quench it, truth be told,
As much wine as her tomb could hold;
— And that's a pretty roomy place:

I threw her body down a well,
I even pushed on top of it
As many stones as I could fit.
— Will I forget her? Time will tell!

By virtue of our solemn oath
That nothing ever can defile,
And so that we might reconcile
Ourselves, as when we pledged our troth,

I asked to meet her once again,
One night in a secluded place.
She came, poor soul (God grant her grace!),
We are all more or less insane!

She was still such a pretty wife,
Though rather tired and worn! And I
Loved her too much! And that is why
I said to her: Depart this life!

No-one can understand my mind.
Did any sot, bemused by drink,
In his most morbid fancy think
To make a winding-sheet of wine?

LE VIN DE L'ASSASSIN

Cette crapule invulnérable
Comme les machines de fer
Jamais, ni l'été ni l'hiver,
N'a connu l'amour véritable,

Avec ses noirs enchantements,
Son cortège infernal d'alarmes,
Ses fioles de poison, ses larmes,
Ses bruits de chaîne et d'ossements !

— Me voilà libre et solitaire !
Je serai ce soir ivre mort ;
Alors, sans peur et sans remord,
Je me coucherai sur la terre,

Et je dormirai comme un chien !
Le chariot aux lourdes roues
Chargé de pierres et de boues,
Le wagon enragé peut bien

Écraser ma tête coupable
Ou me couper par le milieu,
Je m'en moque comme de Dieu,
Du Diable ou de la Sainte Table !

—Publié dans *Les Fleurs du mal*, juin 1857

THE MURDERER'S WINE

That unshakable philistine,
Impervious as a steel machine,
Even in his most ardent dream,
Love's raptures never could divine,

With its enchantments and its pains,
Its winding trail of doubts and fears,
Its poisoned chalices, its tears,
Its sounds of rattling bones and chains.

— So here I am, free and alone!
Tonight I'll be blind drunk, of course;
And then, without fear or remorse,
I shall lie down on the cold stone,

And there I'll sleep, out like a light!
The heavy wheels of a huge truck,
Loaded with earth and stones and muck,
Careering down the highway, might

As well shatter my guilty head
Or slice my body clean in two,
I've had enough of all of you,
God, Satan, and the Holy Bread!

— First published in *Les Fleurs du mal*, June 1857

CVII. LE VIN DU SOLITAIRE

Le regard singulier d'une femme galante
Qui se glisse vers nous comme le rayon blanc
Que la lune onduleuse envoie au lac tremblant,
Quand elle y veut baigner sa beauté nonchalante ;

Le dernier sac d'écus dans les doigts d'un joueur ;
Un baiser libertin de la maigre Adeline ;
Les sons d'une musique énervante et câline,
Semblable au cri lointain de l'humaine douleur,

Tout cela ne vaut pas, ô bouteille profonde,
Les baumes pénétrants que ta panse féconde
Garde au cœur altéré du poëte pieux ;

Tu lui verses l'espoir, la jeunesse et la vie,
— Et l'orgueil, ce trésor de toute gueuserie,
Qui nous rend triomphants et semblables aux Dieux !

—Publié dans *Les Fleurs du mal*, juin 1857

CVII. THE LONELY MAN'S WINE

A handsome courtesan's intoxicating gaze
That glides toward us like the pale transparent beam
The undulating moon sends to the trembling stream,
Where carelessly she bathes the beauty of her rays;

The final bag of florins in a gambler's hand,
Or a wanton embrace from slender Annaliese;
The gentle yet unnerving sounds of melodies,
Like cries of human sorrow from some distant land;

None of these things, O bottle wide and deep, is worth
The penetrating balm that your abundant girth
Reserves for the devoted poet's thirsting heart;

You give him youth and hope, those enemies of doubt,
— And pride, that priceless treasure of the down-and-out,
That gives us grandeur and, like gods, sets us apart!

— First published in *Les Fleurs du mal*, June 1857

CVIII. LE VIN DES AMANTS

Aujourd'hui l'espace est splendide !
Sans mors, sans éperons, sans bride,
Partons à cheval sur le vin
Pour un ciel féerique et divin !

Comme deux anges que torture
Une implacable calenture,
Dans le bleu cristal du matin
Suivons le mirage lointain !

Mollement balancés sur l'aile
Du tourbillon intelligent,
Dans un délire parallèle,

Ma sœur, côte à côte nageant,
Nous fuirons sans repos ni trêves
Vers le paradis de mes rêves !

—Publié dans *Les Fleurs du mal*, juin 1857

CVIII. THE LOVERS' WINE

How splendid is the world today!
Without bit or spur, lets away
Upon our mounts of heady wine
To heavens magic and divine!

Like two angels tormented by
An ardent flame that will not die,
In the bright morning's crystal blue
Let us the far mirage pursue.

Riding and rocking languidly
On an all-knowing, swirling tide,
In a parallel ecstasy,

My sister, floating side by side,
We'll follow those exotic streams
To the nirvana of my dreams!

— First published in *Les Fleurs du mal*, June 1857

FLEURS DU MAL

FLOWERS OF EVIL

CIX. LA DESTRUCTION

Sans cesse à mes côtés s'agite le Démon ;
Il nage autour de moi comme un air impalpable ;
Je l'avale et le sens qui brûle mon poumon
Et l'emplit d'un désir éternel et coupable.

Parfois il prend, sachant mon grand amour de l'Art,
La forme de la plus séduisante des femmes,
Et, sous de spécieux prétextes de cafard,
Accoutume ma lèvre à des philtres infâmes.

Il me conduit ainsi, loin du regard de Dieu,
Haletant et brisé de fatigue, au milieu
Des plaines de l'Ennui, profondes et désertes,

Et jette dans mes yeux pleins de confusion
Des vêtements souillés, des blessures ouvertes,
Et l'appareil sanglant de la Destruction !

—Publié en juin 1855 dans *Revue des deux-mondes,* dans le cadre d'un recueil de dix-huit poèmes sous le titre *Les Fleurs du mal.*

CIX. DESTRUCTION

Forever at my side, the Devil does not rest;
He hovers over me with his mysterious fire;
I breathe him in and feel him burning in my breast,
Pervading me with endless, culpable desire.

Sometimes, knowing my love of Art, he takes the shape
Of an alluring woman, proud, promiscuous,
And under specious pretexts that I can't escape,
Acquaints my eager lips with philtres infamous.

He leads me thus, far from the watchful eye of God,
Panting, and broken with fatigue, on paths untrod,
Amid the plains of Ennui, fearful and alone,

And casts before my horrified, bewildered eyes
Filthy apparel, gaping wounds of blood and bone,
And all of foul Destruction's hideous supplies!

— First published in June 1855 in *Revue des deux-mondes*, as part of a collection of eighteen poems with the title *Les Fleurs du mal*.

CX. UNE MARTYRE
Dessin d'un Maître inconnu

Au milieu des flacons, des étoffes lamées
Et des meubles voluptueux,
Des marbres, des tableaux, des robes parfumées
Qui traînent à plis somptueux,

Dans une chambre tiède où, comme en une serre,
L'air est dangereux et fatal,
Où des bouquets mourants dans leurs cercueils de verre
Exhalent leur soupir final,

Un cadavre sans tête épanche, comme un fleuve,
Sur l'oreiller désaltéré
Un sang rouge et vivant, dont la toile s'abreuve
Avec l'avidité d'un pré.

Semblable aux visions pâles qu'enfante l'ombre
Et qui nous enchaînent les yeux,
La tête, avec l'amas de sa crinière sombre
Et de ses bijoux précieux,

Sur la table de nuit, comme une renoncule,
Repose ; et, vide de pensers,
Un regard vague et blanc comme le crépuscule
S'échappe des yeux révulsés.

Sur le lit, le tronc nu sans scrupules étale
Dans le plus complet abandon
La secrète splendeur et la beauté fatale
Dont la nature lui fit don ;

Un bas rosâtre, orné de coins d'or, à la jambe,
Comme un souvenir est resté ;
La jarretière, ainsi qu'un œil secret qui flambe,
Darde un regard diamanté.

Le singulier aspect de cette solitude
Et d'un grand portrait langoureux,
Aux yeux provocateurs comme son attitude,
Révèle un amour ténébreux,

CX. A MARTYR
Drawing by an unknown Master

Amid the perfume flasks, the fabrics of lamé,
The furnishings of wealth untold,
The marbles, paintings, and the fine-scented array
Of dresses, fold on sumptuous fold,

In a room where the air is dank and vaporous,
Where fatal omens multiply,
Where dying bouquets in their glass sarcophagus
Exhale their last expiring sigh,

A headless corpse pours out, in a cascade that bursts
Onto the covers of the bed,
A tide of blood on which the fabric slakes its thirst,
A living stream of vibrant red.

Like those pale visions that entrap our curious stare,
Visions born of obscurity,
The head, with its thick mass of dark, luxuriant hair
And its expensive jewellery,

Upon a small commode, like a ranunculus,
Is resting. From unseeing eyes
A vague, bewildered look, both pale and tenebrous,
Expresses horror and surprise.

The naked torso, on the bed, lies motionless,
Displaying, by a lantern lit,
The secret splendour and the fatal comeliness
That nature had bestowed on it;

A rose-hued stocking, flecked with gold, adorns the thigh,
Like a macabre souvenir;
The garter, glistening like a secretive eye,
Emits a diamantine leer.

The singular aspect of all this solitude
And the portrait that hangs above,
With its strange eyes and its alluring attitude,
Tokens of a tenebrous love,

UNE MARTYRE

Une coupable joie et des fêtes étranges
Pleines de baisers infernaux,
Dont se réjouissait l'essaim des mauvais anges
Nageant dans les plis des rideaux ;

Et cependant, à voir la maigreur élégante
De l'épaule au contour heurté,
La hanche un peu pointue et la taille fringante
Ainsi qu'un reptile irrité,

Elle est bien jeune encor ! — Son âme exaspérée
Et ses sens par l'ennui mordus
S'étaient-ils entr'ouverts à la meute altérée
Des désirs errants et perdus ?

L'homme vindicatif que tu n'as pu, vivante,
Malgré tant d'amour, assouvir,
Combla-t-il sur ta chair inerte et complaisante
L'immensité de son désir ?

Réponds, cadavre impur ! et par tes tresses roides
Te soulevant d'un bras fiévreux,
Dis-moi, tête effrayante, a-t-il sur tes dents froides
Collé les suprêmes adieux ?

— Loin du monde railleur, loin de la foule impure,
Loin des magistrats curieux,
Dors en paix, dors en paix, étrange créature,
Dans ton tombeau mystérieux ;

Ton époux court le monde, et ta forme immortelle
Veille près de lui quand il dort ;
Autant que toi sans doute il te sera fidèle,
Et constant jusques à la mort.

—Publié dans *Les Fleurs du mal*, juin 1857

A MARTYR

Reveal clandestine joys and esoteric rites,
Infernal lecheries untold,
Of which malignant angels savoured the delights,
Secreted in the curtains' folds;

And yet, to judge by the seductive shapeliness
Of the exquisite shoulder's rake,
The slightly pointed hips, the waistline's slenderness,
Suggestive of a writhing snake,

She is still young! — Did her exasperated soul,
Her senses, gnawed by deep ennui,
Give way to wandering desires, losing control
In frenzies of debauchery?

That vengeful man whose lust, living, you could not sate
Despite much love, nor quench his fire,
Did he upon your yielding body consummate
The magnitude of his desire?

Reply, impure cadaver! By your abundant hair
Uplifting you with fevered fist,
Tell me, macabre head, did he, holding you there,
Plant on your teeth his farewell kiss?

— Far from the sneering world, the saturnalian crowd,
The curious inquisitor,
Sleep, bizarre creature, sleep in peace beneath the shroud
Of your mysterious sepulchre;

Your spouse will roam the world, and your immortal wraith
Will watch his every sleeping breath;
No doubt, as you do, he will likewise keep the faith,
And remain constant until death.

— First published in *Les Fleurs du mal*, June 1857

CXI. FEMMES DAMNÉES

Comme un bétail pensif sur le sable couchées,
Elles tournent leurs yeux vers l'horizon des mers,
Et leurs pieds se cherchant et leurs mains rapprochées
Ont de douces langueurs et des frissons amers.

Les unes, cœurs épris des longues confidences,
Dans le fond des bosquets où jasent les ruisseaux,
Vont épelant l'amour des craintives enfances
Et creusent le bois vert des jeunes arbrisseaux ;

D'autres, comme des sœurs, marchent lentes et graves
À travers les rochers pleins d'apparitions,
Où saint Antoine a vu surgir comme des laves
Les seins nus et pourprés de ses tentations ;

Il en est, aux lueurs des résines croulantes,
Qui dans le creux muet des vieux antres païens
T'appellent au secours de leurs fièvres hurlantes,
Ô Bacchus, endormeur des remords anciens !

Et d'autres, dont la gorge aime les scapulaires,
Qui, recélant un fouet sous leurs longs vêtements,
Mêlent, dans le bois sombre et les nuits solitaires,
L'écume du plaisir aux larmes des tourments.

Ô vierges, ô démons, ô monstres, ô martyres,
De la réalité grands esprits contempteurs,
Chercheuses d'infini, dévotes et satyres,
Tantôt pleines de cris, tantôt pleines de pleurs,

Vous que dans votre enfer mon âme a poursuivies,
Pauvres sœurs, je vous aime autant que je vous plains,
Pour vos mornes douleurs, vos soifs inassouvies,
Et les urnes d'amour dont vos grands cœurs sont pleins !

—Publié dans *Les Fleurs du mal*, juin 1857

CXI. DAMNED WOMEN

Like contemplative beasts recumbent on the sands,
They scan the skyline of the ocean with their eyes,
And feet caressing feet, and hands entwined in hands,
They temper bitter thoughts with gentle languid sighs.

Some, whose hearts are engaged in long communion,
Deep in secluded groves where babbling brooklets flow,
Inscribing childlike words of love and union
Upon the virgin bark where verdant saplings grow;

Others, like nuns, walk slowly, gravely and in fear
Across the rocky paths beneath the mountain crests,
Where once Saint Anthony in visions saw appear,
To tempt him, an array of naked rose-hued breasts;

Some there are who, lit by a resin lamp's dull flame,
Deep in the silent hollow of some pagan place,
To calm their wretched fevers loudly call your name,
O Bacchus, sleep-inducing healer of malaise!

And others, with a liking for monastic dress,
Who, with a whip concealed in their accoutrement,
Mingle, in sombre woods and nights of loneliness,
The froth of pleasure with the tears of their torment.

O virgins, demons, monsters, martyrs, debauchees,
Great spirits who are scornful of reality,
Seeking infinity, sirens and devotees,
Now uttering loud cries, now weeping bitterly,

Poor sisters, whom my soul has followed in your hell,
I love you and I pity you in equal parts,
For all your dark despair, your thirsts life cannot quell,
And those great urns of love that fill your bounteous hearts!

— First published in *Les Fleurs du mal*, June 1857

CXII. LES DEUX BONNES SŒURS

La Débauche et la Mort sont deux aimables filles,
Prodigues de baisers et riches de santé,
Dont le flanc toujours vierge et drapé de guenilles
Sous l'éternel labeur n'a jamais enfanté.

Au poëte sinistre, ennemi des familles,
Favori de l'enfer, courtisan mal renté,
Tombeaux et lupanars montrent sous leurs charmilles
Un lit que le remords n'a jamais fréquenté.

Et la bière et l'alcôve en blasphèmes fécondes
Nous offrent tour à tour, comme deux bonnes sœurs,
De terribles plaisirs et d'affreuses douceurs.

Quand veux-tu m'enterrer, Débauche aux bras immondes ?
Ô Mort, quand viendras-tu, sa rivale en attraits,
Sur ses myrtes infects enter tes noirs cyprès ?

—Publié dans *Les Fleurs du mal*, juin 1857

CXII. THE TWO GOOD SISTERS

Debauchery and Death are two endearing twins,
Replete with the delights and pleasures of this earth,
Whose rag-clad virgin loins, unsullied by their sins,
Forever labouring, have never given birth.

To the sinister poet, foe of families,
Favoured by the abyss, sycophant on low pay,
Both tomb and bawdy house show in their sanctuaries
A bed in which remorse and penance never lay.

The alcove and the bier, both rich in blasphemy,
Offer us each in turn, like sisters good and true,
Sweet lusts and dreadful pleasures to enchant anew.

When will you bury me, corrupt Debauchery?
O Death, who rival her allure, when will it be
That you graft your black cypress onto her myrtle tree?

— First published in *Les Fleurs du mal*, June 1857

CXIII. LA FONTAINE DE SANG

Il me semble parfois que mon sang coule à flots,
Ainsi qu'une fontaine aux rhythmiques sanglots.
Je l'entends bien qui coule avec un long murmure,
Mais je me tâte en vain pour trouver la blessure.

À travers la cité, comme dans un champ clos,
Il s'en va, transformant les pavés en îlots,
Désaltérant la soif de chaque créature,
Et partout colorant en rouge la nature.

J'ai demandé souvent à des vins captieux
D'endormir pour un jour la terreur qui me mine ;
Le vin rend l'œil plus clair et l'oreille plus fine !

J'ai cherché dans l'amour un sommeil oublieux ;
Mais l'amour n'est pour moi qu'un matelas d'aiguilles
Fait pour donner à boire à ces cruelles filles !

— Publié dans *Les Fleurs du mal*, juin 1857

CXIII. THE FOUNTAIN OF BLOOD

Sometimes it seems to me my blood is flowing free,
Bubbling as from a fountain, sobbing rhythmically.
I hear it flowing like a steady stream of rain,
But though I seek the wound, I always seek in vain.

Across the city streets, as in a battle zone,
It goes, making an island of each paving stone,
Quenching the thirst of every living creature there,
And colouring in crimson nature everywhere.

I've often asked for succour from beguiling wine
To dull the pain I feel, if only for a night!
But wine augments the hearing and enhances sight!

I've sought in carnal love oblivion divine,
But love for me is but a painful bed of thorns
That proffers food and drink to those ungrateful whores!

— First published in *Les Fleurs du mal*, June 1857

CXIV. ALLÉGORIE

C'est une femme belle et de riche encolure,
Qui laisse dans son vin traîner sa chevelure.
Les griffes de l'amour, les poisons du tripot,
Tout glisse et tout s'émousse au granit de sa peau.
Elle rit à la Mort et nargue la Débauche,
Ces monstres dont la main, qui toujours gratte et fauche,
Dans ses jeux destructeurs a pourtant respecté
De ce corps ferme et droit la rude majesté.
Elle marche en déesse et repose en sultane ;
Elle a dans le plaisir la foi mahométane,
Et dans ses bras ouverts, que remplissent ses seins,
Elle appelle des yeux la race des humains.
Elle croit, elle sait, cette vierge inféconde
Et pourtant nécessaire à la marche du monde,
Que la beauté du corps est un sublime don
Qui de toute infamie arrache le pardon.
Elle ignore l'Enfer comme le Purgatoire,
Et quand l'heure viendra d'entrer dans la Nuit noire,
Elle regardera la face de la Mort,
Ainsi qu'un nouveau-né, — sans haine et sans remords.

—Publié dans *Les Fleurs du mal*, juin 1857

CXIV. ALLEGORY

Picture a woman whose allurements are divine,
Her silken tresses trailing in her scarlet wine.
The claws of love, the poisons of those dens of sin,
Slide over and are blunted on her granite skin.
She treats Death with disdain and mocks Debauchery,
Those monsters whose strong hands are working constantly
At their destructive games, yet have shown fealty
To her exquisite body's untamed majesty.
A goddess when she walks, a sultana at leisure,
She shows unyielding faith in her pursuit of pleasure.
Her eyes, her ample breasts, and her wide-open arms
Invite the human race to celebrate her charms.
She thinks, indeed she knows, that she cannot give birth
And yet she is so vital to this complex earth.
She knows that woman's beauty is a gift sublime
That warrants absolution from all heinous crime.
She knows nothing of Hell, nor yet of Purgatory,
And when her time is come to face eternity,
She'll look Death in the face, and she'll accept her fate,
Just like a new-born child, — without remorse or hate.

— First published in *Les Fleurs du mal*, June 1857

CXV. LA BÉATRICE

Dans des terrains cendreux, calcinés, sans verdure,
Comme je me plaignais un jour à la nature,
Et que de ma pensée, en vaguant au hasard,
J'aiguisais lentement sur mon cœur le poignard,
Je vis en plein midi descendre sur ma tête
Un nuage funèbre et gros d'une tempête,
Qui portait un troupeau de démons vicieux,
Semblables à des nains cruels et curieux.
À me considérer froidement ils se mirent,
Et, comme des passants sur un fou qu'ils admirent,
Je les entendis rire et chuchoter entre eux,
En échangeant maint signe et maint clignement d'yeux :

— « Contemplons à loisir cette caricature
Et cette ombre d'Hamlet imitant sa posture,
Le regard indécis et les cheveux au vent.
N'est-ce pas grand'pitié de voir ce bon vivant,
Ce gueux, cet histrion en vacances, ce drôle,
Parce qu'il sait jouer artistement son rôle,
Vouloir intéresser au chant de ses douleurs
Les aigles, les grillons, les ruisseaux et les fleurs,
Et même à nous, auteurs de ces vieilles rubriques,
Réciter en hurlant ses tirades publiques ? »

J'aurais pu (mon orgueil aussi haut que les monts
Domine la nuée et le cri des démons)
Détourner simplement ma tête souveraine,
Si je n'eusse pas vu parmi leur troupe obscène,
Crime qui n'a pas fait chanceler le soleil !
La reine de mon cœur au regard nonpareil,
Qui riait avec eux de ma sombre détresse
Et leur versait parfois quelque sale caresse.

—Publié dans *Les Fleurs du mal*, juin 1857

CXV. THE BEATRICE

As through a barren land I wandered aimlessly,
Berating nature and complaining bitterly,
Sharpening slowly on the whetstone of my heart
The knife with which my thoughts were tearing me apart,
I saw, in the full noon, descending on my head,
A huge macabre cloud that filled my soul with dread,
For therein I beheld a veritable horde
Of vicious dwarf-like demons, nodding in accord.
Sullenly they began to look me up and down,
And, just as passers-by might stop to watch a clown,
I heard them sniggering and talking quietly,
Exchanging gestures as their eyes examined me:

— "Let's take a while to contemplate this travesty
Who Hamlet's tragic posture seeks to parody,
With indecisive look and long, dishevelled hair.
Is it not pitiful to see the anxious stare
Of this penniless hack trying to play a part?
For he's convinced that he is practised in his art,
Seeking to entertain, with his dull tales of woe,
The eagles, crickets, flowers, even the streams that flow,
And even we, the authors of these old conceits,
Must hear the long tirades he shouts about the streets!"

I could (being the lord and master of my pride
That soars above the peaks and clouds) have turned aside
Serenely from those demons' insults, and ignored
Their jibes, had I not seen, among that loathsome horde,
A crime that might have caused the sun itself to move!
The queen of my desire, my one and only love,
Laughing aloud with them and mocking my distress,
And even sharing with them an obscene caress.

— First published in *Les Fleurs du mal*, June 1857

CXVI. UN VOYAGE À CYTHÈRE

Mon cœur, comme un oiseau, voltigeait tout joyeux
Et planait librement à l'entour des cordages ;
Le navire roulait sous un ciel sans nuages,
Comme un ange enivré d'un soleil radieux.

Quelle est cette île triste et noire ? — C'est Cythère,
Nous dit-on, un pays fameux dans les chansons,
Eldorado banal de tous les vieux garçons.
Regardez, après tout, c'est une pauvre terre.

— Île des doux secrets et des fêtes du cœur !
De l'antique Vénus le superbe fantôme
Au-dessus de tes mers plane comme un arome,
Et charge les esprits d'amour et de langueur.

Belle île aux myrtes verts, pleine de fleurs écloses,
Vénérée à jamais par toute nation,
Où les soupirs des cœurs en adoration
Roulent comme l'encens sur un jardin de roses

Ou le roucoulement éternel d'un ramier !
— Cythère n'était plus qu'un terrain des plus maigres,
Un désert rocailleux troublé par des cris aigres.
J'entrevoyais pourtant un objet singulier !

Ce n'était pas un temple aux ombres bocagères,
Où la jeune prêtresse, amoureuse des fleurs,
Allait, le corps brûlé de secrètes chaleurs,
Entre-bâillant sa robe aux brises passagères ;

Mais voilà qu'en rasant la côte d'assez près
Pour troubler les oiseaux avec nos voiles blanches,
Nous vîmes que c'était un gibet à trois branches,
Du ciel se détachant en noir, comme un cyprès.

De féroces oiseaux perchés sur leur pâture
Détruisaient avec rage un pendu déjà mûr,
Chacun plantant, comme un outil, son bec impur
Dans tous les coins saignants de cette pourriture ;

CXVI. A VOYAGE TO CYTHERA

My spirit, like a bird, was winging joyfully,
Hovering free about the rigging, soaring high;
Our ship sailed peacefully beneath a cloudless sky,
An angel spellbound by the sun's resplendency.

What is this gloomy isle, this sombre port of call?
— It's Cythera, we're told, a land famous in song,
Banal utopia for which old roués long.
But look, it's just a dismal country after all.

— Island of tender secrets and pageants of the heart!
The proud spirit of Venus hovers fragrantly
Above your fabled seas, as in antiquity,
Upon enchanted souls love's languor to impart.

Fair isle of myrtles green and flowers that disclose
Their charms to every nation's venerating eyes,
Where of adoring hearts the ever-loving sighs
Imbue with incense gardens of sweet-scented rose

Or mingle sweetly with a dove's eternal moan!
— Cythera had become a landscape bleak and bare,
A rock-strewn desert where shrill cries pervade the air.
However, I discerned something that stood alone!

It was no ancient temple shaded by tall trees,
Where a young priestess, lover of exotic flowers,
Obsessed by secret dreams, might while away the hours,
Her silken robe half open to the passing breeze;

For when we were as close to shore as we could get,
Our silver sails dispersing ravens in their flight,
We saw a three-armed gibbet standing there, upright
Against the azure sky, in sombre silhouette.

Ferocious birds were perched upon their carrion prey,
A rotting corpse that must have hung there for a week,
Each planting the sharp point of its repulsive beak
Into each bloody corner of that foul decay;

UN VOYAGE À CYTHÈRE

Les yeux étaient deux trous, et du ventre effondré
Les intestins pesants lui coulaient sur les cuisses,
Et ses bourreaux, gorgés de hideuses délices,
L'avaient à coups de bec absolument châtré.

Sous les pieds, un troupeau de jaloux quadrupèdes,
Le museau relevé, tournoyait et rôdait ;
Une plus grande bête au milieu s'agitait
Comme un exécuteur entouré de ses aides.

Habitant de Cythère, enfant d'un ciel si beau,
Silencieusement tu souffrais ces insultes
En expiation de tes infâmes cultes
Et des péchés qui t'ont interdit le tombeau.

Ridicule pendu, tes douleurs sont les miennes !
Je sentis, à l'aspect de tes membres flottants,
Comme un vomissement, remonter vers mes dents
Le long fleuve de fiel des douleurs anciennes ;

Devant toi, pauvre diable au souvenir si cher,
J'ai senti tous les becs et toutes les mâchoires
Des corbeaux lancinants et des panthères noires
Qui jadis aimaient tant à triturer ma chair.

— Le ciel était charmant, la mer était unie ;
Pour moi tout était noir et sanglant désormais,
Hélas ! et j'avais, comme en un suaire épais,
Le cœur enseveli dans cette allégorie.

Dans ton île, ô Vénus ! je n'ai trouvé debout
Qu'un gibet symbolique où pendait mon image...
— Ah ! Seigneur ! donnez-moi la force et le courage
De contempler mon cœur et mon corps sans dégoût !

—Publié en juin 1855 dans la *Revue des deux-mondes,* dans le cadre d'un recueil de dix-huit poèmes sous le titre *Les Fleurs du mal.*

A VOYAGE TO CYTHERA

The eyes were just two holes, and from the open loin
The intestines spilled out and fell onto the thighs,
And his torturers had, O hideous surprise!
Ripped out the very manhood from his gaping groin.

Beneath the feet, a herd of jealous quadrupeds
Circled impatiently, sniffing the putrid air;
And a much larger beast, prowling amongst them there,
Seemed like an executioner among his aides.

Native of Cythera, child of its bounteous womb,
You suffered silently and paid an awful price
In expiation for your infamy and vice,
And all the sins that have deprived you of a tomb.

Ridiculous hanged man, I share all of your pain!
And, seeing your limbs hanging there, I must confess
I felt the nausea ascending in my breast,
The gall of former sorrows rising once again;

Poor devil, you stirred in me memories afresh;
I felt each pecking beak and every gnashing tooth
Of those rapacious crows and panthers of my youth,
Who once took such delight in savouring my flesh.

— The sky was azure blue, and calm suffused the sea;
For me all had become a bloodstained, sombre cloud,
Alas! and as if wrapped in a funereal shroud,
My heart was buried deep inside this allegory.

O Venus, I found nothing on your island! Just
A token gibbet from which hung my effigy...
— O Lord! give me the strength and the tenacity
To view my body and my soul without disgust!

— First published in June 1855 in *Revue des deux-mondes,* as part of a collection of eighteen poems with the title *Les Fleurs du mal.*

CXVII. L'AMOUR ET LE CRÂNE
Vieux cul-de-lampe

L'Amour est assis sur le crâne
De l'Humanité,
Et sur ce trône le profane,
Au rire effronté,

Souffle gaiement des bulles rondes
Qui montent dans l'air,
Comme pour rejoindre les mondes
Au fond de l'éther.

Le globe lumineux et frêle
Prend un grand essor,
Crève et crache son âme grêle
Comme un songe d'or.

J'entends le crâne à chaque bulle
Prier et gémir :
— « Ce jeu féroce et ridicule,
Quand doit-il finir ?

Car ce que ta bouche cruelle
Éparpille en l'air,
Monstre assassin, c'est ma cervelle,
Mon sang et ma chair ! »

—Publié en juin 1855 dans la *Revue des deux-mondes,* dans le cadre d'un recueil de dix-huit poèmes sous le titre *Les Fleurs du mal.*

CXVII. LOVE AND THE SKULL
Old Tailpiece

Love is seated on the skull
Of Humanity;
Thus enthroned this heathen, full
Of effrontery,

Blows round bubbles that unfurl
And ascend apace,
As if seeking other worlds
In the depths of space.

This translucent fragile sphere
Takes its rapid flight,
Bursts, and spits its contents clear
Out into the night.

When each bubble bursts, the skull
Trembles, and entreats:
— "This mad game is pitiful,
When is it to cease?

For what your foul bubbles rain
Down in copious flood,
Vile assassin, is my brain,
My flesh and my blood!"

— First published in June 1855 in *Revue des deux-mondes,* as part of a collection of eighteen poems with the title *Les Fleurs du mal.*

RÉVOLTE

REVOLT

CXVIII. LE RENIEMENT DE SAINT PIERRE

Qu'est-ce que Dieu fait donc de ce flot d'anathèmes
Qui monte tous les jours vers ses chers Séraphins ?
Comme un tyran gorgé de viande et de vins,
Il s'endort au doux bruit de nos affreux blasphèmes.

Les sanglots des martyrs et des suppliciés
Sont une symphonie enivrante sans doute,
Puisque, malgré le sang que leur volupté coûte,
Les cieux ne s'en sont point encore rassasiés !

— Ah ! Jésus, souviens-toi du Jardin des Olives !
Dans ta simplicité tu priais à genoux
Celui qui dans son ciel riait au bruit des clous
Que d'ignobles bourreaux plantaient dans tes chairs vives,

Lorsque tu vis cracher sur ta divinité
La crapule du corps de garde et des cuisines,
Et lorsque tu sentis s'enfoncer les épines
Dans ton crâne où vivait l'immense Humanité ;

Quand de ton corps brisé la pesanteur horrible
Allongeait tes deux bras distendus, que ton sang
Et ta sueur coulaient de ton front pâlissant,
Quand tu fus devant tous posé comme une cible,

Rêvais-tu de ces jours si brillants et si beaux
Où tu vins pour remplir l'éternelle promesse,
Où tu foulais, monté sur une douce ânesse,
Des chemins tout jonchés de fleurs et de rameaux,

Où, le cœur tout gonflé d'espoir et de vaillance,
Tu fouettais tous ces vils marchands à tour de bras,
Où tu fus maître enfin ? Le remords n'a-t-il pas
Pénétré dans ton flanc plus avant que la lance ?

— Certes, je sortirai, quant à moi, satisfait
D'un monde où l'action n'est pas la sœur du rêve ;
Puissé-je user du glaive et périr par le glaive !
Saint Pierre a renié Jésus... il a bien fait !

—Publié dans *Revue de Paris*, octobre 1852

CXVIII. SAINT PETER'S DENIAL

What then does God do with this flood of blasphemy
That rises daily to his Seraphim divine?
Like any tyrant who has gorged on meat and wine,
He falls asleep, lulled by our vile profanity.

The sobs of martyrs and the cries of tortured men
Are doubtless an intoxicating symphony
Because, though for their sins they have paid heavily,
The heavens have by no means had their fill of them!

— Jesus, think of the Garden of Gethsemane!
When you knelt down to pray, in all simplicity,
To him who in his heaven mocked your misery
When into your live flesh the nails sank painfully;

When you heard men deriding your divinity,
Blackguards and ruffians who wished to see you dead,
And when you felt the thorns sink deep into your head,
In which there dwelt the whole of our Humanity;

When the weight of your broken body, once so proud,
Stretched your extended arms, and when your sweat and blood
Flowed from your livid brow in an incessant flood,
When you were raised in martyrdom before the crowd,

Did you dream of those glorious days and wondrous hours
When you came to fulfil the covenant of God,
When, seated on an ass, in majesty you trod
The streets bestrewn with palms and garlanded with flowers,

When, buoyed by faith and hope, devoid of doubt or fear,
You castigated moneylenders with such force,
In other words, when you were master, did remorse
Not pierce your side far deeper than the soldier's spear?

— For my part, I shall leave this world well satisfied,
This world where dream and action dwell in disaccord;
Let me live by the sword and perish by the sword!
Saint Peter denied Jesus... he was justified!

—First published in *Revue de Paris*, October 1852

CXIX. ABEL ET CAÏN

I

Race d'Abel, dors, bois et mange ;
Dieu te sourit complaisamment.

Race de Caïn, dans la fange
Rampe et meurs misérablement.

Race d'Abel, ton sacrifice
Flatte le nez du Séraphin !

Race de Caïn, ton supplice
Aura-t-il jamais une fin ?

Race d'Abel, vois tes semailles
Et ton bétail venir à bien ;

Race de Caïn, tes entrailles
Hurlent la faim comme un vieux chien.

Race d'Abel, chauffe ton ventre
À ton foyer patriarcal ;

Race de Caïn, dans ton antre
Tremble de froid, pauvre chacal !

Race d'Abel, aime et pullule !
Ton or fait aussi des petits.

Race de Caïn, cœur qui brûle,
Prends garde à ces grands appétits.

Race d'Abel, tu croîs et broutes
Comme les punaises des bois !

Race de Caïn, sur les routes
Traîne ta famille aux abois.

CXIX. ABEL AND CAIN

I

Tribe of Abel, eat, drink and sleep;
God smiles on you indulgently.

Tribe of Cain, slither and creep
Through the mire; die miserably.

Tribe of Abel, your sacrifice
Is pleasing to the Seraphim!

Tribe of Cain, when will the price
That you must pay satisfy Him?

Tribe of Abel, your flocks thrive
And your healthy crops abound;

Tribe of Cain, to stay alive
You eat the scraps that you have found.

Tribe of Abel, take your ease
At the patriarchal fire;

Tribe of Cain, tremble and freeze
Like a jackal in the mire!

Tribe of Abel, love, increase!
Your gold brings forth new progeny.

Tribe of Cain, take heed and cease
Your appetite for cruelty.

Abel's tribe, you feed and grow
Like insects boring endlessly!

Tribe of Cain, your people go
In fear and insecurity.

ABEL ET CAÏN

II

Ah ! race d'Abel, ta charogne
Engraissera le sol fumant !

Race de Caïn, ta besogne
N'est pas faite suffisamment ;

Race d'Abel, voici ta honte :
Le fer est vaincu par l'épieu !

Race de Caïn, au ciel monte,
Et sur la terre jette Dieu !

—Publié dans *Les Fleurs du mal,* juin 1857

ABEL AND CAIN

II

Tribe of Abel, your remains
Will fertilise the steaming soil!

Tribe of Cain, it still remains
For you to profit from your toil;

Tribe of Abel, to your shame
The plough is vanquished by the sword!

Tribe of Cain, now stake your claim
To heaven and cast out the Lord!

— First published in *Les Fleurs du mal*, June 1857

CXX. LES LITANIES DE SATAN

Ô toi, le plus savant et le plus beau des Anges,
Dieu trahi par le sort et privé de louanges,

Ô Satan, prends pitié de ma longue misère !

Ô Prince de l'exil, à qui l'on a fait tort,
Et qui, vaincu, toujours te redresses plus fort,

Ô Satan, prends pitié de ma longue misère !

Toi qui sais tout, grand roi des choses souterraines,
Guérisseur familier des angoisses humaines,

Ô Satan, prends pitié de ma longue misère !

Toi qui, même aux lépreux, aux parias maudits,
Enseignes par l'amour le goût du Paradis,

Ô Satan, prends pitié de ma longue misère !

Ô toi qui de la Mort, ta vieille et forte amante,
Engendras l'Espérance, — une folle charmante !

Ô Satan, prends pitié de ma longue misère !

Toi qui fais au proscrit ce regard calme et haut
Qui damne tout un peuple autour d'un échafaud,

Ô Satan, prends pitié de ma longue misère !

Toi qui sais en quels coins des terres envieuses
Le Dieu jaloux cacha les pierres précieuses,

Ô Satan, prends pitié de ma longue misère !

Toi dont l'œil clair connaît les profonds arsenaux
Où dort enseveli le peuple des métaux,

Ô Satan, prends pitié de ma longue misère !

CXX. THE LITANIES OF SATAN

O fairest of all Angels, wise in all your ways,
Spirit betrayed by destiny, deprived of praise,

O Satan, pity me in my long misery!

O Prince of exile who from men have suffered wrong
And who, vanquished, always stand up again more strong,

O Satan, pity me in my long misery!

O great all-knowing king of subterranean things,
Familiar healer of all human sufferings,

O Satan, pity me in my long misery!

You who give lepers and all those whom men despise,
Through your eternal love, a taste of Paradise,

O Satan, pity me in my long misery!

You who, even from Death, your old and trusted mate,
Knew how to fashion Hope, - that charming opiate!

O Satan, pity me in my long misery!

You who lend the doomed man a bearing calm and proud
Upon the scaffold, bringing shame upon the crowd,

O Satan, pity me in my long misery!

You who know in what corners of this envious earth
A jealous God secreted gemstones of great worth,

O Satan, pity me in my long misery!

You whose clear eye can see the arsenals and stores
Where lie, in slumber deep, great tribes of precious ores,

O Satan, pity me in my long misery!

LES LITANIES DE SATAN

Toi dont la large main cache les précipices
Au somnambule errant au bord des édifices,

Ô Satan, prends pitié de ma longue misère

Toi qui, magiquement, assouplis les vieux os
De l'ivrogne attardé foulé par les chevaux,

Ô Satan, prends pitié de ma longue misère !

Toi qui, pour consoler l'homme frêle qui souffre,
Nous appris à mêler le salpêtre et le soufre,

Ô Satan, prends pitié de ma longue misère !

Toi qui poses ta marque, ô complice subtil,
Sur le front du Crésus impitoyable et vil,

Ô Satan, prends pitié de ma longue misère !

Toi qui mets dans les yeux et dans le cœur des filles
Le culte de la plaie et l'amour des guenilles,

Ô Satan, prends pitié de ma longue misère !

Bâton des exilés, lampe des inventeurs,
Confesseur des pendus et des conspirateurs,

Ô Satan, prends pitié de ma longue misère !

Père adoptif de ceux qu'en sa noire colère
Du paradis terrestre a chassés Dieu le Père,

Ô Satan, prends pitié de ma longue misère !

THE LITANIES OF SATAN

You whose broad hand conceals the fatal precipice
From the sleepwalker lost atop an edifice,

O Satan, pity me in my long misery!

You who know how to render supple ageing bones
Of drunks trampled by horses on the cobblestones,

O Satan, pity me in my long misery!

You who, to comfort frail and suffering mankind,
Taught us how sulphur and saltpetre are combined,

O Satan, pity me in my long misery!

You who inscribe your mark, O comrade full of guile,
On the brow of a Croesus, pitiless and vile,

O Satan, pity me in my long misery!

You who, upon the eyes and hearts of kindly whores,
Bestowed a love of ragged clothes and bleeding sores,

O Satan, pity me in my long misery!

Staff of the exiled, guiding lamp of pioneers,
Confessor of condemned men and conspirators,

O Satan, pity me in my long misery!

Adoptive father of all those whom in his wrath
The Lord God banished from his paradise on earth,

O Satan, pity me in my long misery!

LES LITANIES DE SATAN

PRIÈRE

Gloire et louage à toi, Satan, dans les hauteurs
Du Ciel, où tu régnas, et dans les profondeurs
De l'Enfer, où, vaincu, tu rêves en silence !
Fais que mon âme un jour, sous l'Arbre de Science,
Près de toi se repose, à l'heure où sur ton front
Comme un Temple nouveau ses rameaux s'épandront !

—Publié dans *Les Fleurs du mal*, juin 1857

THE LITANIES OF SATAN

PRAYER

All praise and glory, Satan, be to you on high,
In Heaven where you reigned, and in Hell where you lie
Defeated, dreaming silently! Grant that I may
Repose my weary soul beside your own one day,
Beneath the Tree of Knowledge whose branches shall spread
Like a resurgent Temple over your proud head!

— First published in *Les Fleurs du mal*, June 1857

LA MORT

DEATH

CXXI. LA MORT DES AMANTS

Nous aurons des lits pleins d'odeurs légères,
Des divans profonds comme des tombeaux,
Et d'étranges fleurs sur des étagères,
Écloses pour nous sous des cieux plus beaux.

Usant à l'envi leurs chaleurs dernières,
Nos deux cœurs seront deux vastes flambeaux,
Qui réfléchiront leurs doubles lumières
Dans nos deux esprits, ces miroirs jumeaux.

Un soir fait de rose et de bleu mystique,
Nous échangerons un éclair unique,
Comme un long sanglot, tout chargé d'adieux ;

Et plus tard un Ange, entr'ouvrant les portes,
Viendra ranimer, fidèle et joyeux,
Les miroirs ternis et les flammes mortes.

—Publié dans *Le Messager de l'Assemblée,* avril 1851

CXXI. THE LOVERS' DEATH

We shall have beds imbued with subtle scents,
With ottomans as deep as any tomb,
And shelves of flowers strangely redolent,
That under fairer skies for us will bloom.

Burning ever more ardent and more bright,
Our hearts will shine like beacons from above,
Each sending forth its pure reflected light
To the twin mirrors of our endless love.

One evening made of rose and mystic blue,
We shall exchange an ultimate adieu,
A last scintilla of this earthly life;

And later an Angelic form will pass,
To faithfully and joyously revive
The dormant embers and the tarnished glass.

— First published in Le Messager de l'Assemblée, April 1851

CXXII. LA MORT DES PAUVRES

C'est la Mort qui console, hélas ! et qui fait vivre ;
C'est le but de la vie, et c'est le seul espoir
Qui, comme un élixir, nous monte et nous enivre,
Et nous donne le cœur de marcher jusqu'au soir ;

À travers la tempête, et la neige, et le givre,
C'est la clarté vibrante à notre horizon noir ;
C'est l'auberge fameuse inscrite sur le livre,
Où l'on pourra manger, et dormir, et s'asseoir ;

C'est un Ange qui tient dans ses doigts magnétiques
Le sommeil et le don des rêves extatiques,
Et qui refait le lit des gens pauvres et nus ;

C'est la gloire des Dieux, c'est le grenier mystique,
C'est la bourse du pauvre et sa patrie antique,
C'est le portique ouvert sur les Cieux inconnus !

—Publié dans *Les Fleurs du mal,* juin 1857

CXXII. THE DEATH OF THE POOR

It's Death that comforts us, alas! and makes us live;
It is our lifetime's aim, our only hope and friend;
It fills us like an elixir, and seems to give
Us strength to tread the path of life unto the end;

As we traverse the storms, the winters bleak and cold,
Upon our dark horizon it's the radiant beam;
It is the famous inn of which the book once told,
Where we shall sit and eat, and sleep, and idly dream;

An Angel whose magnetic fingers hold the key
That brings the gift of sleep and blissful reverie,
Who makes the bed in which the naked pauper lies;

It is the mystic granary, the promised land,
It is the poor man's purse, his ancient fatherland,
It is the open portal to the unknown Skies!

— First published in *Les Fleurs du mal*, June 1857

CXXIII. LA MORT DES ARTISTES

Combien faut-il de fois secouer mes grelots
Et baiser ton front bas, morne caricature ?
Pour piquer dans le but, de mystique nature,
Combien, ô mon carquois, perdre de javelots ?

Nous userons notre âme en de subtils complots,
Et nous démolirons mainte lourde armature,
Avant de contempler la grande Créature
Dont l'infernal désir nous remplit de sanglots !

Il en est qui jamais n'ont connu leur Idole,
Et ces sculpteurs damnés et marqués d'un affront,
Qui vont se martelant la poitrine et le front,

N'ont qu'un espoir, étrange et sombre Capitole !
C'est que la Mort, planant comme un soleil nouveau,
Fera s'épanouir les fleurs de leur cerveau !

— Publié dans *Le Messager de l'Assemblée,* avril 1851

CXXIII. THE DEATH OF ARTISTS

How often must I shake my little bells, and deign
To kiss your lowly brow, pathetic travesty?
To pierce your bull's-eye, target full of mystery,
How many arrows must my quiver give in vain?

We shall consume our souls in many subtle schemes,
And we'll demolish many armatures before
We contemplate the great Creation we adore,
For which we yearn and weep in our most ardent dreams!

Those who have never known the Idol of their soul,
The sculptors who are damned and suffer obloquy,
Who go beating their breast and brow despairingly,

Have but one hope, bizarre and sombre Capitol!
It is that Death, like a new sun above their tomb,
Will make the flowers of their spirit grow and bloom!

— First published in *Le Messager de l'Assemblée,* April 1851

CXXIV. LA FIN DE LA JOURNÉE

Sous une lumière blafarde
Court, danse et se tord sans raison
La Vie, impudente et criarde.
Aussi, sitôt qu'à l'horizon

La nuit voluptueuse monte,
Apaisant tout, même la faim,
Effaçant tout, même la honte,
Le Poëte se dit : « Enfin !

Mon esprit, comme mes vertèbres,
Invoque ardemment le repos ;
Le cœur plein de songes funèbres,

Je vais me coucher sur le dos
Et me rouler dans vos rideaux,
Ô rafraîchissantes ténèbres ! »

—Publié dans *Les Fleurs du mal*, mai 1861

CXXIV. THE END OF THE DAY

Beneath a pale, depressing light,
Twisting and dancing pointlessly
Goes Life, gaudy and uncontrite.
And so, when Night voluptuously

On the horizon speaks its name,
Assuaging hunger, purging past
Misfortune, sorrow, even shame,
The Poet tells himself: "At last!

My spirit, like my vertebrae,
Ardently yearns for sweet release;
And, shrouded in dark reverie,

I shall lie down to take my ease,
Wrapped in the curtains of your peace,
O comforting obscurity!"

—First published in *Les Fleurs du mal*, May 1861

CXXV. LE RÊVE D'UN CURIEUX
À Félix Nadar

Connais-tu, comme moi, la douleur savoureuse,
Et de toi fais-tu dire: « Oh! l'homme singulier! »
—J'allais mourir. C'était dans mon âme amoureuse,
Désir mêlé d'horreur, un mal particulier ;

Angoisse et vif espoir, sans humeur factieuse.
Plus allait se vidant le fatal sablier,
Plus ma torture était âpre et délicieuse ;
Tout mon cœur s'arrachait au monde familier.

J'étais comme l'enfant avide du spectacle,
Haïssant le rideau comme on hait un obstacle...
Enfin la vérité froide se révéla :

J'étais mort sans surprise, et la terrible aurore
M'enveloppait. — Eh quoi ! n'est-ce donc que cela ?
La toile était levée et j'attendais encore.

—Publié dans *Revue contemporaine*, mai 1860

CXXV. THE DREAM OF A CURIOUS MAN
To Félix Nadar

Do you perchance, like me, feel pleasurable dole,
And do they say of you: "This man's an oddity!"
— I was about to die, and in my fevered soul
Desire mingled with dread, a curious malady,

Anguish and hope, devoid of any factious whim.
The more the sands of time fatally gathered pace,
The more my pain became both comforting and grim;
My heart was being torn from its familiar place.

I was the child who longs to see the spectacle,
Hating the curtain as a needless obstacle...
At last the bitter truth revealed itself to me:

Death had brought no surprise, and dawn's terrible chill
Enveloped me. — What! Is there nothing more to see?
The curtain had gone up and I was waiting still.

— First published in *Revue contemporaine*, May 1860

CXXVI. LE VOYAGE
À Maxime Du Camp

I

Pour l'enfant, amoureux de cartes et d'estampes,
L'univers est égal à son vaste appétit.
Ah! que le monde est grand à la clarté des lampes !
Aux yeux du souvenir que le monde est petit !

Un matin nous partons, le cerveau plein de flamme,
Le cœur gros de rancune et de désirs amers,
Et nous allons, suivant le rythme de la lame,
Berçant notre infini sur le fini des mers :

Les uns, joyeux de fuir une patrie infâme ;
D'autres, l'horreur de leurs berceaux, et quelques-uns,
Astrologues noyés dans les yeux d'une femme,
La Circé tyrannique aux dangereux parfums.

Pour n'être pas changés en bêtes, ils s'enivrent
D'espace et de lumière et de cieux embrasés ;
La glace qui les mord, les soleils qui les cuivrent
Effacent lentement la marque des baisers.

Mais les vrais voyageurs sont ceux-là seuls qui partent
Pour partir ; cœurs légers, semblables aux ballons,
De leur fatalité jamais ils ne s'écartent,
Et, sans savoir pourquoi, disent toujours : « Allons! »

Ceux-là dont les désirs ont la forme des nues,
Et qui rêvent, ainsi qu'un conscrit le canon,
De vastes voluptés, changeantes, inconnues,
Et dont l'esprit humain n'a jamais su le nom !

II

Nous imitons, horreur ! la toupie et la boule
Dans leur valse et leurs bonds ; même dans nos sommeils
La Curiosité nous tourmente et nous roule,
Comme un Ange cruel qui fouette des soleils.

CXXVI. THE VOYAGE
To Maxime Du Camp

I

For children who delight in maps and colour plates,
The world is equal only to their appetite.
Bright lights can make it seem such an enormous place!
And yet how small it is, considered with hindsight!

One morning we depart, our ardent minds afire,
Carried on waves that rise and fall rhythmically,
Our hearts beset by rancour and bitter desire,
Cradling infinite thoughts upon a finite sea:

Some of us, glad to flee a country we despise,
Others, the horror of their birthplace, others still,
Astrologers immersed in a strange woman's eyes,
Subjected to the tyranny of perfumed Circe's will.

In order not to be transmuted into swine,
They drink their fill of light from lambent realms of space;
The biting winds, the searing suns that bronze their skin,
Slowly erase the marks left by her vile embrace.

But the true voyagers are those who put to sea
Simply for travel's sake; they press on, hearts aglow;
They never leave the path of their true destiny,
And though they know not why, they always say: Let's go!

Those whose intense desires resemble cumulus,
Who, like a new recruit who dreams about the gun,
Foresee unending pleasures, vast, voluptuous,
The names of which remain unknown to anyone!

II

We imitate, O horror! balls and spinning tops
That, even while we sleep, gyrate and bounce and run,
And Curiosity, cruel Angel, never stops
Tormenting us, like suns that she has whipped and spun.

LE VOYAGE

Singulière fortune, où le but se déplace
Et, n'étant nulle part, peut être n'importe où !
Où l'Homme, dont jamais l'espérance n'est lasse,
Pour trouver le repos court toujours comme un fou !

Notre âme est un trois-mâts cherchant son Icarie ;
Une voix retentit sur le pont: « Ouvre l'œil ! »
Une voix de la hune, ardente et folle, crie :
« Amour... gloire... bonheur! » Enfer ! c'est un écueil

Chaque îlot signalé par l'homme de vigie
Est un Eldorado promis par le Destin;
L'Imagination qui dresse son orgie
Ne trouve qu'un récif aux clartés du matin.

Ô le pauvre amoureux des pays chimériques !
Faut-il le mettre aux fers, le jeter à la mer,
Ce matelot ivrogne, inventeur d'Amériques
Dont le mirage rend le gouffre plus amer ?

Tel le vieux vagabond, piétinant dans la boue,
Rêve, le nez en l'air, de brillants paradis ;
Son œil ensorcelé découvre une Capoue
Partout où la chandelle illumine un taudis.

III

Étonnants voyageurs ! quelles nobles histoires
Nous lisons dans vos yeux profonds comme les mers !
Montrez-nous les écrins de vos riches mémoires,
Ces bijoux merveilleux, faits d'astres et d'éthers.

Nous voulons voyager sans vapeur et sans voile !
Faites, pour égayer l'ennui de nos prisons,
Passer sur nos esprits, tendus comme une toile,
Vos souvenirs avec leurs cadres d'horizons.

THE VOYAGE

Strange destiny whose goal is always on the move,
And, being nowhere, can be anywhere, who knows?
Where Man, whose steadfast hope no obstacle can move,
Continues his eternal quest to find repose!

Our soul is like a ship that seeks Icaria;
"Look there!" someone on deck shouts out in disbelief.
While from the mast come cries of great euphoria:
"O joy and happiness!" — Damnation! It's a reef!

Each tiny island that the lookout boy might see
Is taken to be Eldorado, our last dock;
Imagination, spreading out its panoply,
In the cold light of day finds nothing but a rock.

O that poor lover of exotic chimeras!
Should we clap him in irons and cast him to the sea,
That drunken sailor who sees new Americas
Whose mirage makes the oceans flow more bitterly?

So too the aged vagrant, trudging through the mud,
Dreaming, nose in the air, of heavens bathed in light;
His ever-spellbound eye sees a new Capua
In every humble dwelling lit by candlelight.

III

Amazing voyagers! What noble histories
We read in the unfathomed oceans of your eyes!
Open for us the caskets of your memories,
Those wondrous treasures that are made from stars and skies.

We too, with neither steam nor sail, would cross the seas!
To lighten our ennui, where every day's the same,
Paint on the canvas of our hearts your memories
Of all the wonders that the vast horizons frame.

LE VOYAGE

Dites, qu'avez-vous vu ?

IV

« Nous avons vu des astres
Et des flots ; nous avons vu des sables aussi ;
Et, malgré bien des chocs et d'imprévus désastres,
Nous nous sommes souvent ennuyés, comme ici.

La gloire du soleil sur la mer violette,
La gloire des cités dans le soleil couchant,
Allumaient dans nos cœurs une ardeur inquiète
De plonger dans un ciel au reflet alléchant.

Les plus riches cités, les plus grands paysages
Jamais ne contenaient l'attrait mystérieux
De ceux que le hasard fait avec les nuages,
Et toujours le désir nous rendait soucieux !

— La jouissance ajoute au désir de la force.
Désir, vieil arbre à qui le plaisir sert d'engrais,
Cependant que grossit et durcit ton écorce,
Tes branches veulent voir le soleil de plus près !

Grandiras-tu toujours, grand arbre plus vivace
Que le cyprès ? — Pourtant nous avons, avec soin,
Cueilli quelques croquis pour votre album vorace,
Frères qui trouvez beau tout ce qui vient de loin !

— Nous avons salué des idoles à trompe,
Des trônes constellés de joyaux lumineux ;
Des palais ouvragés dont la féerique pompe
Serait pour vos banquiers un rêve ruineux ;

Des costumes qui sont pour les yeux une ivresse ;
Des femmes dont les dents et les ongles sont teints,
Et des jongleurs savants que le serpent caresse. »

THE VOYAGE

Tell us, what have you seen?
IV
"We have seen many stars
And many waves; we have seen many beaches too;
And despite many blows, of which we bear the scars,
We often felt the weight of boredom, just like you.

The glory of the sun's rays on the violet sea,
The glory of the cities that in the sunset rise,
Ignited in our hearts a strange anxiety
To plunge into the depths of those alluring skies.

Great vistas and great cities, rich in history,
Could never hold for us the mystical allure
Of scenes formed by the clouds, so full of mystery.
And longing always left us anxious and unsure!

— Enjoyment bolsters up and strengthens our desire.
Desire, old tree for whom delight is your manure,
Your bark grows thick and hard, and your branches grow higher,
Striving to reach the sky, drawn by the sun's allure.

Will you grow ever taller, great tree more robust
Than even the cypress? — But from our wanderings
We've saved some sketches for your album, you who must
Indulge your avid yearnings for exotic things!

We've bowed to graven images and effigies;
Fine thrones inset with gems of quality supreme;
Imposing palaces whose fabled luxuries
Would be for any banker a ruinous dream;

Costumes that are inebriation for the eyes;
Women with teeth and nails tinted with subtle stains,
And snake charmers whose skills astonish and surprise."

LE VOYAGE

V

Et puis, et puis encore ?

VI

« O cerveaux enfantins !

Pour ne pas oublier la chose capitale,
Nous avons vu partout, et sans l'avoir cherché,
Du haut jusques en bas de l'échelle fatale,
Le spectacle ennuyeux de l'immortel péché :

La femme, esclave vile, orgueilleuse et stupide,
Sans rire s'adorant et s'aimant sans dégoût ;
L'homme, tyran goulu, paillard, dur et cupide,
Esclave de l'esclave et ruisseau dans l'égout ;

Le bourreau qui jouit, le martyr qui sanglote ;
La fête qu'assaisonne et parfume le sang ;
Le poison du pouvoir énervant le despote,
Et le peuple amoureux du fouet abrutissant ;

Plusieurs religions semblables à la nôtre,
Toutes escaladant le ciel ; la Sainteté,
Comme en un lit de plume un délicat se vautre,
Dans les clous et le crin cherchant la volupté ;

L'Humanité bavarde, ivre de son génie,
Et, folle maintenant comme elle était jadis,
Criant à Dieu, dans sa furibonde agonie :
O mon semblable, ô mon maître, je te maudis !

Et les moins sots, hardis amants de la Démence,
Fuyant le grand troupeau parqué par le Destin,
Et se réfugiant dans l'opium immense !
— Tel est du globe entier l'éternel bulletin. »

THE VOYAGE

V
And then, and then what else?
VI
"O simple childlike brains!

We never should forget the most important thing:
Across the entire spectrum of humanity,
We witnessed, without seeking, in our wandering,
The tedious round of sin and immorality:

Woman, base slave, self-loving and contemptuous,
Yet unaware that she's so stupid and so vain;
And man, obsessed by greed, wanton, libidinous,
Slave of the slave and gutter flowing in the drain;

The torturer's delight, the martyr's agony;
The feast seasoned with blood to feed the despot's urge;
The lust for power and the curse of tyranny,
The crowd enamoured of the brutalising scourge;

Many religions that are not unlike our own,
All aiming for the sky; and Saintly Piety,
Like a voluptuary upon a bed of down,
In nails and sackcloth seeking joy and ecstasy;

Drunk on its genius, prattling Humanity,
That's just as crazy now as it's been from the first,
Shouting to God, in its unbridled agony:
O Master, my own likeness, may you now be cursed!

And those less stupid, brave friends of Insanity,
Fleeing the servile flock that Fate has herded in,
And seeking refuge in opium's sanctuary!
— Such is the entire globe's eternal bulletin."

LE VOYAGE

VII

Amer savoir, celui qu'on tire du voyage !
Le monde, monotone et petit, aujourd'hui,
Hier, demain, toujours, nous fait voir notre image :
Une oasis d'horreur dans un désert d'ennui !

Faut-il partir ? Rester ? Si tu peux rester, reste ;
Pars, s'il le faut. L'un court, et l'autre se tapit
Pour tromper l'ennemi vigilant et funeste,
Le Temps ! Il est, hélas ! des coureurs sans répit,

Comme le Juif errant et comme les apôtres,
A qui rien ne suffit, ni wagon, ni vaisseau,
Pour fuir ce rétiaire infâme ; il en est d'autres
Qui savent le tuer sans quitter leur berceau.

Lorsque enfin il mettra le pied sur notre échine,
Nous pourrons espérer et crier : En avant !
De même qu'autrefois nous partions pour la Chine,
Les yeux fixés au large et les cheveux au vent,

Nous nous embarquerons sur la mer des Ténèbres
Avec le cœur joyeux d'un jeune passager.
Entendez-vous ces voix, charmantes et funèbres,
Qui chantent : « Par ici ! vous qui voulez manger

Le Lotus parfumé: c'est ici qu'on vendange
Les fruits miraculeux dont votre cœur a faim ;
Venez vous enivrer de la douceur étrange
De cette après-midi qui n'a jamais de fin. »

A l'accent familier nous devinons le spectre ;
Nos Pylades là-bas tendent leurs bras vers nous.
« Pour rafraîchir ton cœur nage vers ton Électre! »
Dit celle dont jadis nous baisions les genoux.

THE VOYAGE

VII

Such bitter knowledge we elicit from our voyage!
The world, monotonous and petty, lets us see,
Today, yesterday and tomorrow, our own image:
An oasis of horror in a desert of ennui!

Should we depart? or stay? If you can't stay, then go;
Stay if you can. One runs, another secretly
Remains to thwart harsh Time, that unrelenting foe!
There are, alas! those who are running constantly,

Like the apostles or the lonely wandering Jew,
To whom nothing avails, neither carriage nor ship,
To flee this vicious combatant; there are a few
Who know how to dispatch him without leaving their crib.

When finally he catches up with us, at least
We shall still foster hope, and shout aloud: Let's go!
Just as in former times we set off for the East,
Eyes fixed on the horizon, and with cheeks aglow

We shall embark upon the Sea of Darkness, where
We'll sail, like a young passenger, in joyful haste.
Do you hear those beguiling, deathlike voices there,
That sing: "This way please, those of you who wish to taste

The perfumed Lotus! This is where we gather in
The wondrous fruits whose flavour every joy transcends.
Come and taste their delights, forever savouring
The magic of an afternoon that never ends!"

In those familiar tones we recognise the spectre;
Our friends, like Pylades, stretch out their arms to us.
"To replenish your heart, swim out to your Electra!"
Says she whose knees in former times we used to kiss.

LE VOYAGE

VIII

Ô Mort, vieux capitaine, il est temps ! levons l'ancre !
Ce pays nous ennuie, ô Mort ! Appareillons !
Si le ciel et la mer sont noirs comme de l'encre,
Nos cœurs que tu connais sont remplis de rayons !

Verse-nous ton poison pour qu'il nous réconforte !
Nous voulons, tant ce feu nous brûle le cerveau,
Plonger au fond du gouffre, Enfer ou Ciel, qu'importe ?
Au fond de l'Inconnu pour trouver du *nouveau* !

—Publié dans *Revue française,* avril 1859

THE VOYAGE

VIII

O Death, old captain, let's cast off! The time has come!
This country holds no joy for us. Come! Let's depart!
Although both sea and sky are bathed in inky gloom,
You know that your bright flame still burns in every heart!

Pour us your poisoned draught, and let its comfort dwell
Within us; let your ardent fire our hearts imbue;
We'll plunge into the gulf, what matter Heaven or Hell?
Of the immense Unknown, in search of something *new*!

— First published in *Revue française*, April 1859

LES ÉPAVES

WRECKAGE

1866

Frontispiece for 'Les Épaves'
by Félicien Rops, 1866

I.
LE COUCHER DU SOLEIL ROMANTIQUE

Que le Soleil est beau quand tout frais il se lève,
Comme une explosion nous lançant son bonjour !
— Bienheureux celui-là qui peut avec amour
Saluer son coucher plus glorieux qu'un rêve !

Je me souviens !... J'ai vu tout, fleur, source, sillon,
Se pâmer sous son œil comme un cœur qui palpite...
— Courons vers l'horizon, il est tard, courons vite,
Pour attraper au moins un oblique rayon !

Mais je poursuis en vain le Dieu qui se retire ;
L'irrésistible Nuit établit son empire,
Noire, humide, funeste et pleine de frissons ;

Une odeur de tombeau dans les ténèbres nage,
Et mon pied peureux froisse, au bord du marécage,
Des crapauds imprévus et de froids limaçons.

— Publié dans *Le Boulevard*, janvier 1862

I.
THE SUNSET OF ROMANTICISM

How beautiful and fresh the rising sun's soft gleam,
Embracing the new day with greetings from above!
— O happy is the man who can with thoughts of love
Salute its going down, more glorious than a dream!

I do recall that I have seen, at close of day,
Spring, furrow, flower, swooning like a beating heart
Beneath its gaze... — 'Tis late, come quickly, let's depart
To the horizon, to catch one last slanting ray!

But I pursue that sinking Deity in vain;
Inexorable Night lays claim to her domain,
Dark, humid, sinister, and filled with trembling fear;

In the vast darkness floats an odour of the tomb,
And my uncertain footsteps trample in the gloom
Cold snails and unseen toads beside a muddy mere.

— First published in *Le Boulevard*, January 1862

PIÈCES CONDAMNÉES
Tirées des *Fleurs du mal (1857)*

CONDEMNED POEMS
From *The Flowers of Evil (1857)*

(LES ÉPAVES NOS. II – VII)

II. LESBOS

Mère des jeux latins et des voluptés grecques,
Lesbos, où les baisers languissants ou joyeux,
Chauds comme les soleils, frais comme les pastèques,
Font l'ornement des nuits et des jours glorieux,
Mère des jeux latins et des voluptés grecques ;

Lesbos, où les baisers sont comme les cascades
Qui se jettent sans peur dans les gouffres sans fonds
Et courent, sanglotant et gloussant par saccades,
Orageux et secrets, fourmillants et profonds ;
Lesbos où les baisers sont comme les cascades !

Lesbos, où les Phrynés l'une et l'autre s'attirent,
Où jamais un soupir ne resta sans écho,
A l'égal de Paphos les étoiles t'admirent,
Et Vénus à bon droit peut jalouser Sapho !
— Lesbos, où les Phrynés l'une et l'autre s'attirent,

Lesbos, terre des nuits chaudes et langoureuses,
Qui font qu'à leurs miroirs, stérile volupté,
Les filles aux yeux creux, de leurs corps amoureuses,
Caressent les fruits mûrs de leur nubilité.
Lesbos, terre des nuits chaudes et langoureuses,

Laisse du vieux Platon se froncer l'œil austère ;
Tu tires ton pardon de l'excès des baisers,
Reine du doux empire, aimable et noble terre,
Et des raffinements toujours inépuisés,
Laisse du vieux Platon se froncer l'œil austère.

Tu tires ton pardon de l'éternel martyre
Infligé sans relâche aux cœurs ambitieux,
Qu'attire loin de nous le radieux sourire
Entrevu vaguement au bord des autres cieux !
Tu tires ton pardon de l'éternel martyre !

II. LESBOS

Mother of Latin games and Greek voluptuousness,
Lesbos, where long caresses bring such sweet delights,
Some full of ardent passion, some full of tenderness,
To glorious summer days and sultry wanton nights.
Mother of Latin games and Greek voluptuousness,

Lesbos, where love's caresses flow like cataracts,
Cascading fearlessly into the deep abyss,
Rebounding, sobbing, laughing, making secret pacts,
Delighting in the storms engendered by each kiss.
Lesbos, where love's caresses flow like cataracts!

Lesbos, where every Phryne has her concubine,
Where never did a sigh remain without echo,
You equal starlit Paphos in your grace divine,
And Venus might be justly envious of Sappho!
Lesbos, where every Phryne has her concubine,

Lesbos, exotic land of sultry, languid nights,
Where, in their looking-glass, O sterile wantonness!
Young girls with hollow eyes, in love with their delights,
Bestow upon their nubile charms a soft caress;
Lesbos, exotic land of sultry, languid nights,

Let old austere Plato knit his brow in a frown;
Your pardon can be found in kisses and caresses,
Queen of this gentle empire, fair land of great renown,
And in refinements that know nothing of excesses.
Let old austere Plato knit his brow in a frown.

Your pardon can be found in the eternal pain
Suffered by hearts in which too much ambition lies,
Lured, by a radiant smile, from their secure domain
That beckons from the confines of more distant skies!
Your pardon can be found in the eternal pain!

LESBOS

Qui des dieux osera, Lesbos, être ton juge
Et condamner ton front pâli dans les travaux,
Si ses balances d'or n'ont pesé le déluge
De larmes qu'à la mer ont versé tes ruisseaux ?
Qui des dieux osera, Lesbos, être ton juge ?

Que nous veulent les lois du juste et de l'injuste ?
Vierges au cœur sublime, honneur de l'Archipel,
Votre religion comme une autre est auguste
Et l'amour se rira de l'enfer et du ciel !
Que nous veulent les lois du juste et de l'injuste ?

Car Lesbos, entre tous, m'a choisi sur la terre
Pour chanter le secret de ses vierges en fleur,
Et je fus dès l'enfance admis au noir mystère
Des rires effrénés mêlés aux sombres pleurs ;
Car Lesbos, entre tous, m'a choisi sur la terre.

Et depuis lors je veille au sommet de Leucate,
Comme une sentinelle à l'œil perçant et sûr,
Qui guette nuit et jour brick, tartane ou frégate,
Dont les formes au loin frissonnent dans l'azur ;
Et depuis lors je veille au sommet de Leucate

Pour savoir si la mer est indulgente et bonne,
Et parmi les sanglots dont le roc retentit,
Un soir ramènera vers Lesbos, qui pardonne,
Le cadavre adoré de Sapho qui partit
Pour savoir si la mer est indulgente et bonne !

De la mâle Sapho, l'amante et le poète,
Plus belle que Vénus par ses mornes pâleurs !
— L'œil d'azur est vaincu par l'œil noir que tachète
Le cercle ténébreux tracé par les douleurs
De la mâle Sapho, l'amante et le poète !

LESBOS

Which of the Gods, Lesbos, will dare to be your judge,
Condemning your pale brow, that has toiled ceaselessly,
Before his golden scales have weighed the heavy flood
Of tears that from your streams have flowed into the sea?
Which of the Gods, Lesbos, will dare to be your judge?

What care we for the laws of what's just and unjust?
Maidens of whose renown these islands proudly tell,
Your faith, as any faith, is noble and august,
And love can laugh at Heaven as it can laugh at Hell!
What care we for the laws of what's just or unjust?

For Lesbos chose me from all poets on the earth
To praise the flowering virgins that this isle reveres,
For I have known the mystery, almost from birth,
Of their unbridled laughter and their sombre tears;
For Lesbos chose me from all poets on the earth.

And since then I keep watch from the Leucadian heights,
Like a lone sentry with a sure and piercing gaze,
For frigates, brigs and tartans coming into sight,
Whose distant silhouettes appear to flutter in the haze;
And since then I keep watch from the Leucadian heights

To divine if the sea is good and bountiful,
If in the sobbing of its waves it is kind-hearted,
And will return to Lesbos, who is merciful,
The venerated corpse of Sappho, who departed
To divine if the sea is good and bountiful!

Of virile Sappho, paramour and poetess,
More beautiful than Venus in her pale despondency!
— The azure eyes are vanquished by the dolefulness
Of the dark circles that betray the misery
Of virile Sappho, paramour and poetess!

LESBOS

— Plus belle que Vénus se dressant sur le monde
Et versant les trésors de sa sérénité,
Et le rayonnement de sa jeunesse blonde,
Sur le vieil Océan de sa fille enchanté ;
Plus belle que Vénus se dressant sur le monde !

— De celle qui mourut le jour de son blasphème,
Quand, insultant le rite et le culte inventé,
Elle fit son beau corps la pâture suprême
D'un brutal dont l'orgueil punit l'impiété...
De celle qui mourut le jour de son blasphème.

Et c'est depuis ce temps que Lesbos se lamente,
Et, malgré les honneurs que lui rend l'univers,
S'enivre chaque nuit du cri de la tourmente
Que poussent vers les cieux ses rivages déserts !
Et c'est depuis ce temps que Lesbos se lamente !

— Publié dans *Les Poètes de l'amour*, Garnier, Paris 1850

LESBOS

More beautiful than Venus, holding sway above the world
And pouring forth the wealth of her serenity,
With the effulgence of her youthful locks unfurled,
On the old Ocean, proud of his child's majesty;
More beautiful than Venus, holding sway above the world!

Of her who did succumb to blasphemy that day,
When, scornful of her cult, her faith, her loyalty,
She wantonly allowed her body to fall prey
To a proud brute who punished the impiety
Of her who did succumb to blasphemy that day.

And it is since that day that Lesbos must lament;
Though honoured by the world, she must for evermore
Endure each night the cries of anguish and torment
That rise toward the sky from her deserted shore!
And it is since that day that Lesbos must lament!

— First published in *Les Poètes de l'amour*, Garnier, Paris 1850

III. FEMMES DAMNÉES
Delphine et Hippolyte

A la pâle clarté des lampes languissantes,
Sur de profonds coussins tout imprégnés d'odeur,
Hippolyte rêvait aux caresses puissantes
Qui levaient le rideau de sa jeune candeur.

Elle cherchait, d'un œil troublé par la tempête,
De sa naïveté le ciel déjà lointain,
Ainsi qu'un voyageur qui retourne la tête
Vers les horizons bleus dépassés le matin.

De ses yeux amortis les paresseuses larmes,
L'air brisé, la stupeur, la morne volupté,
Ses bras vaincus, jetés comme de vaines armes,
Tout servait, tout parait sa fragile beauté.

Étendue à ses pieds, calme et pleine de joie,
Delphine la couvait avec des yeux ardents,
Comme un animal fort qui surveille une proie
Après l'avoir d'abord marquée avec les dents.

Beauté forte à genoux devant la beauté frêle,
Superbe, elle humait voluptueusement
Le vin de son triomphe, et s'allongeait vers elle
Comme pour recueillir un doux remercîment.

Elle cherchait dans l'œil de sa pâle victime
Le cantique muet que chante le plaisir,
Et cette gratitude infinie et sublime
Qui sort de la paupière ainsi qu'un long soupir.

— « Hippolyte, cher cœur, que dis-tu de ces choses ?
Comprends-tu maintenant qu'il ne faut pas offrir
L'holocauste sacré de tes premières roses
Aux souffles violents qui pourraient les flétrir ?

III. DAMNED WOMEN
Delphine and Hippolyta

In the pale languid glow of lamps in deep recesses,
On lavish cushions that were redolent with scents,
Hippolyta lay dreaming of the bold caresses
That drew aside the veil of her young innocence.

She sought, her troubled gaze blurred by the storm, the skies
Of her virginity, already far away,
As might a voyager who vainly turns his eyes
Toward the blue horizons passed earlier in the day.

The idle tears that filled her dull eyes, once so bright,
The broken look, the stupor, the weary wantonness,
Her arms, like useless weapons cast aside in flight,
All serving to adorn her fragile comeliness.

Languidly, at her feet, Delphine contented lay,
Ardently watching her, eyes blazing with delight,
Like a strong, savage beast that gazes on its prey,
On which its teeth have left the imprint of its bite.

Strong beauty proudly kneeling at frail beauty's feet,
Savouring the bouquet, voluptuous and lewd,
Of her triumphant wine, and in her vain conceit
Soliciting a token of sweet gratitude.

Expectantly she sought in her pale victim's eye
The silent canticle that purest pleasure sings,
And the infinite gratitude that, like a sigh,
Escapes in subtle glances from mysterious springs.

— "Hippolyta, dear heart, what say you of these things?
Do you now understand you must not sacrifice
The sacred holocaust of your first flowerings
To harsh caresses that exact a heavy price?

FEMMES DAMNÉES

Mes baisers sont légers comme ces éphémères
Qui caressent le soir les grands lacs transparents,
Et ceux de ton amant creuseront leurs ornières
Comme des chariots ou des socs déchirants ;

Ils passeront sur toi comme un lourd attelage
De chevaux et de bœufs aux sabots sans pitié...
Hippolyte, ô ma sœur ! tourne donc ton visage,
Toi mon âme et mon cœur, mon tout et ma moitié,

Tourne vers moi tes yeux pleins d'azur et d'étoiles !
Pour un de ces regards charmants, baume divin,
Des plaisirs plus obscurs je lèverai les voiles
Et je t'endormirai dans un rêve sans fin ! »

Mais Hippolyte alors, levant sa jeune tête :
— « Je ne suis point ingrate et ne me repens pas,
Ma Delphine, je souffre et je suis inquiète
Comme après un nocturne et terrible repas.

Je sens fondre sur moi de lourdes épouvantes
Et de noirs bataillons de fantômes épars
Qui veulent me conduire en des routes mouvantes
Qu'un horizon sanglant ferme de toutes parts.

Avons-nous donc commis une action étrange ?
Explique si tu peux mon trouble et mon effroi :
Je frissonne de peur quand tu me dis: Mon ange !
Et cependant je sens ma bouche aller vers toi.

Ne me regarde pas ainsi, toi, ma pensée !
Toi que j'aime à jamais, ma sœur d'élection,
Quand même tu serais une embûche dressée
Et le commencement de ma perdition ! »

DAMNED WOMEN

My kisses are as gentle as the mayfly's wings
That silently caress the surface of the lake,
While those of a male lover wreak destructive things,
Like the deep grooves that chariots and ploughshares make;

They'll trample over you, like a lumbering team
Of oxen or of horses, their hooves with iron shod...
Hippolyta, my sister! My sweet enduring dream,
My spirit and my soul, my wondrous gift from God,

Turn unto me your eyes of starlight and azure!
For one beguiling glance, divine balm, radiant beam,
I shall unveil a store of pleasures more obscure,
And lull you gently in a never-ending dream!"

Then said Hippolyta, raising her youthful head:
— "It's not ingratitude or remorse that I feel,
My Delphine, yet I suffer and am filled with dread
After this dark and terrible nocturnal meal.

I feel a heavy torment hanging over me
And dark battalions of vague demonic shapes
Leading me down strange pathways of uncertainty,
Hemmed in by horizons from which there's no escape.

Have we therefore indulged in an illicit pleasure?
Tell me, why do I feel such sorrow and such fear?
I tremble when I hear you say to me: 'My treasure!'
And yet my lips are drawn to yours when you are near.

Do not behold me thus, my dearest sister whom
I shall forever hold in deepest adoration,
Even were you to be a snare set for my doom
And the beginning of my eternal damnation!"

FEMMES DAMNÉES

Delphine, secouant sa crinière tragique,
Et comme trépignant sur le trépied de fer,
L'œil fatal, répondit d'une voix despotique :
— « Qui donc devant l'amour ose parler d'enfer ?

Maudit soit à jamais le rêveur inutile
Qui voulut le premier, dans sa stupidité,
S'éprenant d'un problème insoluble et stérile,
Aux choses de l'amour mêler l'honnêteté !

Celui qui veut unir dans un accord mystique
L'ombre avec la chaleur, la nuit avec le jour,
Ne chauffera jamais son corps paralytique
A ce rouge soleil que l'on nomme l'amour !

Va, si tu veux, chercher un fiancé stupide ;
Cours offrir un cœur vierge à ses cruels baisers ;
Et, pleine de remords et d'horreur, et livide,
Tu me rapporteras tes seins stigmatisés...

On ne peut ici-bas contenter qu'un seul maître ! »
Mais l'enfant, épanchant une immense douleur,
Cria soudain: — « Je sens s'élargir dans mon être
Un abîme béant ; cet abîme est mon cœur !

Brûlant comme un volcan, profond comme le vide !
Rien ne rassasiera ce monstre gémissant,
Et ne rafraichira la soif de l'Euménide,
Qui, la torche à la main, le brûle jusqu'au sang.

Que nos rideaux fermés nous séparent du monde,
Et que la lassitude amène le repos !
Je veux m'anéantir dans ta gorge profonde,
Et trouver sur ton sein la fraîcheur des tombeaux ! »

DAMNED WOMEN

Delphine arose and proudly shook her tragic mane,
And wildly seeking what the tripod might foretell,
With fatal eye, responded in despotic vein:
— "Who in love's presence dares to speak the name of hell?

May he be ever cursed who fostered useless dreams,
Who was the first to try, in his stupidity,
To fashion sterile edicts and misguided schemes
That mingle things erotic with integrity!

He who would merge into a mystical accord
The sun's heat with the shade, the daytime with the night,
Will never warm himself nor garner a reward
Beneath this radiant sun of amorous delight!

Go, if you wish, and seek a stupid paramour;
Offer your virgin heart to his cruel caress;
And, filled with dire remorse, repentance and dolour,
You will bring back to me your violated breast...

A woman on this earth can only serve one master!"
But the sweet child, by anxious torment torn apart,
Cried suddenly: — "I feel, opening ever faster,
A yawning chasm; and that chasm is my heart!

Profound abyss, inferno of the Vulcan's rage!
Nothing will satisfy this groaning beast's desire,
And nothing can the Fury's dreadful thirst assuage,
Who, flaming torch in hand, consumes its blood with fire.

Let our drawn curtains set us from the world apart,
And may our lassitude bring us eternal rest!
I want to sleep forever in your beating heart,
And feel the coolness of the tomb upon your breast!"

FEMMES DAMNÉES

— Descendez, descendez, lamentables victimes,
Descendez le chemin de l'enfer éternel ;
Plongez au plus profond du gouffre où tous les crimes,
Flagellés par un vent qui ne vient pas du ciel,

Bouillonnent pêle-mêle avec un bruit d'orage.
Ombres folles, courez au but de vos désirs ;
Jamais vous ne pourrez assouvir votre rage,
Et votre châtiment naîtra de vos plaisirs.

Jamais un rayon frais n'éclaira vos cavernes ;
Par les fentes des murs des miasmes fiévreux
Filent en s'enflammant ainsi que des lanternes
Et pénètrent vos corps de leurs parfums affreux.

L'âpre stérilité de votre jouissance
Altère votre soif et raidit votre peau,
Et le vent furibond de la concupiscence
Fait claquer votre chair ainsi qu'un vieux drapeau.

Loin des peuples vivants, errantes, condamnées,
A travers les déserts courez comme les loups ;
Faites votre destin, âmes désordonnées,
Et fuyez l'infini que vous portez en vous !

—Publié dans *Les Fleurs du mal,* juin 1857

DAMNED WOMEN

— Descend, descend, pitiful victims, it is time
To fathom the abyss of hell's eternal fire!
Plunge into its vast depths where every human crime,
Whipped by a wind too fierce even for heaven's ire,

Bubbles and effervesces in a storm-like rage.
Mad shadows, your desires will not be compromised;
Never will you be able your passions to assuage,
And by your very pleasures you will be chastised.

No ray of light has ever pierced your dismal lair,
Only feverish miasma passing through small vents,
Dimly illumining the dark and fetid air,
And covering your bodies with their lurid scents.

The harsh sterility of your lasciviousness
Quickens your raging thirst and vitrifies your skin,
And the unbridled wind of your licentiousness
Causes your flesh to flap in penance for its sin.

In exile from this world, you must your path pursue
Through wild and barren lands, wandering aimlessly,
Fleeing the infinite that still resides in you,
Poor disconnected souls, to find your destiny!

— First published in *Les Fleurs du mal*, June 1857

IV. LE LÉTHÉ

Viens sur mon cœur, âme cruelle et sourde,
Tigre adoré, monstre aux airs indolents ;
Je veux longtemps plonger mes doigts tremblants
Dans l'épaisseur de ta crinière lourde ;

Dans tes jupons remplis de ton parfum
Ensevelir ma tête endolorie,
Et respirer, comme une fleur flétrie,
Le chaud relent de mon amour défunt.

Je veux dormir ! dormir plutôt que vivre !
Dans un sommeil aussi doux que la mort,
J'étalerai mes baisers sans remord
Sur ton beau corps poli comme le cuivre.

Pour engloutir mes sanglots apaisés
Rien ne me vaut l'abîme de ta couche ;
L'oubli puissant habite sur ta bouche,
Et le Léthé coule dans tes baisers.

A mon destin, désormais mon délice,
J'obéirai comme un prédestiné ;
Martyr docile, innocent condamné,
Dont la ferveur attise le supplice,

Je sucerai, pour noyer ma rancœur,
Le népenthès et la bonne ciguë
Aux bouts charmants de cette gorge aiguë
Qui n'a jamais emprisonné de cœur.

—Publié dans *Les Fleurs du mal,* juin 1857

IV. THE LETHE

Unyielding soul, come to my heart again,
Beloved tigress with your languid air;
I want to plunge my trembling fingers there
In the deep ocean of your heavy mane;

And in your skirts, filled with your scent, to hide
My aching head as in a secret bower,
And breathe once more, as from a withered flower,
The gentle fragrance of a love that died.

I want to sleep, rather than live, alas!
In slumber that is bittersweet as death,
I'll spread without remorse my soft caress
Upon your body smooth as polished brass.

To drown my muted sobs there's no abyss
That equals the deep haven of your breast.
Your lips speak of oblivion's sweet rest,
And silent Lethe courses in your kiss.

To my destiny, henceforth my delight,
My staunch obedience is preordained.
A docile martyr who's unjustly blamed,
Whose fervour serves to amplify his plight,

I'll suck, to drown my rancour's aching smart,
Nepenthe and the hemlock's bitter zest
From the sweet promontories of this breast
That never gave asylum to a heart.

— First published in *Les Fleurs du mal*, June 1857

V. À CELLE QUI EST TROP GAIE

Ta tête, ton geste, ton air
Sont beaux comme un beau paysage ;
Le rire joue en ton visage
Comme un vent frais dans un ciel clair.

Le passant chagrin que tu frôles
Est ébloui par la santé
Qui jaillit comme une clarté
De tes bras et de tes épaules.

Les retentissantes couleurs
Dont tu parsèmes tes toilettes
Jettent dans l'esprit des poètes
L'image d'un ballet de fleurs.

Ces robes folles sont l'emblème
De ton esprit bariolé ;
Folle dont je suis affolé,
Je te hais autant que je t'aime !

Quelquefois dans un beau jardin,
Où je traînais mon atonie,
J'ai senti comme une ironie
Le soleil déchirer mon sein ;

Et le printemps et la verdure
Ont tant humilié mon cœur
Que j'ai puni sur une fleur
L'insolence de la Nature.

Ainsi, je voudrais, une nuit,
Quand l'heure des voluptés sonne,
Vers les trésors de ta personne
Comme un lâche ramper sans bruit,

V. TO HER WHO IS TOO GAY

Your head, your bearing, and your grace
Are like a charming landscape where,
Like zephyr breezes in the air,
Sweet laughter plays upon your face.

Sad souls you pass along the way
Are dazzled by the radiant health
That shines in such abundant wealth
From your sublime décolleté.

Resplendent colours that enhance
The beauty of your fine array
Inspire upon the poet's eye
The image of a floral dance.

These mad creations symbolise
The multi-coloured spirit of
A woman whom I madly love,
And also hate, in equal wise!

Oft, in a garden seeking rest,
I dragged my sluggish atony,
And felt the bitter irony
Of sunlight tearing at my breast.

And springtime's green magnificence
Cast such despair upon my heart,
That on a flower I did impart
Revenge for Nature's insolence.

Therefore, one night, clandestinely,
When sounds the hour of volupty,
Into your carnal treasury
I'll creep, a coward, silently,

À CELLE QUI EST TROP GAIE

Pour châtier ta chair joyeuse,
Pour meurtrir ton sein pardonné,
Et faire à ton flanc étonné
Une blessure large et creuse,

Et, vertigineuse douceur !
A travers ces lèvres nouvelles,
Plus éclatantes et plus belles,
T'infuser mon venin, ma sœur !

—Publié dans *Les Fleurs du mal,* juin 1857

TO HER WHO IS TOO GAY

There to chastise your blissful flesh,
To bruise your now forgiven breast,
And carve on your astonished side
An open wound both deep and wide,

And, heady sweetness that enthrals!
Into those fresh lips' gaping walls,
Where new joys and delights appear,
Infuse my venom, sister dear!

— First published in *Les Fleurs du mal*, June 1857

VI. LES BIJOUX

La très chère était nue, et, connaissant mon cœur,
Elle n'avait gardé que ses bijoux sonores,
Dont le riche attirail lui donnait l'air vainqueur
Qu'ont dans leurs jours heureux les esclaves des Mores,

Quand il jette en dansant son bruit vif et moqueur,
Ce monde rayonnant de métal et de pierre
Me ravit en extase, et j'aime avec fureur
Les choses où le son se mêle à la lumière.

Elle était donc couchée et se laissait aimer,
Et du haut du divan elle souriait d'aise
A mon amour profond et doux comme la mer,
Qui vers elle montait comme vers sa falaise.

Les yeux fixés sur moi, comme un tigre dompté,
D'un air vague et rêveur elle essayait des poses,
Et la candeur unie à la lubricité
Donnait un charme neuf à ses métamorphoses ;

Et ses bras et sa jambe, et sa cuisse et ses reins,
Polis comme de l'huile, onduleux comme un cygne,
Passaient devant mes yeux clairvoyants et sereins,
Et son ventre et ses seins, ces grappes de ma vigne,

S'avançaient, plus câlins que les Anges du mal,
Pour troubler le repos où mon âme était mise,
Et pour la déranger du rocher de cristal,
Où, calme et solitaire, elle s'était assise.

Je croyais voir unis par un nouveau dessin
Les hanches de l'Antiope au buste d'un imberbe,
Tant sa taille faisait ressortir son bassin ;
Sur ce teint fauve et brun le fard était superbe !

VI. THE JEWELS

My dearest love was naked, and, knowing my heart,
Had kept as sole attire her most sonorous gems,
Whose opulent display resembled the proud art
Of Moorish concubines bedecked with diadems.

When, shaken, it emits a lively mocking sound,
This radiant world of metal and resplendent stone
Fills me with ecstasy, for I have always found
Joy in the subtle interplay of light and tone.

And there she lay in languorous cupidity,
Smiling as she looked down upon her willing slave,
Upon my love, as deep as the eternal sea,
That flowed toward her being, as to the cliffs the wave.

Like a tame tiger, gazing at me fixedly,
She dreamily adopted miscellaneous poses,
Combining artlessness with impropriety,
Which lent a novel charm to her metamorphoses.

And her arms and her legs, and her loins and her thighs,
Undulating, swanlike, with softly silken sheen,
Serenely passed before my penetrating eyes.
And her belly and breasts, those sweet grapes of my vine,

Advanced, like wanton Angels in their sweet allure,
Disturbing the repose in which my soul had been,
And shattering the rock of crystal clear and pure
Upon which she'd appeared so tranquil and serene.

I thought I saw, united in a new design,
Antiope's ample hips with the bust of a boy,
The slimness of her waist lending her pelvic shrine
More prominence; and its dark colouring, what joy!

LES BIJOUX

— Et la lampe s'étant résignée à mourir,
Comme le foyer seul illuminait la chambre,
Chaque fois qu'il poussait un flamboyant soupir,
Il inondait de sang cette peau couleur d'ambre !

— Publié dans *Les Fleurs du mal*, juin 1857

THE JEWELS

— As the bedchamber's lamplight was resigned to die,
Only the glowing hearth lit up the space therein,
And every time it uttered a flamboyant sigh,
It emblazoned with blood her amber-coloured skin!

— First published in *Les Fleurs du mal*, June 1857

VII. LES MÉTAMORPHOSES DU VAMPIRE

La femme cependant de sa bouche de fraise,
En se tordant ainsi qu'un serpent sur la braise,
Et pétrissant ses seins sur le fer de son busc,
Laissait couler ces mots tout imprégnés de musc :
— « Moi, j'ai la lèvre humide, et je sais la science
De perdre au fond d'un lit l'antique conscience.
Je sèche tous les pleurs sur mes seins triomphants,
Et fais rire les vieux du rire des enfants.
Je remplace, pour qui me voit nue et sans voiles,
La lune, le soleil, le ciel et les étoiles !
Je suis, mon cher savant, si docte aux voluptés,
Lorsque j'étouffe un homme en mes bras redoutés,
Ou lorsque j'abandonne aux morsures mon buste,
Timide et libertine, et fragile et robuste,
Que sur ces matelas qui se pâment d'émoi
Les anges impuissants se damneraient pour moi ! »

Quand elle eut de mes os sucé toute la moelle,
Et que languissamment je me tournai vers elle
Pour lui rendre un baiser d'amour, je ne vis plus
Qu'une outre aux flancs gluants toute pleine de pus !
Je fermai les deux yeux dans ma froide épouvante,
Et quand je les rouvris à la clarté vivante,
A mes côtés, au lieu du mannequin puissant
Qui semblait avoir fait provision de sang,
Tremblaient confusément des débris de squelette,
Qui d'eux-mêmes rendaient le cri d'une girouette
Ou d'une enseigne, au bout d'une tringle de fer,
Que balance le vent pendant les nuits d'hiver.

—Publié dans *Les Fleurs du mal*, juin 1857

VII. THE METAMORPHOSES OF THE VAMPIRE

The woman, meanwhile, from alluring strawberry lips,
Like a snake on hot coals writhing her waist and hips,
Pressing her breasts into the metal of her busk,
Let flow these words infused with a bouquet of musk:
— "Behold, my lips are moist, and I have learned the art
Of swooning to the joys seduction can impart.
I dry everyone's tears on my triumphant breasts,
And I make old men laugh, as children laugh at jests.
Divested of attire, my naked form would vie
With the sun and the moon, and the stars and the sky!
I am, my learned friend, so versed in wanton charms,
That when I hold a mortal in my fearsome arms,
Or when I offer up to avid bites my bust,
Timid yet libertine, both fragile and robust,
Upon these mattresses, that swoon in ecstasy,
Debilitated angels would damn themselves for me!"

But when she had sucked all the marrow out of me,
And when again I turned toward her languidly
To render her a loving kiss, I could see just
A viscous, oozing wineskin, full of fetid pus!
I closed my eyes in horror at the ghastly sight,
And when I opened them again, in the harsh light,
Instead of a voluptuous woman by my side,
Whose vampire lust I thought my blood had satisfied,
There trembled in confusion a skeleton's remains,
From which came a loud rattle, like a weathervane
Or a shop sign suspended from an iron spike,
Buffeted by the wind on a wild winter's night.

— First published in *Les Fleurs du mal*, June 1857

GALANTERIES
GALLANTRIES

(LES ÉPAVES NOS. VIII – XII)

VIII. LE JET D'EAU

Tes beaux yeux sont las, pauvre amante !
Reste longtemps sans les rouvrir,
Dans cette pose nonchalante
Où t'a surprise le plaisir.
Dans la cour le jet d'eau qui jase
Et ne se tait ni nuit ni jour,
Entretient doucement l'extase
Où ce soir m'a plongé l'amour.

La gerbe épanouie
En mille fleurs,
Où Phœbé réjouie
Met ses couleurs,
Tombe comme une pluie
De larges pleurs.

Ainsi ton âme qu'incendie
L'éclair brûlant des voluptés
S'élance, rapide et hardie,
Vers les vastes cieux enchantés.
Puis elle s'épanche, mourante,
En un flot de triste langueur,
Qui par une invisible pente
Descend jusqu'au fond de mon cœur.

La gerbe épanouie
En mille fleurs,
Où Phœbé réjouie
Met ses couleurs,
Tombe comme une pluie
De larges pleurs.

VIII. THE FOUNTAIN

Your lovely eyes are tired, my sweet!
Sleep on in that unstudied guise,
So nonchalantly indiscreet,
Where pleasure took you by surprise.
The fountain burbles endlessly
Out in the courtyard, day and night,
Sustaining the sweet ecstasy
That love accorded me tonight.

There blossoms forth a spray
Of floral spheres,
Where Phoebe's bright display
Gaily appears,
And falls in a cascade
Of heavy tears.

And thus your ardent soul ignites
In hedonistic ecstasy,
And rushes boldly to the heights
Of the vast sky's infinity,
Until, expiring, losing hope,
In languid dole it falls apart,
Cascading down a hidden slope
Into the haven of my heart.

There blossoms forth a spray
Of floral spheres,
Where Phoebe's bright display
Gaily appears,
And falls in a cascade
Of heavy tears.

LE JET D'EAU

O toi, que la nuit rend si belle,
Qu'il m'est doux, penché vers tes seins,
D'écouter la plainte éternelle
Qui sanglote dans les bassins !
Lune, eau sonore, nuit bénie,
Arbres qui frissonnez autour,
Votre pure mélancolie
Est le miroir de mon amour.

La gerbe épanouie
En mille fleurs,
Où Phœbé réjouie
Met ses couleurs,
Tombe comme une pluie
De larges pleurs.

—Publié dans *La Petite Revue*, juillet 1865

THE FOUNTAIN

O you, whom night doth render fair,
How sweet it is, upon your breast,
To hear, in the ethereal air,
The fountains sobbing without rest!
Moon, rippling water, blessed night,
Leaves whispering in the trees above,
The languor of your sweet delight
Is the reflection of my love.

There blossoms forth a spray
Of floral spheres,
Where Phoebe's bright display
Gaily appears,
And falls in a cascade
Of heavy tears.

— First published in *La Petite Revue*, July 1865

IX. LES YEUX DE BERTHE

Vous pouvez mépriser les yeux les plus célèbres,
Beaux yeux de mon enfant, par où filtre et s'enfuit
Je ne sais quoi de bon, de doux comme la Nuit !
Beaux yeux, versez sur moi vos charmantes ténèbres !

Grands yeux de mon enfant, arcanes adorés,
Vous ressemblez beaucoup à ces grottes magiques
Où, derrière l'amas des ombres léthargiques,
Scintillent vaguement des trésors ignorés !

Mon enfant a des yeux obscurs, profonds et vastes,
Comme toi, Nuit immense, éclairés comme toi !
Leurs feux sont ces pensers d'Amour, mêlés de Foi,
Qui pétillent au fond, voluptueux ou chastes.

—Publié dans *Revue nouvelle*, mars 1864

IX. BERTHA'S EYES

You put the most illustrious eyes into the shade,
Fair eyes of my dear child, that filter to my sight
Things that are pure, serene, and gentle as the Night!
Fair eyes, bestow on me your charms that never fade!

Wide eyes of my dear child, arcana most adored,
You bear a great resemblance to those magic caves
In which, behind a cluster of lethargic shades,
There scintillate a host of treasures long ignored!

My child has eyes that are obscure, profound, and vast
As you, colossal Darkness, monumental Night!
Their fires are thoughts of Love, mingled with Faith and Light,
That sparkle in their depths, voluptuous or chaste.

— First published in *Revue nouvelle*, March 1864

X. HYMNE

A la très chère, à la très belle
Qui remplit mon cœur de clarté,
A l'ange, à l'idole immortelle,
Salut en l'immortalité !

Elle se répand dans ma vie
Comme un air imprégné de sel,
Et dans mon âme inassouvie
Verse le goût de l'éternel.

Sachet toujours frais qui parfume
L'atmosphère d'un cher réduit,
Encensoir oublié qui fume
En secret à travers la nuit,

Comment, amour incorruptible,
T'exprimer avec vérité ?
Grain de musc qui gis, invisible,
Au fond de mon éternité !

A la très bonne, à la très belle
Qui fait ma joie et ma santé,
A l'ange, à l'idole immortelle,
Salut en l'immortalité !

—Publié dans *Le Présent, Revue européenne,* novembre 1857

X. HYMN

To her most dear, to her most fair
Who fills my heart with clarity,
To an angel beyond compare,
Greetings in immortality!

She flows into my consciousness
Like a salt breeze's soft caress,
And into my unsated soul
She pours a taste of timelessness.

Ever fresh sachet that perfumes
A treasured place with sweet delight,
Forgotten incense bowl that fumes
In secrecy throughout the night,

How, love that's incorruptible,
Can I describe you truthfully?
A grain of musk, invisible,
Deep in my soul's eternity!

To her most dear, to her most fair,
My joy and my felicity,
To an angel beyond compare,
Greetings in immortality!

— First published in *Le Présent, Revue européenne,* November 1857

XI. LES PROMESSES D'UN VISAGE

J'aime, ô pâle beauté, tes sourcils surbaissés,
D'où semblent couler des ténèbres ;
Tes yeux, quoique très-noirs, m'inspirent des pensers
Qui ne sont pas du tout funèbres.

Tes yeux, qui sont d'accord avec tes noirs cheveux,
Avec ta crinière élastique,
Tes yeux, languissamment, me disent: « Si tu veux,
Amant de la muse plastique,

Suivre l'espoir qu'en toi nous avons excité,
Et tous les goûts que tu professes,
Tu pourras constater notre véracité
Depuis le nombril jusqu'aux fesses ;

Tu trouveras au bout de deux beaux seins bien lourds,
Deux larges médailles de bronze,
Et sous un ventre uni, doux comme du velours,
Bistré comme la peau d'un bonze,

Une riche toison qui, vraiment, est la sœur
De cette énorme chevelure,
Souple et frisée, et qui t'égale en épaisseur,
Nuit sans étoiles, Nuit obscure ! »

—Publié dans *Les Épaves*, février 1866

XI. THE PROMISES OF A FACE

I love, O beauty pale, your eyes, as they look down,
And from which darkness seems to flow.
Your eyes inspire in me, though they are darkest brown,
Thoughts where contentment seems to glow.

Your eyes, which are in harmony with your black hair,
Those tresses supple and profuse,
Your eyes, so languidly, say to me: "If you dare,
Admirer of the plastic muse,

To follow every hope that in you we have stirred,
And all that might enchant your eyes,
You now may see the truth and honour of our word
Between the navel and the thighs.

You will find at the tip of each voluptuous breast,
A large medallion of bronze,
And under a smooth abdomen, soft as velour
And dark as the skin of a bonze,

A fleece, capacious, rich, that truly is the twin,
The equal in sublime delight,
Of this abundant hair, whose thickness is akin
To yours, O Night, black, starless Night!"

— First published in *Les Épaves*, February 1866

XII. LE MONSTRE
ou Le Paranymphe d'une nymphe macabre

I

Tu n'es certes pas, ma très chère,
Ce que Veuillot nomme un tendron.
Le jeu, l'amour, la bonne chère
Bouillonnent en toi, vieux chaudron !
Tu n'es plus fraîche, ma très chère,

Ma vieille infante ! Et cependant
Tes caravanes insensées
T'ont donné ce lustre abondant
Des choses qui sont très usées,
Mais qui séduisent cependant.

Je ne trouve pas monotone
La verdeur de tes quarante ans ;
Je préfère tes fruits, Automne,
Aux fleurs banales du Printemps !
Non ! tu n'es jamais monotone !

Ta carcasse a des agréments
Et des grâces particulières ;
Je trouve d'étranges piments
Dans le creux de ses deux salières ;
Ta carcasse a des agréments !

Nargue des amants ridicules
Du melon et du giraumont !
Je préfère tes clavicules
A celles du roi Salomon,
Et je plains ces gens ridicules !

Tes cheveux, comme un casque bleu,
Ombragent ton front de guerrière,
Qui ne pense et rougit que peu,
Et puis se sauvent par derrière,
Comme les crins d'un casque bleu.

XII. THE MONSTER
or The Paranymph of a Macabre Nymph

I

'Tis certain, my dear, you are not
What Veuillot calls a tenderling.
Aboil in you, old cooking-pot,
Are gaming, lust and merrying!
So, my old darling, you are not

So fresh these days. However, dear,
Your antics, that leave me bemused,
Lend you that most lustrous veneer
Of things that are very well-used
But which still have their charm, my dear.

I do not find that it grows stale,
That green your forty summers bring;
Your autumn fruits to me unveil
More pleasures than the flowers of spring
No! you are never dull nor stale.

Your fine physique can still entice
With charms that I cannot disown;
I find a strange exotic spice
In the curve of your collar bone;
Your fine physique can still entice!

To hell with those pathetic fools,
Who thrive on melon and courgette!
I much prefer your clavicles
To those of Solomon the Great;
I pity those pathetic fools!

Like a blue helmet is the hair
That frames your warrior-like face
(Where thoughts and blushes are so rare),
Then sweeps back to its hiding-place.
Like a blue helmet is your hair!

LE MONSTRE

Tes yeux qui semblent de la boue
Où scintille quelque fanal,
Ravivés au fard de ta joue,
Lancent un éclair infernal !
Tes yeux sont noirs comme la boue !

Par sa luxure et son dédain
Ta lèvre amère nous provoque ;
Cette lèvre, c'est un Éden
Qui nous attire et qui nous choque.
Quelle luxure ! et quel dédain !

Ta jambe musculeuse et sèche
Sait gravir au haut des volcans,
Et malgré la neige et la dèche
Danser les plus fougueux cancans.
Ta jambe est musculeuse et sèche ;

Ta peau brûlante et sans douceur,
Comme celle des vieux gendarmes,
Ne connaît pas plus la sueur
Que ton œil ne connaît les larmes.
(Et pourtant elle a sa douceur !)

II

Sotte, tu t'en vas droit au Diable !
Volontiers j'irais avec toi,
Si cette vitesse effroyable
Ne me causait pas quelque émoi.
Va-t'en donc, toute seule, au Diable !

Mon rein, mon poumon, mon jarret
Ne me laissent plus rendre hommage
À ce Seigneur, comme il faudrait.
« Hélas ! c'est vraiment bien dommage ! »
Disent mon rein et mon jarret.

THE MONSTER

As black as peat moss are your eyes,
Wherein a beacon shimmers bright
And with your farded cheeks allies,
Emitting an infernal light!
As black as peat moss are your eyes.

With wantonness and pure disdain
Your bitter lips provoke our lust;
They are like Eden born again,
Inspiring passion and disgust.
What wantonness! And what disdain!

Your legs, robust and sinewy,
Could climb to a volcano's top,
And despite snow and penury,
Dance a lively cancan nonstop.
Your legs are strong and sinewy;

Your burning skin lacks tenderness,
Like an old constable's veneers;
It's never felt sudor's caress
Just as your eyes have not known tears.
(And yet there is some tenderness!)

II

You fool, you're headed straight for hell!
I'd willingly go with you too,
If this formidable pell-mell
Did not cause me to pause anew.
So off you go, alone, to hell!

My loins and lungs do not afford
Me strength to praise the hallowed name,
With due respect, of that great Lord.
"Alas! It really is a shame!"
My loins and lungs say in accord.

LE MONSTRE

Oh ! très-sincèrement je souffre
De ne pas aller aux sabbats,
Pour voir, quand il pète du soufre,
Comment tu lui baises son cas !
Oh ! très-sincèrement je souffre !

Je suis diablement affligé
De ne pas être ta torchère,
Et de te demander congé,
Flambeau d'enfer ! Juge, ma chère,
Combien je dois être affligé,

Puisque depuis longtemps je t'aime,
Étant très-logique ! En effet,
Voulant du Mal chercher la crème
Et n'aimer qu'un monstre parfait,
Vraiment oui ! vieux monstre, je t'aime !

—Publié dans *Les Épaves*, février 1866

Note éditoriale :

Le poème numéroté XIII est omis, car il s'agissait d'une reprise du poème *Franciscæ meæ laudes*, déjà paru dans *Les Fleurs du Mal*.

THE MONSTER

Oh! most sincerely do I suffer
Not to be going to the mass,
To see, when he is farting sulphur,
How you might kiss his stinking ass!
Oh! most sincerely do I suffer!

I am most devilishly aggrieved
Not to become your guiding light,
And have to ask you for your leave,
Infernal torch! Judge how I might
Feel more than devilishly aggrieved;

Since I have loved you for so long,
It's logical, it seems to me,
To seek the cream of Evil's wrong
And worship pure monstrosity,
Old monster, yes! I've loved you long!

— First published in *Les Épaves*, February 1866

Editorial note:

Poem number XIII is omitted, as it was a repeat of the poem *In Praise of my Francesca*, which had already appeared in *The Flowers of Evil*.

ÉPIGRAPHES

EPIGRAPHS

(LES ÉPAVES NOS. XIV - XVI)

XIV. VERS POUR LE PORTRAIT DE M. HONORÉ DAUMIER

Celui dont nous t'offrons l'image,
Et dont l'art, subtil entre tous,
Nous enseigne à rire de nous,
Celui-là, lecteur, est un sage.

C'est un satirique, un moqueur ;
Mais l'énergie avec laquelle
Il peint le Mal et sa séquelle
Prouve la beauté de son cœur.

Son rire n'est pas la grimace
De Melmoth ou de Méphisto
Sous la torche de l'Alecto
Qui les brûle, mais qui nous glace.

Leur rire, hélas! de la gaîté
N'est que la douloureuse charge ;
Le sien rayonne, franc et large,
Comme un signe de sa bonté !

—Publié dans *Les Épaves*, février 1865

XIV. VERSES FOR THE PORTRAIT OF MR. HONORÉ DAUMIER

The man you see depicted here,
Whose art of subtle parody
Instructs us in self-mockery,
Dear reader, truly is a seer.

He is a master of the art
Of satire, but the energy
With which he paints Iniquity
Reveals the beauty of his heart.

When he laughs, it is not the sneer
Of Melmoth or of Mephisto
Beneath the torch of Alecto
Which burns them, but chills us with fear.

Their laugh, alas! of gaiety
Is but a sham, an artifice;
His own, aglow with unfeigned bliss,
Bears witness to his charity.

—First published in *Les Épaves*, February 1865

XV.
LOLA DE VALENCE
Inscription pour le tableau d'Édouard Manet

Entre tant de beautés que partout on peut voir,
Je comprends bien, amis, que le désir balance ;
Mais on voit scintiller en Lola de Valence
Le charme inattendu d'un bijou rose et noir.

—Publié dans *La Société des Aquafortistes,* octobre, 1863

XV.
LOLA OF VALENCIA
Inscription for the portrait by Édouard Manet

Among the many beauties that everywhere we see,
I am aware, my friends, that passion hesitates;
But in Lola we see a jewel that radiates
The unexpected charm of rose and ebony.

— First published in *La Société des Aquafortistes*, October, 1863

XVI.
SUR « LE TASSE EN PRISON » D'EUGÈNE DELACROIX

Le poète au cachot, débraillé, maladif,
Roulant un manuscrit sous son pied convulsif,
Mesure d'un regard que la terreur enflamme
L'escalier de vertige où s'abîme son âme.

Les rires enivrants dont s'emplit la prison
Vers l'étrange et l'absurde invitent sa raison ;
Le Doute l'environne, et la Peur ridicule,
Hideuse et multiforme, autour de lui circule.

Ce génie enfermé dans un taudis malsain,
Ces grimaces, ces cris, ces spectres dont l'essaim
Tourbillonne, ameuté derrière son oreille,

Ce rêveur que l'horreur de son logis réveille,
Voilà bien ton emblème, Âme aux songes obscurs,
Que le Réel étouffe entre ses quatre murs !

—Publié dans *Revue nouvelle*, mars 1864

XVI.
ON "TASSO IN PRISON" BY EUGÈNE DELACROIX

The poet in his cell, ailing and desolate,
Rolling a manuscript beneath his trembling foot,
Observes, consumed by all that he most apprehends,
The yawning chasm into which his soul descends.

The strident cries of mirth that in the jail are heard
Invite his reason to the strange and the absurd;
He is beset by Doubt; and Fear, ridiculous,
Around him circulates, diverse and hideous.

That intellect imprisoned in a stinking cell,
Those grimaces, those cries, those ghosts that swarm and swell,
Ferment and congregate behind his troubled ear,

This dreamer whose abode awakes in him such fear:
Such is your emblem, Soul, whose dark dreams know no pause,
Stifled and choked within Reality's four walls!

— First published in *Revue nouvelle*, March 1864

PIÈCES DIVERSES
MISCELLANEOUS POEMS

(LES ÉPAVES NOS. XVII – XX)

XVII. LA VOIX

Mon berceau s'adossait à la bibliothèque,
Babel sombre, où roman, science, fabliau,
Tout, la cendre latine et la poussière grecque,
Se mêlaient. J'étais haut comme un in-folio.
Deux voix me parlaient. L'une, insidieuse et ferme,
Disait : « La Terre est un gâteau plein de douceur ;
Je puis (et ton plaisir serait alors sans terme !)
Te faire un appétit d'une égale grosseur. »
Et l'autre : « Viens! oh! viens voyager dans les rêves,
Au delà du possible, au delà du connu ! »
Et celle-là chantait comme le vent des grèves,
Fantôme vagissant, on ne sait d'où venu,
Qui caresse l'oreille et cependant l'effraie.
Je te répondis : « Oui! douce voix ! » C'est d'alors
Que date ce qu'on peut, hélas ! nommer ma plaie
Et ma fatalité. Derrière les décors
De l'existence immense, au plus noir de l'abîme,
Je vois distinctement des mondes singuliers,
Et, de ma clairvoyance extatique victime,
Je traîne des serpents qui mordent mes souliers.
Et c'est depuis ce temps que, pareil aux prophètes,
J'aime si tendrement le désert et la mer ;
Que je ris dans les deuils et pleure dans les fêtes,
Et trouve un goût suave au vin le plus amer ;
Que je prends très souvent les faits pour des mensonges,
Et que, les yeux au ciel, je tombe dans des trous.
Mais la Voix me console et dit : « Garde tes songes ;
Les sages n'en ont pas d'aussi beaux que les fous ! »

—Publié dans *Revue contemporaine*, février 1861

XVII. THE VOICE

My crib adjoined the library, when I was just
The size of a small folio. A sombre Babel,
Replete with Latin ashes and thick Grecian dust,
Enshrined many a tome of science, ode and fable.
Two voices spoke to me. One, firm and treacherous,
Said: "Earth is like a cake, and full of sweet surprise;
I can (and your delights would be continuous)
Give you an appetite to equal it in size."
The other said: "Come with me, rove with me in dreams,
Beyond the possible, beyond all that is known!"
And that voice sang like desert sands and mountain streams,
(Who knows from whence it came?) on phantom breezes blown,
Caressing awesomely the senses with its sound.
I answered: "Yes, most gentle voice!" And from that date,
Alas! I suffer from what could be called my wound
And my predestiny, forerunner of my fate.
Behind immense existence, in the vast abyss,
I clearly see strange worlds, fantastic and discrete,
And, victim of my clairvoyance, I hear the hiss
Of serpents that beset me, biting at my feet.
And it is since that time that, like prophets and seers,
I've loved devotedly the desert and the sea;
I've laughed at funerals, at parties I've shed tears,
And found a honeyed taste in wine's acerbity;
I often mistake falsehood for veracity,
And, eyes turned to the sky, I tumble into pits,
But then the voice consoles: "Pursue your reverie:
Wise men's dreams are no match for those of lunatics!"

— First published in *Revue contemporaine*, February 1861

XVIII. L'IMPRÉVU

Harpagon, qui veillait son père agonisant,
Se dit, rêveur, devant ces lèvres déjà blanches :
« Nous avons au grenier un nombre suffisant,
Ce me semble, de vieilles planches ! »

Célimène roucoule et dit : « Mon cœur est bon,
Et naturellement Dieu m'a faite très-belle . »
—Son cœur ! cœur racorni, fumé comme un jambon,
Recuit à la flamme éternelle !

Un gazetier fumeux, qui se croit un flambeau,
Dit au pauvre, qu'il a noyé dans les ténèbres :
« Où donc l'aperçois-tu, ce Créateur du Beau,
Ce Redresseur que tu célèbres ? »

Mieux que tous, je connais certain voluptueux
Qui bâille nuit et jour, et se lamente et pleure,
Répétant, l'impuissant et le fat : « Oui, je veux
Être vertueux, dans une heure ! »

L'horloge, à son tour, dit à voix basse : « Il est mûr,
Le damné ! J'avertis en vain la chair infecte.
L'homme est aveugle, sourd, fragile, comme un mur
Qu'habite et que ronge un insecte ! »

Et puis, Quelqu'un paraît, que tous avaient nié,
Et qui leur dit, railleur et fier : « Dans mon ciboire,
Vous avez, que je crois, assez communié
A la joyeuse Messe noire !

Chacun de vous m'a fait un temple dans son cœur ;
Vous avez, en secret, baisé ma fesse immonde !
Reconnaissez Satan à son rire vainqueur,
Énorme et laid comme le monde !

XVIII. THE UNFORESEEN

Harpagon, keeping vigil at his father's bed,
Seeing the lips already pale, began to muse:
"I think we must have ample stock there in the shed
Of old boards that we could still use?"

A cooing Célimène declares: "My heart is good,
And God has given me beauty that men proclaim."
— Her heart! a shrivelled heart, a ham smoked over wood,
And cooked by the eternal flame!

A feeble hack, who thinks that he's a shining light,
Says to the wretch he's drowned in a tenebrous mere:
"Where do you see this architect of Truth and Right,
This great Avenger you revere?"

Better than all of these, I know a debauchee
Who night and day laments and weeps in doleful sorrow,
Repeating, feeble blockhead: "Just you wait and see,
I shall be virtuous tomorrow!"

The clock in turn confides: "He's ready for the call,
The damned one! For I have in vain warned of his flaws.
Man is both deaf and blind, and fragile as a wall
In which an insect lives and gnaws!"

And then, Someone appears, whom all had long denied,
Who proudly taunts them, saying: "I have seen you pass
Before me in the proud communion I provide
So joyously at the Black Mass.

You each build in your heart a temple to my name;
Each of you has in secret kissed my foul behind!
Acknowledge Satan and his ever-conquering fame,
As monstrous as the world is blind!

L'IMPRÉVU

Avez-vous donc pu croire, hypocrites surpris,
Qu'on se moque du maître, et qu'avec lui l'on triche,
Et qu'il soit naturel de recevoir deux prix,
D'aller au Ciel et d'être riche ?

Il faut que le gibier paye le vieux chasseur
Qui se morfond longtemps à l'affût de la proie.
Je vais vous emporter à travers l'épaisseur,
Compagnons de ma triste joie,

A travers l'épaisseur de la terre et du roc,
A travers les amas confus de votre cendre,
Dans un palais aussi grand que moi, d'un seul bloc,
Et qui n'est pas de pierre tendre ;

Car il est fait avec l'universel Péché,
Et contient mon orgueil, ma douleur et ma gloire ! »
— Cependant, tout en haut de l'univers juché,
Un ange sonne la victoire

De ceux dont le cœur dit : « Que béni soit ton fouet,
Seigneur ! que la douleur, ô Père, soit bénie !
Mon âme dans tes mains n'est pas un vain jouet,
Et ta prudence est infinie. »

Le son de la trompette est si délicieux,
Dans ces soirs solennels de célestes vendanges,
Qu'il s'infiltre comme une extase dans tous ceux
Dont elle chante les louanges.

—Publié dans *Le Boulevard*, janvier 1863

THE UNFORESEEN

Did you think, hypocrites whom my presence surprises,
That you could mock and cheat your lord without a hitch,
That it could be your lot to win both of the prizes,
To go to Heaven *and* be rich?"

The game must pay the hunter who has stalked his prey
And lain so long in wait, perfecting his decoy.
Now through the thickness I shall carry you away,
Companions of my sombre joy,

Down through the thickness of the ancient soil and rock,
The tangled remnants of your ashes and your bone,
Into a palace built, like me, of one great block,
And which is not of tender stone;

For it is wholly made of universal Sin,
And harbours all my pride, my pain and majesty!"
— However, high above the realms of worldly sin
An angel sounds the victory

Of those whose hearts can say: "May your scourge give us joy,
O Lord! and all our sorrows, Father, may you bless!
My spirit, in your hands, is not a useless toy,
And your wisdom is measureless."

The trumpet's sound is so delightful as it flows,
Flooding celestial harvests with its solemn lays,
That it imbues with ecstasy the souls of those
Of whom it sings the fervent praise.

— First published in *Le Boulevard*, January 1863

XIX. LA RANÇON

L'homme a, pour payer sa rançon,
Deux champs au tuf profond et riche,
Qu'il faut qu'il remue et défriche
Avec le fer de la raison ;

Pour obtenir la moindre rose,
Pour extorquer quelques épis,
Des pleurs salés de son front gris
Sans cesse il faut qu'il les arrose.

L'un est l'Art et l'autre l'Amour.
— Pour rendre le juge propice,
Lorsque de la stricte justice
Paraîtra le terrible jour,

Il faudra lui montrer des granges
Pleines de moissons et des fleurs
Dont les formes et les couleurs
Gagnent le suffrage des Anges.

—Publié dans *Le Présent, Revue européenne,* novembre 1857

XIX. THE RANSOM

To pay his ransom man must toil
In two fields of volcanic rock,
Which he must harrow to unlock
The underlying fertile soil.

To cultivate a slender stem,
Or extricate some meagre ears
Of corn, he must, with salty tears,
Perpetually water them.

One field is Art, the other Love.
— To make the verdict more benign
When the authority divine
Dispenses justice from above,

He must have granaries abrim
With harvests of abundant grain,
And blooms whose shapes and colours gain
Approval from the Seraphim.

— First published in *Le Présent, Revue européenne,* November 1857

XX. À UNE MALABARAISE

Tes pieds sont aussi fins que tes mains, et ta hanche
Est large à faire envie à la plus belle blanche ;
A l'artiste pensif ton corps est doux et cher ;
Tes grands yeux de velours sont plus noirs que ta chair.

Aux pays chauds et bleus où ton Dieu t'a fait naître
Ta tâche est d'allumer la pipe de ton maître,
De pourvoir les flacons d'eaux fraiches et d'odeurs,
De chasser loin du lit les moustiques rôdeurs,
Et, dès que le matin fait chanter les platanes,
D'acheter au bazar ananas et bananes.
Tout le jour, où tu veux, tu mènes tes pieds nus,
Et fredonnes tout bas de vieux airs inconnus ;
Et quand descend le soir au manteau d'écarlate,
Tu poses doucement ton corps sur une natte,
Où tes rêves flottants sont pleins de colibris,
Et toujours, comme toi, gracieux et fleuris.

Pourquoi, l'heureuse enfant, veux-tu voir notre France,
Ce pays trop peuplé que fauche la souffrance,
Et, confiant ta vie aux bras forts des marins,
Faire de grands adieux à tes chers tamarins ?
Toi, vêtue à moitié de mousselines frêles,
Frissonnante là-bas sous la neige et les grêles,
Comme tu pleurerais tes loisirs doux et francs,
Si, le corset brutal emprisonnant tes flancs,
Il te fallait glaner ton souper dans nos fanges
Et vendre le parfum de tes charmes étranges,
L'œil pensif, et suivant, dans nos sales brouillards,
Des cocotiers absents les fantômes épars !

—Publié dans *L'Artiste, Revue de Paris,* décembre 1846

XX. TO A WOMAN OF MALABAR

Your hands and feet are slender, and your hips are quite
As generous as those of any buxom white;
Your silken flesh would be a thoughtful artist's prize,
And darker than your skin are your wide velvet eyes.

In sunlit azure lands where your God gave you birth,
You light the smoking-pipe of your master on earth,
You fill his bottles with cool water and perfume,
You banish the mosquitoes that prowl about his room,
And, when the plane-tree's song echoes the morning's call,
You buy figs and bananas from the market stall.
You wander barefoot where you fancy all day long,
Humming in dulcet tones an old mysterious song;
And when the dusk descends in its mantle of red,
You gently lay your body on a wicker bed,
Where, like your gracious self, your silent dreaming hours
Are filled with hummingbirds and subtly scented flowers.

Why, happy child, would you for France forsake this life,
That over-peopled land where suffering is rife,
And, trusting life and limb to sailors and the winds,
Bid last farewells to your beloved tamarinds?
Attired so meagrely in muslin thin and frail,
Aquiver there beneath the snowflakes and the hail,
How you would miss the gentle joys of bygone days
If, in a brutal prison of constricting stays,
You had to glean your supper in some sordid place
And sell the subtle perfume of your charming grace,
And follow scattered phantoms, with your pensive gaze,
Of absent palm trees in the filthy mist and haze!

— First published in *L'Artiste, Revue de Paris,* December 1846

BOUFFONNERIES

BUFFOONERIES

(LES ÉPAVES NOS. XXI – XXIII)

XXI. SUR LES DÉBUTS D'AMINA BOSCHETTI
au Théâtre de la Monnaie, à Bruxelles

Amina bondit, — fuit, puis voltige et sourit ;
Le Welche dit : « Tout ça, pour moi, c'est du prâcrit ;
Je ne connais, en fait de nymphes bocagères,
Que celles de *Montagne-aux-Herbes-Potagères.* »

Du bout de son pied fin et de son œil qui rit,
Amina verse à flots le délire et l'esprit ;
Le Welche dit : « Fuyez, délices mensongères !
Mon épouse n'a pas ces allures légères. »

Vous ignorez, sylphide au jarret triomphant,
Qui voulez enseigner la valse à l'éléphant,
Au hibou la gaîté, le rire à la cigogne,

Que sur la grâce en feu le Welche dit : « Haro ! »
Et que, le doux Bacchus lui versant du bourgogne,
Le monstre répondrait : « J'aime mieux le faro ! »

— Publié dans *La Vie parisienne*, octobre 1864

XXI. ON THE DEBUTS OF AMINA BOSCHETTI
at the Théatre de la Monnaie in Brussels

Amina leaps, — runs off, — then flutters smilingly;
The Belgian says: "All that is simply Greek to me;
The only woodland nymphs I know, I must declare,
Are those of the *Montagne-aux-Herbes-Potagères.*"

On slender dainty feet, her eyes sparkling with glee,
Amina pours forth floods of wit and ecstasy;
The Belgian says: "Begone, perfidious temptation!
My wife does not afford such light gratification."

You surely do not know, nymph of triumphant stance,
You who would gladly teach an elephant to dance,
Lend laughter to a stork, teach an owl gaiety,

That on such glowing grace the Belgian can but sneer!
And that, if gentle Bacchus poured him burgundy,
The monster would reply: "I'd rather have a beer!"

— First published in *La Vie parisienne,* October 1864

XXII. À M. EUGÈNE FROMENTIN
À propos d'un importun qui se disait son ami

Il me dit qu'il était très-riche,
Mais qu'il craignait le choléra ;
— Que de son or il était chiche,
Mais qu'il goûtait fort l'Opéra ;

— Qu'il raffolait de la nature,
Ayant connu monsieur Corot ;
— Qu'il n'avait pas encor voiture,
Mais que cela viendrait bientôt ;

— Qu'il aimait le marbre et la brique,
Les bois noirs et les bois dorés ;
— Qu'il possédait dans sa fabrique
Trois contre-maîtres décorés ;

— Qu'il avait, sans compter le reste,
Vingt mille actions sur le *Nord* ;
— Qu'il avait trouvé, pour un zeste,
Des encadrements d'Oppenord ;

— Qu'il donnerait (fût-ce à Luzarches !)
Dans le bric-à-brac jusqu'au cou,
Et qu'au Marché des Patriarches
Il avait fait plus d'un bon coup ;

— Qu'il n'aimait pas beaucoup sa femme,
Ni sa mère ; — mais qu'il croyait
A l'immortalité de l'âme
Et qu'il avait lu Niboyet !

— Qu'il penchait pour l'amour physique,
Et qu'à Rome, séjour d'ennui,
Une femme, d'ailleurs phthisique,
Était morte d'amour pour lui.

XXII. TO MR EUGÈNE FROMENTIN
Concerning a pest who considered himself a friend

He told me he was very rich,
But that he feared the cholera;
— That he was careful with his cash
But that he loved the opera;

— That Nature left him much inspired,
Being by Corot ably taught;
— And although not as yet acquired,
A carriage would be shortly bought;

— That he loved marble, slate, and brick,
And golden wood of finest grade;
— That in his workshop he possessed
Three craftsmen masters of their trade;

— That he had, not to count the rest,
Twenty thousand shares in the *Nord*,
And that he'd purchased, for a song,
Some picture frames by Oppenord;

— That he'd go even to Luzarches
To find the best of bric-à-brac,
And from the mart of Patriarches
He'd always bring some treasures back;

— That he did not much like his wife
Nor his dear mother, sad to say,
And yet he sought eternal life,
And knew the works of Niboyet!

— That he'd a taste for carnal bliss,
And on a tedious Roman stay
A woman, stricken by phthisis,
Of love for him had passed away.

À M. EUGÈNE FROMENTIN

Pendant trois heures et demie,
Ce bavard, venu de Tournai,
M'a dégoisé toute sa vie ;
J'en ai le cerveau consterné.

S'il fallait décrire ma peine,
Ce serait à n'en plus finir ;
Je me disais, domptant ma haine :
« Au moins, si je pouvais dormir ! »

Comme un qui n'est pas à son aise,
Et qui n'ose pas s'en aller,
Je frottais de mon cul ma chaise,
Rêvant de le faire empaler.

Ce monstre se nomme Bastogne ;
Il fuyait devant le fléau.
Moi, je fuirai jusqu'en Gascogne,
Ou j'irai me jeter à l'eau,

Si, dans ce Paris qu'il redoute,
Quand chacun sera retourné,
Je trouve encore sur ma route
Ce fléau, natif de Tournai.

—Publié dans *Les Épaves*, février 1866

TO MR EUGÈNE FROMENTIN

For fully three hours and a half
That busybody from Tournai
Churned out the story of his life –
I thought my brain would burst that day!

If I tried to describe my pain,
I'd never know quite when to cease;
And, hoping not to go insane,
I thought: "Can't I just have some peace!"

And like one who is ill at ease,
But cannot make good his escape,
I rubbed my bottom on my seat
And dreamed of his impending fate.

That monster, Bastogne is his name,
Was fleeing from the dreaded plague;
I'd flee as far as Gascony,
Or throw myself into the Seine,

If, in this Paris he so fears,
When we have all returned some day,
I should encounter once again
That tiresome native of Tournai.

— First published in *Les Épaves*, February 1866

XXIII. UN CABARET FOLÂTRE
sur la route de Bruxelles à Uccle

Vous qui raffolez des squelettes
Et des emblèmes détestés,
Pour épicer les voluptés
(Fût-ce de simples omelettes !)

Vieux Pharaon, ô Monselet !
Devant cette enseigne imprévue,
J'ai rêvé de vous : *A la vue
Du Cimetière, Estaminet !*

— Publié dans *Les Épaves*, février 1866

XXIII. A LIVELY TAVERN
on the road from Brussels to Uccle

You who are fond of skeletons
And other loathsome allegories,
To season your debaucheries
(Were you but vegetarian!)

Old Pharaoh, Monsieur Monselet!
I saw this unexpected sign,
And thought that you might care to dine:
With Graveyard View, Estaminet!

— First published in Les Épaves, February1866

POÈMES DIVERS
OTHER POEMS
1844–1866

ÉPIGRAPHE POUR UN LIVRE CONDAMNÉ

Lecteur paisible et bucolique,
Sobre et naïf homme de bien,
Jette ce livre saturnien,
Orgiaque et mélancolique.

Si tu n'as fait ta rhétorique
Chez Satan, le rusé doyen,
Jette ! tu n'y comprendrais rien,
Ou tu me croirais hystérique.

Mais si, sans se laisser charmer,
Ton œil sait plonger dans les gouffres,
Lis-moi, pour apprendre à m'aimer ;

Âme curieuse qui souffres
Et vas cherchant ton paradis,
Plains-moi !... Sinon, je te maudis !

—Publié dans *Revue européenne,* septembre 1861

EPIGRAPH FOR A CONDEMNED BOOK

Dear reader, peaceful and bucolic,
Upstanding, sober and benign,
Discard this book that's saturnine,
Libidinous and melancholic.

If you've not done your rhetoric
With Satan, that most artful dean,
Discard it! there's naught you could glean,
Or you might think me an hysteric.

But if, resisting its allure,
Your eye can fathom the abyss,
Read me, and learn to love me more;

Poor suffering soul in search of bliss,
Your paradise, your promised land,
Have pity on me! ... or be damned!

— First published in *Revue européenne,* September 1861

RECUEILLEMENT

Sois sage, ô ma Douleur, et tiens-toi plus tranquille.
Tu réclamais le Soir ; il descend ; le voici :
Une atmosphère obscure enveloppe la ville,
Aux uns portant la paix, aux autres le souci.

Pendant que des mortels la multitude vile,
Sous le fouet du Plaisir, ce bourreau sans merci,
Va cueillir des remords dans la fête servile,
Ma Douleur, donne-moi la main ; viens par ici,

Loin d'eux. Vois se pencher les défuntes Années,
Sur les balcons du ciel, en robes surannées ;
Surgir du fond des eaux le Regret souriant ;

Le Soleil moribond s'endormir sous une arche,
Et, comme un long linceul traînant à l'Orient,
Entends, ma chère, entends la douce Nuit qui marche.

—Publié dans *Revue européenne,* novembre 1861

CONTEMPLATION

Be gentle, O my Sorrow; come now, settle down.
You longed for Eventide; her shadows fill the air;
A shroud of darkness now descends upon the town,
To some affording peace, to others only care.

And while of mortal man the wanton multitude,
Beneath the cruel scourge of Pleasure's tyranny,
Goes garnering remorse in servile turpitude,
My Sorrow, take my hand, and come away with me,

Far from them. See the bygone Years their vigil keep,
On heaven's balconies, in antiquated dress,
As simpering Regret emerges from the deep;

The Sun beneath an arch yields its expiring light,
And, like an endless shroud unwinding to the East,
Hear now, my dear, the gentle footsteps of the Night.

— First published in *Revue européenne*, November 1861

À THÉODORE DE BANVILLE

Vous avez empoigné les crins de la Déesse
Avec un tel poignet, qu'on vous eût pris, à voir
Et cet air de maîtrise et ce beau nonchaloir,
Pour un jeune ruffian terrassant sa maîtresse.

L'œil clair et plein du feu de la précocité,
Vous avez prélassé votre orgueil d'architecte
Dans des constructions dont l'audace correcte
Fait voir quelle sera votre maturité.

Poète, notre sang nous fuit par chaque pore ;
Est-ce que par hasard la robe du Centaure
Qui changeait toute veine en funèbre ruisseau,

Était teinte trois fois dans les baves subtiles
De ces vindicatifs et monstrueux reptiles
Que le petit Hercule étranglait au berceau ?

— Écrit en 1842, mais publié pour la première fois dans l'édition posthume des *Fleurs du mal*, 1868

TO THÉODORE DE BANVILLE

So firmly did you grasp the Goddess by her hair
That, judging by your mastery and nonchalance,
You might have been compared, forgive my impudence,
To some young ruffian flooring his mistress there.

With clarity of eye, with such precocity,
You've shown how proud you are to be an architect
Of writings which are so audaciously correct
That in them we foresee your full maturity.

Poet, our blood escapes through every single pore;
Was it merely by chance the robe of the Centaur,
Which to a morbid stream transmuted every vein,

Was three times dipped and tinted by the subtle biles
Of those vindictive, monstrous, hideous reptiles
That in his crib the infant Hercules had slain?

— Written in 1842, but first published in the posthumous edition of *Les Fleurs du mal*, 1868

LE CALUMET DE PAIX
Imité de Longfellow

I

Or Gitche Manito, le Maître de la Vie,
Le Puissant, descendit dans la verte prairie,
Dans l'immense prairie aux coteaux montueux ;
Et là, sur les rochers de la Rouge Carrière,
Dominant tout l'espace et baigné de lumière,
Il se tenait debout, vaste et majestueux.

Alors il convoqua les peuples innombrables,
Plus nombreux que ne sont les herbes et les sables.
Avec sa main terrible il rompit un morceau
Du rocher, dont il fit une pipe superbe,
Puis, au bord du ruisseau, dans une énorme gerbe,
Pour s'en faire un tuyau, choisit un long roseau.

Pour la bourrer il prit au saule son écorce ;
Et lui, le Tout-Puissant, Créateur de la Force,
Debout, il alluma, comme un divin fanal,
La Pipe de la Paix. Debout sur la Carrière
Il fumait, droit, superbe et baigné de lumière.
Or pour les nations c'était le grand signal.

Et lentement montait la divine fumée
Dans l'air doux du matin, onduleuse, embaumée.
Et d'abord ce ne fut qu'un sillon ténébreux ;
Puis la vapeur se fit plus bleue et plus épaisse,
Puis blanchit ; et montant, et grossissant sans cesse,
Elle alla se briser au dur plafond des cieux.

Des plus lointains sommets des Montagnes Rocheuses,
Depuis les lacs du Nord aux ondes tapageuses,
Depuis Tawasentha, le vallon sans pareil,
Jusqu'à Tuscaloosa, la forêt parfumée,
Tous virent le signal et l'immense fumée
Montant paisiblement dans le matin vermeil.

THE PEACE PIPE
after Longfellow

I

Now, Gitche Manito, the Master of all Life,
The Powerful, descended into the green prairie,
Into the immense prairie encircled by mountains ;
And there, on the rocks of the Red Quarry,
Dominating the whole space and bathed in light,
He stood erect, vast and majestic.

Then he summoned the countless peoples,
More numerous than blades of grass and grains of sand.
With his terrible hand he broke off a piece
Of rock, out of which made a superb smoking pipe,
Then, beside the stream, from an enormous sheaf,
To make the stem, he selected a long reed.

To fill it, he took some bark from a willow;
And he, the All-Powerful, Creator of Might,
Standing, he lit, like a divine beacon,
The Pipe of Peace. Standing upon the Quarry,
He smoked, erect, proud, and bathed in light.
Now for the nations this was the great signal.

And slowly arose the divine smoke
In the gentle morning air, undulating, fragrant.
And at first it was no more than a dark trail ;
Then the vapour became bluer and thicker,
Then it whitened; and rising, and growing ever larger,
It went and shattered against the hard ceiling of the heavens.

From the most distant summits of the Rocky Mountains,
From the Northern lakes with their turbulent waves,
From Tawasentha, the matchless valley,
As far as Tuscaloosa, the perfumed forest,
All saw the signal and the immense clouds of smoke
Rising peacefully into the garnet morning sky.

LE CALUMET DE PAIX

Les Prophètes disaient : « Voyez-vous cette bande
De vapeur, qui, semblable à la main qui commande,
Oscille et se détache en noir sur le soleil ?
C'est Gitche Manito, le Maître de la Vie,
Qui dit aux quatre coins de l'immense prairie :
Je vous convoque tous, guerriers, à mon conseil! »

Par le chemin des eaux, par la route des plaines,
Par les quatre côtés d'où soufflent les haleines
Du vent, tous les guerriers de chaque tribu, tous,
Comprenant le signal du nuage qui bouge,
Vinrent docilement à la Carrière Rouge
Où Gitche Manito leur donnait rendez-vous.

Les guerriers se tenaient sur la verte prairie,
Tous équipés en guerre, et la mine aguerrie,
Bariolés ainsi qu'un feuillage automnal ;
Et la haine qui fait combattre tous les êtres,
La haine qui brûlait les yeux de leurs ancêtres,
Incendiait encor leurs yeux d'un feu fatal.

Et leurs yeux étaient pleins de haine héréditaire.
Or Gitche Manito, le Maître de la Terre,
Les considérait tous avec compassion,
Comme un père très bon, ennemi du désordre,
Qui voit ses chers petits batailler et se mordre.
Tel Gitche Manito pour toute nation.

Il étendit sur eux sa puissante main droite
Pour subjuguer leur cœur et leur nature étroite,
Pour rafraîchir leur fièvre à l'ombre de sa main ;
Puis il leur dit avec sa voix majestueuse,
Comparable à la voix d'une eau tumultueuse
Qui tombe et rend un son monstrueux, surhumain :

THE PEACE PIPE

The Prophets said : "Do you see that band
Of vapour that, like the hand that commands it,
Zigzags and stands out black against the sun?
That is Gitche Manito, the Master of Life,
Who says to the four corners of the immense prairie :
'I summon you all, warriors, to my council !' "

Along the waterways, across the plains,
From the four flanks whence blow the breaths
Of the winds, all of the warriors of every tribe, all,
Understanding the signal of the moving cloud,
Came obediently to the Red Quarry
Where Gitche Manito had called them to meet with him.

The warriors stood upon the green prairie,
All equipped for war, and with warlike faces,
Brightly painted like the autumn leaves ;
And the hatred that makes all beings fight,
The hatred that once burned in their ancestors' eyes,
Still ignited their eyes with a fatal fire.

And their eyes were filled with hereditary hatred.
Now Gitche Manito, the Master of the Earth,
Contemplated them all with compassion,
Like a very kind father, enemy of disorder,
Who sees his dear children fight and bite one another.
Thus did Gitche Manito contemplate every nation.

He stretched forth upon them his powerful right hand
To subjugate their hearts and their narrow natures,
To cool their fever in the shade of his hand;
Then he told them with his majestic voice,
Comparable to the voice of roaring water,
Falling and making a monstrous, superhuman noise:

LE CALUMET DE PAIX

II

« O ma postérité, déplorable et chérie !
O mes fils ! écoutez la divine raison.
C'est Gitche Manito, le Maître de la Vie,
Qui vous parle ! celui qui dans votre patrie
A mis l'ours, le castor, le renne et le bison.

Je vous ai fait la chasse et la pêche faciles ;
Pourquoi donc le chasseur devient-il assassin ?
Le marais fut par moi peuplé de volatiles ;
Pourquoi n'êtes-vous pas contents, fils indociles ?
Pourquoi l'homme fait-il la chasse à son voisin ?

Je suis vraiment bien las de vos horribles guerres.
Vos prières, vos vœux même sont des forfaits !
Le péril est pour vous dans vos humeurs contraires,
Et c'est dans l'union qu'est votre force. En frères
Vivez donc, et sachez vous maintenir en paix.

Bientôt vous recevrez de ma main un Prophète
Qui viendra vous instruire et souffrir avec vous.
Sa parole fera de la vie une fête ;
Mais si vous méprisez sa sagesse parfaite,
Pauvres enfants maudits, vous disparaîtrez tous !

Effacez dans les flots vos couleurs meurtrières.
Les roseaux sont nombreux et le roc est épais ;
Chacun en peut tirer sa pipe. Plus de guerres,
Plus de sang ! Désormais vivez comme des frères,
Et, tous unis, fumez le Calumet de Paix ! »

III

Et soudain tous, jetant leurs armes sur la terre,
Lavent dans le ruisseau les couleurs de la guerre
Qui luisaient sur leurs fronts cruels et triomphants.
Chacun creuse une pipe et cueille sur la rive

THE PEACE PIPE

II

"Oh my posterity, deplorable and cherished!
Oh my sons! Listen to divine reason.
It is Gitche Manito, the Master of Life,
Who speaks to you! He who into your homeland
Put the bear, the beaver, the deer, and the bison.

I made hunting and fishing easy for you;
Why then does the hunter become an assassin?
The swamps were by me filled with wildfowl;
Why are you not content, unruly sons?
Why does man hunt his own neighbour?

I am truly very tired of your horrible wars.
Your prayers, even your vows are crimes!
The peril for you is in your contrary natures,
And it is in union that lies your strength. As brothers
Live therefore, and learn how to keep the peace.

Soon you will receive from my hand a Prophet
Who will come to instruct you and suffer with you.
His word will make a festival out of life;
But if you disdain his perfect wisdom,
Poor accursed children, you will all perish!

Erase in the waters your murderous warpaints.
The reeds are many and the rock is thick;
Each of you may fashion from them his own pipe. No more wars,
No more blood! Henceforth live as brothers,
And all, united, smoke the Pipe of Peace!"

III

And suddenly all of them, throwing their weapons to the ground,
Wash off in the stream the warpaints
That were gleaming on their cruel and triumphant brows.
Each of them hollows out a pipe and picks on the riverbank

LE CALUMET DE PAIX

Un long roseau qu'avec adresse il enjolive.
Et l'Esprit souriait à ses pauvres enfants !

Chacun s'en retourna l'âme calme et ravie,
Et Gitche Manito, le Maître de la Vie,
Remonta par la porte entr'ouverte des cieux.
— A travers la vapeur splendide du nuage
Le Tout-Puissant montait, content de son ouvrage,
Immense, parfumé, sublime, radieux !

—Publié dans l'édition posthume des *Fleurs du mal*, 1868

THE PEACE PIPE

A long reed which he embellishes with skill.
And the Spirit smiled at his poor children!

Each of them went home with a calm and delighted soul,
And Gitche Manito, the Master of Life,
Re-ascended through the open door of the heavens.
— Through the splendid vapour of the cloud
The All-Powerful ascended, well pleased with his work,
Immense, perfumed, sublime, radiant!

—First published in the posthumous edition of *Les Fleurs du mal*, 1868

LA PRIÈRE D'UN PAÏEN

Ah! ne ralentis pas tes flammes ;
Réchauffe mon cœur engourdi,
Volupté, torture des âmes !
Diva ! supplicem exaudi !

Déesse dans l'air répandue,
Flamme dans notre souterrain !
Exauce une âme morfondue,
Qui te consacre un chant d'airain.

Volupté, sois toujours ma reine !
Prends le masque d'une sirène
Faite de chair et de velours,

Ou verse-moi tes sommeils lourds
Dans le vin informe et mystique,
Volupté, fantôme élastique !

—Publié dans *Revue européenne,* septembre 1861

A PAGAN'S PRAYER

Ah! do not damp thy ardent coals;
Warm my cold heart, I beg of thee,
Indulgence, tormentor of souls!
Diva! Supplicem exaudi!

Goddess, who in the clear air dwell,
Burn also in our caverns dim!
All brooding from this soul dispel,
That offers thee this brazen hymn.

Joy, be my queen, that's all I ask!
Pleasure, put on a siren's mask
Of velvet and soft flesh composed,

Or else pour me the deep repose
Of an amorphous, mystic wine,
Elastic phantom, Joy divine!

— First published in *Revue européenne,* September 1861

LE COUVERCLE

En quelque lieu qu'il aille, ou sur mer ou sur terre,
Sous un climat de flamme ou sous un soleil blanc,
Serviteur de Jésus, courtisan de Cythère,
Mendiant ténébreux ou Crésus rutilant,

Citadin, campagnard, vagabond, sédentaire,
Que son petit cerveau soit actif ou soit lent,
Partout l'homme subit la terreur du mystère,
Et ne regarde en haut qu'avec un œil tremblant.

En haut, le Ciel ! ce mur de caveau qui l'étouffe,
Plafond illuminé pour un opéra bouffe
Où chaque histrion foule un sol ensanglanté ;

Terreur du libertin, espoir du fol ermite ;
Le Ciel ! couvercle noir de la grande marmite
Où bout l'imperceptible et vaste Humanité.

—Publié dans *Le Boulevard*, janvier 1862

THE LID

Wherever he might go, on ocean or on land,
Beneath a fiery sky or an insipid sun,
Servant of Jesus Christ, Cythera's sycophant,
Beggar of dismal mien, Croesus the wealthy one,

Town-dweller, countryman, vagabond, sedentary,
Whether his little brain be resolute or shy,
Everywhere Man endures the dread of mystery,
And only looks above with trembling in his eye.

Above, the Sky! That suffocating tomb-like wall,
That ceiling lit up like a bawdy music-hall
Where on the blood-soaked floor clowns strut their vanity;

The lecher's dread unease, the crazy hermit's dream,
The Sky! Black lid of the great cauldron in which steam
The transient multitudes of vast Humanity.

— First published in *Le Boulevard*, January 1862

L'EXAMEN DE MINUIT

La pendule, sonnant minuit,
Ironiquement nous engage
A nous rappeler quel usage
Nous fîmes du jour qui s'enfuit :
— Aujourd'hui, date fatidique,
Vendredi, treize, nous avons,
Malgré tout ce que nous savons,
Mené le train d'un hérétique.

Nous avons blasphémé Jésus,
Des Dieux le plus incontestable !
Comme un parasite à la table
De quelque monstrueux Crésus,
Nous avons, pour plaire à la brute,
Digne vassale des Démons,
Insulté ce que nous aimons
Et flatté ce qui nous rebute ;

Contristé, servile bourreau,
Le faible qu'à tort on méprise ;
Salué l'énorme Bêtise,
La Bêtise au front de taureau ;
Baisé la stupide Matière
Avec grande dévotion,
Et de la putréfaction
Béni la blafarde lumière.

Enfin, nous avons, pour noyer
Le vertige dans le délire,
Nous, prêtre orgueilleux de la Lyre,
Dont la gloire est de déployer
L'ivresse des choses funèbres,
Bu sans soif et mangé sans faim !...
— Vite soufflons la lampe, afin
De nous cacher dans les ténèbres !

—Publié dans *Le Boulevard*, février 1863

THE MIDNIGHT REVIEW

The clock, sounding the midnight tone,
With irony engages us
Within our conscience to discuss
How we have used the day that's flown:
— Today, a most portentous date,
Friday the thirteenth, we have been,
Despite all we have known and seen,
Behaving like an apostate.

We have defiled the name of Jesus,
Of all the Gods the highest priest,
Like fawning leeches at the feast
Of some abominable Croesus;
To satisfy the brutish boor,
Worthy disciple of the Fiend,
All that we love we have demeaned
And glorified what we deplore.

Base torturers, we have oppressed
The weak, whom we wrongly disdain,
Given Stupidity free rein
With bovine single-mindedness;
Kissed banal Matter's foolishness
With the utmost devotion,
And of foul putrefaction
We've sanctified the bloodlessness.

And finally, to drown our dread
In transports of delirious fire,
We have, vain preachers of the Lyre,
Whose only glory is to spread
The rapture of funereal doom,
Dined without thirst or appetite!...
— Quickly, let us snuff out the light
And hide in the tenebrous gloom.

— First published in *Le Boulevard*, February 1863

MADRIGAL TRISTE

I

Que m'importe que tu sois sage ?
Sois belle ! et sois triste ! Les pleurs
Ajoutent un charme au visage,
Comme le fleuve au paysage ;
L'orage rajeunit les fleurs.

Je t'aime surtout quand la joie
S'enfuit de ton front terrassé ;
Quand ton cœur dans l'horreur se noie ;
Quand sur ton présent se déploie
Le nuage affreux du passé.

Je t'aime quand ton grand œil verse
Une eau chaude comme le sang ;
Quand, malgré ma main qui te berce,
Ton angoisse, trop lourde, perce
Comme un râle d'agonisant.

J'aspire, volupté divine !
Hymne profond, délicieux !
Tous les sanglots de ta poitrine,
Et crois que ton cœur s'illumine
Des perles que versent tes yeux !

II

Je sais que ton cœur, qui regorge
De vieux amours déracinés,
Flamboie encor comme une forge,
Et que tu couves sous ta gorge
Un peu de l'orgueil des damnés ;

Mais tant, ma chère, que tes rêves
N'auront pas reflété l'Enfer,
Et qu'en un cauchemar sans trêves,
Songeant de poisons et de glaives,
Éprise de poudre et de fer,

A SAD MADRIGAL

I

What do I care if you are wise?
Be beautiful! Be sad! It's plain
That tears add magic to your eyes,
As rivers grace the countryside
And flow'rs are freshened by the rain.

I love to see your joy depart
When your demeanour is downcast;
When horror suffocates your heart;
When present time is torn apart
By dreadful shadows of the past.

I love you when, in your distress,
Your tears, warm as your blood, are shed;
When, notwithstanding my caress,
The plaintive sounds of your distress
Are like rales from a hospice bed.

And I inhale, divine delight!
Exquisite hymn, profound and wise!
The sobs that from your breast arise,
And sense your heart is bathed in light
From pearls cascading from your eyes.

II

I know your heart is still possessed
By former loves now cast aside,
That the old ardour does not rest
And that you harbour in your breast
The remnants of damnation's pride.

But, dearest, so long as your dreams
Have not reflected Hell's appeal;
If your relentless nightmare seems
To be obsessed with ghastly schemes
Of poison, gunpowder and steel;

MADRIGAL TRISTE

N'ouvrant à chacun qu'avec crainte,
Déchiffrant le malheur partout,
Te convulsant quand l'heure tinte,
Tu n'auras pas senti l'étreinte
De l'irrésistible Dégoût,

Tu ne pourras, esclave reine
Qui ne m'aimes qu'avec effroi,
Dans l'horreur de la nuit malsaine
Me dire, l'âme de cris pleine :
« Je suis ton égale, ô mon Roi ! »

—Publié dans *Revue fantaisiste*, mai 1861

A SAD MADRIGAL

If, dreading every caller's knock,
Regarding all things as unjust,
Recoiling from the chiming clock,
You've not been held within the lock
Of irresistible Disgust,

You cannot, O my queen and slave,
Whose love can only terror bring,
In darkness awful as the grave
Say to me, with a heart that's brave:
"I am your equal, O my King!

— First published in *Revue fantaisiste*, May 1861

L'AVERTISSEUR

Tout homme digne de ce nom
A dans le cœur un Serpent jaune,
Installé comme sur un trône,
Qui, s'il dit : « Je veux ! » répond : « Non! »

Plonge tes yeux dans les yeux fixes
Des Satyresses ou des Nixes,
La Dent dit : « Pense à ton devoir ! »

Fais des enfants, plante des arbres,
Polis des vers, sculpte des marbres,
La Dent dit : « Vivras-tu ce soir ? »

Quoi qu'il ébauche ou qu'il espère,
L'homme ne vit pas un moment
Sans subir l'avertissement
De l'insupportable Vipère.

—Publié dans *Revue européenne,* septembre 1861

THE PORTENDER

Any man fit to be so called
Has in his heart a snake-like Foe,
As if upon a throne installed;
If he says: "I will", Fang says: "No!"

Plunge your eyes into the fixed gaze
Of Water Sprites or Satyr Maids,
Fang says: "Think Duty, not delight!"

Beget a child, or plant a tree,
Sculpt marble, polish poetry,
Fang says: "Will you still live tonight?"

Whatever plans he hopes to make,
Man cannot in this life forestall
The ever-present warning call
Of the intolerable Snake.

— First published in *Revue européenne,* September 1861

LE REBELLE

Un Ange furieux fond du ciel comme un aigle,
Du mécréant saisit à plein poing les cheveux,
Et dit, le secouant : « Tu connaîtras la règle !
(Car je suis ton bon Ange, entends-tu ?) Je le veux !

Sache qu'il faut aimer, sans faire la grimace,
Le pauvre, le méchant, le tortu, l'hébété,
Pour que tu puisses faire à Jésus, quand il passe,
Un tapis triomphal avec ta charité.

Tel est l'Amour ! Avant que ton cœur ne se blase,
A la gloire de Dieu rallume ton extase ;
C'est la Volupté vraie aux durables appas ! »

Et l'Ange, châtiant autant, ma foi ! qu'il aime,
De ses poings de géant torture l'anathème ;
Mais le damné répond toujours : « Je ne veux pas ! »

—Publié dans *Revue européenne,* septembre 1861

THE REBEL

An Angel, eagle-like, swoops furious from the sky,
Seizes the rascal's hair abruptly in his fist,
And, shaking him, says: "With my rule you shall comply!
(For I am your good Angel, do you hear?) I insist!

Know that you must show love, and do not pull a face!
To paupers, rogues and those cursed by insanity,
So that for Jesus, when he passes, you can place
Before him your triumphal cloak of charity.

For such is Love! Before your heart becomes blasé,
Rekindle your devotion to God's glorious way;
That is the lasting Joy, and the devout man's lot!"

The Angel then, whose wrath is equal to his love,
Rains down upon the sinner harsh blows from above;
But the accursèd one still answers: "I will not!"

— First published in *Revue européenne,* September 1861

BIEN LOIN D'ICI

C'est ici la case sacrée
Où cette fille très parée,
Tranquille et toujours préparée,

D'une main éventant ses seins,
Et son coude dans les coussins,
Écoute pleurer les bassins :

C'est la chambre de Dorothée.
— La brise et l'eau chantent au loin
Leur chanson de sanglots heurtée
Pour bercer cette enfant gâtée.

Du haut en bas, avec grand soin,
Sa peau délicate est frottée
D'huile odorante et de benjoin.
— Des fleurs se pâment dans un coin.

— Publié dans *Revue nouvelle,* mars 1864

VERY FAR FROM HERE

Here is the sacred dwelling-place
Where this young woman, full of grace,
Lies decked with gems and finest lace.

Her fingers gently fan her breast,
Her elbows into cushions pressed,
While weeping ponds attend her rest.

This is the room of Dorothy.
— And in the distance pond and breeze
Are sobbing their sweet melodies
To rock this spoilt child tenderly.

From head to toe, prepared to please,
Her skin is brushed exquisitely
With fragrant oils and potpourris.
— And flowers swoon in ecstasy.

— First published in *Revue nouvelle*, March 1864

LE GOUFFRE

Pascal avait son gouffre, avec lui se mouvant.
— Hélas ! tout est abîme, — action, désir, rêve,
Parole ! et sur mon poil qui tout droit se relève
Maintes fois de la Peur je sens passer le vent.

En haut, en bas, partout, la profondeur, la grève,
Le silence, l'espace affreux et captivant...
Sur le fond de mes nuits Dieu de son doigt savant
Dessine un cauchemar multiforme et sans trêve.

J'ai peur du sommeil comme on a peur d'un grand trou,
Tout plein de vague horreur, menant on ne sait où ;
Je ne vois qu'infini par toutes les fenêtres,

Et mon esprit, toujours du vertige hanté,
Jalouse du néant l'insensibilité.
— Ah ! ne jamais sortir des Nombres et des Êtres !

— Publié dans *L'Artiste,* mars 1862

THE ABYSS

Pascal had his abyss that followed him each day.
— Alas! All is abyss, — desire, word, action, dream!
And in my tousled hair that stands on end, I seem
To often feel the wind of Fear along the way.

Above, below, on every side, the depth, the strand,
The silence, the horrendous, captivating space...
Upon the canvas of my nights God's fingers trace
A complex, endless nightmare with a knowing hand.

I am afraid of sleep, as one might fear a hole
That's full of obscure horrors, leading to no goal;
Each window shows me nothing but infinity,

And my sad spirit, racked by instability,
Is envious of the void's insensibility.
— From Entities and Numbers never to be free!

— First published in *L'Artiste,* March 1862

LES PLAINTES D'UN ICARE

Les amants des prostituées
Sont heureux, dispos et repus ;
Quant à moi, mes bras sont rompus
Pour avoir étreint des nuées.

C'est grâce aux astres nonpareils,
Qui tout au fond du ciel flamboient,
Que mes yeux consumés ne voient
Que des souvenirs de soleils.

En vain j'ai voulu de l'espace
Trouver la fin et le milieu ;
Sous je ne sais quel oeil de feu
Je sens mon aile qui se casse ;

Et brûlé par l'amour du beau,
Je n'aurai pas l'honneur sublime
De donner mon nom à l'abîme
Qui me servira de tombeau.

—Publié dans *Le Boulevard*, décembre 1862

THE LAMENTATIONS OF ICARUS

Lovers of whores are never cowed,
They're satisfied and well-content;
But as for me, my arms are spent
For having tried to hug a cloud.

Thanks to the stars, the peerless ones,
That in the boundless heavens shine,
My burnt-out eyes can only find
The memories of smouldering suns.

In vain I've tried to find the end
And the dividing line of space,
But in some incandescent place
I feel my melting pinions bend;

The love of beauty was my doom:
I'll never know the noble bliss
Of being named in the abyss
Which will serve as my final tomb.

— First published in *Le Boulevard*, December 1862

LA LUNE OFFENSÉE

O Lune qu'adoraient discrètement nos pères,
Du haut des pays bleus où, radieux sérail,
Les astres vont te suivre en pimpant attirail,
Ma vieille Cynthia, lampe de nos repaires,

Vois-tu les amoureux sur leurs grabats prospères,
De leur bouche en dormant montrer le frais émail ?
Le poète buter du front sur son travail ?
Ou sous les gazons secs s'accoupler les vipères ?

Sous ton domino jaune, et d'un pied clandestin,
Vas-tu, comme jadis, du soir jusqu'au matin,
Baiser d'Endymion les grâces surannées ?

— « Je vois ta mère, enfant de ce siècle appauvri,
Qui vers son miroir penche un lourd amas d'années,
Et plâtre artistement le sein qui t'a nourri ! »

—Publié dans *L'Artiste,* mars 1862

THE OFFENDED MOON

O Moon that our forebears discreetly glorified,
From your blue confines where, serail in bright parade,
The stars attend you in resplendent cavalcade,
Old Cynthia, our lamp, and our nocturnal guide,

Do you see lovers with their white enamelled teeth
That glow as they lie sleeping in their lavish bed?
The poet at his work beating his aching head?
Or vipers copulating on the arid heath?

Beneath your yellow veil, do you still steal away
Covertly, as of old, from dusk till break of day,
To kiss the faded charms of your Endymion?

— "I see thy mother, child of this poor century,
Bending toward her glass the weight of years now gone,
Artfully powdering the breast that suckled thee!"

— First published in *L'Artiste,* March 1862

Il aimait à la voir, avec ses jupes blanches,
Courir tout au travers du feuillage et des branches,
Gauche et pleine de grâce, alors qu'elle cachait
Sa jambe, si la robe aux buissons s'accrochait.

N'est-ce pas qu'il est doux, maintenant que nous sommes
Fatigués et flétris comme les autres hommes,
De chercher quelquefois à l'Orient lointain
Si nous voyons encore les rougeurs du matin,

Et, quand nous avançons dans la rude carrière,
D'écouter les échos qui chantent en arrière
Et les chuchotements de ces jeunes amours
Que le Seigneur a mis au début de nos jours ?

—Vers de jeunesse, cités par Émile Deschanel dans le *Journal des Débats*, octobre 1864, sans doute sans le consentement de l'auteur.

He loved to see her run, her white skirts all aflow,
Amidst the foliage and branches hanging low,
Graceful yet sweetly gauche, as she demurely sought
To hide her leg, if on a bush her dress was caught.

———————————————

Is it not bittersweet, now we are old and worn
Like other weary men, to seek a distant morn
In far-off Orient, where we might yet discern
The crimson morning skies for which our hearts still yearn,

And, as we now advance toward the bleak abyss,
To hear soft echoes from the past, and reminisce
On nascent loves, on whispered words in songs and lays,
That God bestowed upon the dawning of our days?

———————————————

—Two early poems, quoted by Émile Deschanel in the *Journal des Débats*, October 1864, probably without the author's consent.

INCOMPATIBILITÉ

Tout là-haut, tout là-haut, loin de la route sûre,
Des fermes, des vallons, par delà les coteaux,
Par-delà les forêts, les tapis de verdure,
Loin des derniers gazons foulés par les troupeaux,

On rencontre un lac sombre encaissé dans l'abîme
Que forment quelques pics désolés et neigeux ;
L'eau, nuit et jour, y dort dans un repos sublime,
Et n'interrompt jamais son silence orageux.

Dans ce morne désert, à l'oreille incertaine
Arrivent par moments des bruits faibles et longs,
Et des échos plus morts que la cloche lointaine
D'une vache qui paît aux penchants des vallons.

Sur ces monts où le vent efface tout vestige,
Ces glaciers pailletés qu'allume le soleil,
Sur ces rochers altiers où guette le vertige,
Dans ce lac où le soir mire son teint vermeil,

Sous mes pieds, sur ma tête et partout, le silence,
Le silence qui fait qu'on voudrait se sauver,
Le silence éternel et la montagne immense,
Car l'air est immobile et tout semble rêver.

On dirait que le ciel, en cette solitude,
Se contemple dans l'onde, et que ces monts, là-bas,
Écoutent, recueillis, dans leur grave attitude,
Un mystère divin que l'homme n'entend pas.

Et lorsque par hasard une nuée errante
Assombrit dans son vol le lac silencieux,
On croirait voir la robe ou l'ombre transparente
D'un esprit qui voyage et passe dans les cieux.

— Pièce de jeunesse, citée dans *Charles Baudelaire : Souvenirs, Correspondances, Bibliographie, suivie de pièces inédites*, Paris, chez René Pincebourde, 1872.

INCOMPATIBILITY

Up there, far, far away, far from the beaten path,
Far from the farms, the hills, the valleys and the rocks,
Beyond the sombre woods, beyond the verdant fields,
Beyond the meadows where the shepherds tend their flocks,

We find a sombre lake, pent in a chasm deep,
Surrounded and enclosed by snow-capped mountains, where
The waters, night and day, in stately stillness sleep,
And nothing interrupts the brooding, silent air.

Into this solemn waste, to the uncertain ear
Come now and then faint sounds that echo through the dells,
Echoes that come and go, ambiguous and unclear,
That mingle with the sound of distant cattle bells.

On these great peaks where all is scattered to the wind,
These glaciers glistening in the sun's resplendent light,
On these prodigious rocks where vertigo grips the mind,
In this lake that reflects the colours of the night,

Beneath my feet, above my head, infinite peace,
The silence that inspires in me the urge to flee,
The silence of the towering cliffs that does not cease,
For nothing moves the air, and all is reverie.

It seems as if the sky, in this great solitude,
Gazes into the lake, and that the cliffs appear
To listen thoughtfully, in sombre attitude,
To a divine enigma that humans cannot hear.

And when sometimes by chance a lonely wandering cloud
Darkens the silent waters as it passes by,
You might perceive the robe or the transparent shroud
Of a migrating spirit float across the sky.

— An early poem, published posthumously in *Charles Baudelaire: Souvenirs, Correspondences, Bibliography, followed by unpublished pieces*, Paris, René Pincebourde, 1872.

À IVONNE PEN-MOORE

Te souvient-il, enfant, des jours de ta jeunesse
Et des grandes forêts où tu courais pieds nus,
Rêveuse et vagabonde, oubliant ta détresse
Et laissant le zéphyr baiser tes bras charnus ?

Tes cheveux crépelés, ta peau de mulâtresse
Rendaient plus attrayants tes charmes ingénus.
Telle avant ses amours, Diane chasseresse
Courait dans la bruyère et sur les monts chenus.

Il ne reste plus rien de ta beauté sauvage ;
Le flot ne mordra plus tes pieds sur le rivage,
Et l'herbe a recouvert l'empreinte de tes pas.

Paris t'a faite riche entre les plus hautaines.
Tes frères les chasseurs ne reconnaîtraient pas
Leur sœur qui, dans ses mains, buvait l'eau des fontaines.

— Publié dans *l'Artiste* en janvier 1845, signé par Alexandre Privat d'Anglemont, mais attribué plus tard à Baudelaire.

TO IVONNE PEN-MOORE

Do you recall, my child, your carefree youthful days,
When you would gaily run barefoot among the trees,
So blithely nonchalant, as in a dreamy haze,
Your arms caressed by wafts of balmy zephyr breeze?

Your tightly matted hair, your amber-coloured skin
Rendered your artless charms delightful to adore,
Just as the young huntress Diana used to run
Through fields of heather and about the alpine hoar.

The native beauty of your childhood is no more;
Your feet no longer catch the ripples on the shore;
Your footprints are erased where verdant grass now lies.

Paris has made you rich, a lady proud and grand.
Your hunter brothers would no longer recognise
Their sister who once drank spring water from her hand.

— Published in *l'Artiste* in January 1845, signed by Alexandre Privat d'Anglemont, but later attributed to Baudelaire.

AVRIL
À Mme Joséphine de Fer...

La Muse est de retour ! La campagne s'allume.
Partez, ma fantaisie ; errez parmi les prés ;
Voici le soleil d'or et les cieux sidérés,
La nature s'éveille et le bois se parfume.

Le printemps, jeune oiseau, vêt sa première plume.
Avril vient en chantant dans les champs diaprés,
Ouvrir sous un baiser les bourgeons empourprés,
Et la terre en moiteur s'enveloppe de brume.

Le printemps engloutit la neige et les chagrins
Et dispense à chacun des jours purs et sereins.
Vous dont les rigueurs font que sur ma tête il neige,

N'êtes-vous pas d'avis, belle qui dès longtemps
De me faire mourir avez le privilège,
Qu'il serait sage et bon d'imiter le printemps ?

— Publié dans *l'Artiste* en mai 1845, signé par Alexandre Privat d'Anglemont, mais attribué plus tard à Baudelaire.

APRIL
To Mme Joséphine de Fer...

The landscape is aglow. The Muse has shed her hood!
Awake, my fantasy; through verdant meadows run;
The skies are filled with awe to greet the golden sun,
All nature is alive, and fragrance fills the wood.

Spring, like a fledgling bird, dons a pubescent plume.
April bedecks the meadows with chromatic bliss,
Opening crimson buds with an enraptured kiss,
And the irriguous earth enshrouds itself in brume.

Spring casts aside its sombre mantle of shagreen,
And everyone is blessed with days pure and serene,
But you, whose rigours still cast snow upon my head,

Do you not think, O Beauty of my languishing,
Who hold the power to make me wish that I were dead,
It would be wise and good to imitate the spring?

— Published in *l'Artiste* in May 1845, signed by Alexandre Privat d'Anglemont, but later attributed to Baudelaire.

ÉPILOGUE

Le cœur content, je suis monté sur la montagne,
D'où l'on peut contempler la ville en son ampleur,
Hôpital, lupanars, purgatoire, enfer, bagne,

Où toute énormité fleurit comme une fleur.
Tu sais bien, ô Satan, patron de ma détresse,
Que je n'allais pas là pour répandre un vain pleur,

Mais comme un vieux paillard d'une vieille maîtresse,
Je voulais m'enivrer de l'énorme catin
Dont le charme infernal me rajeunit sans cesse.

Que tu dormes encor dans les draps du matin,
Lourde, obscure, enrhumée, ou que tu te pavanes
Dans les voiles du soir passementés d'or fin,

Je t'aime, ô capitale infâme ! Courtisanes
Et bandits, tels souvent vous offrez des plaisirs
Que ne comprennent pas les vulgaires profanes.

— Ce poème fut ajouté par les éditeurs comme épilogue aux *Petits poèmes en prose (Le Spleen de Paris),* publiés en 1869, deux ans après la mort du poète.

EPILOGUE

Serene in heart I went up to the citadel,
Whence I surveyed the town in all its amplitude,
Hospital, brothel, jail, abyss, perdition, hell,

Where bloom the evil flowers of human turpitude.
O Satan, you know well, as master of my pain,
That I did not go there to shed an idle tear,

But like an aging rake with his old chatelaine,
I wanted to grow drunk on that great concubine,
Whose infernal allurements make me young again.

And whether in the sheets of morning you recline
In heavy slumber still, or strut flamboyantly
In evening's braided veil, enlaced with golden twine,

I love you, capital of vice and infamy!
Your courtesans and rogues afford felicity
Unknown to any crass or vulgar philistine.

— This poem was added by the editors as an epilogue to the *Little Prose Poems (Paris Spleen)*, published in 1869, two years after the poet's death.

www.ingramcontent.com/pod-product-compliance
Lightning Source LLC
Chambersburg PA
CBHW071354300426
44114CB00016B/2059